# 无界

## 浩瀚的宇宙
- **数字新大陆**
  - 宇宙无垠，人类从未停止追索完美的脚步，从宗教到哲学，我们一直在顺着因果关系探寻世界本源
  - 数字会把过去的秩序重新改写，数字世界意味着人类社会逐渐由过去的固态过渡到液态
  - 液态社会不仅可以把客观世界写入执行，我们原来对于哲学、法律、道德和伦理的思考也将被纳入其中

## 混沌与演化
- **方法论**
  - 混沌：非线性系统中不稳定、难以预测等特性的统称
  - 矛盾：事物之间相互作用、相互影响的特殊状态
  - 演化：由连续变化所带来的迭代和进化结果
- **只在你心**
  - 在现实社会中，不同事物的混沌、矛盾和演化过程往往是彼此交织的，拨开云雾之路需要正直、智慧和勇气

## 数据与智能
- **万物数据化**
  - 阿拉伯数字的出现标志着数字与文字的分离，并逐渐成为人类迄今掌握的最为精确的记录工具
  - 大数据时代的到来，使得我们可以不拘于因果关系，换之以相关性迈出对事物本质探索的第一步
  - 拥有了海量数据之后，我们可以无限制地将公式推演下去，概率和随机性是否会受到挑战
- **智能时代的到来**
  - 早期的重重瓶颈：数据量和计算能力的限制，AI初期发展阻碍重重
  - 专家系统的昙花一现：将规则数据化，成本和扩展性使得AI发展蒙尘
  - 深度学习的复兴：数据量在短时间内的剧增等因素让统计模型再次发挥价值
- **智能化的隐忧**
  - 智能在为人类带来大量便利的同时，存在着个人隐私受损、网络暴力盛行等问题
  - 习俗-道德-法律，未来世界亟待创设更为完善、可信的数字流转和交易规则

## 分布与共识
- **呼唤信任**
  - 万物数据化的过程之中，需要信任机制的构建
  - 数据的平等、透明就是打开物理世界与数字世界隔阂之门的钥匙
- **分布和共识**
  - 分布代表着更多人的利益表达，共识代表着集体的决策意见
  - 组织是解决分布与共识矛盾的工具，但也存在自身不透明等问题
  - 由于二者很难调和，人类社会在分布与共识之间不断更替演进
- **囚徒困境和博弈论**
  - 定义：由于信息不对称及缺乏信任，个体基于自身利益的"最优"选择有可能造成群体利益的损失
  - 对策：透明和激励是解决"囚徒困境"难题的方式，在这一过程中形成了产权机制、社会规范和法律规则等
  - 通过博弈形成共识，并最终沉淀成为制度，博弈-共识-制度是人类社会机体形成的三段论
- **技术创建信任**
  - 区块链引入了一个博弈论假设的信息完全的竞争环境，保护隐私的同时，又设置了一系列的激励机制
  - 通过促进信息透明和引入激励，区块链可以明确产权，促进社会规范的形成，同时将法律的事后监督效力前移至事前
  - 区块链为人类利用技术造福社会奠定了信任基础，反过来又会促进各类技术优势的进一步发挥

## 信任与网格
- **先抑后扬的信任经济**
  - 经济中的分布代表着完全的市场主导，共识代表着政府的调控，时至今日，从理论到实践，二者之间并未得到真的调和
  - 区块链通过技术保证信息的透明和公开，同时搭建基于其的奖励和惩罚机制，从而在满足个体合理诉求的同时，又使得整体社会的利益达到最优
  - "U"形信任经济曲线：利用区块链技术来达成信任状态，初期可能带来效率不畅的效应，但是最终将使得人类社会的协作达到一个前所未有的广度和高度
- **组织边界的模糊化**
  - 几百年前公司的诞生使得协作突破了血缘和地缘的边界，通过促成陌生人之间达成共识，推动了人类文明的现代化进程
  - 复式记账法的发明让所有人拥有了一套对于公司评价的共同话语体系，大规模的商业经营得以快速兴起
  - 公司伴随着不断的扩张容易出现体系臃肿和协作变难的情况，对于公司进行评估的复式记账法也愈来愈不能反映公司经营的全貌，需要大量中介机构来保证其"真实"
  - 网格组织：区块链信息透明的机制将带来组织体系的巨变，组织内外的边界、组织角色都将变得模糊，而协作却更容易达成

## 五角技术
- **密码学应用的集大成者**
  - 从电话、广播到电影、电视直至最近的互联网，现代通信媒介的变迁就是一部分合史，新技术总是在旧技术的共识快达到顶点时登上历史舞台
  - 从TCP/IP到HTTP，互联网的底层技术架构中不包含辨别信息价值的技术安排，专业筛选信息的机构逐渐成为巨头走向共识，阻碍了创新和信任
  - 区块链不可篡改和加密的特性巧妙地使得众多个体成为筛选信息价值的主力军，技术又一次走向分布，同时还保证了较为精确的共识，让创新和数字化协作的范围扩大
- **在技术上形成自闭环**
  - 区块链融合开源和开放、不可篡改、加密、激励和协调预期以及P2P传输网络五大技术，其本身能够通过以上技术形成一个信任的闭环，将成为未来信任社会的入口，也是第一个以数字世界为始的技术
  - 当前区块链有着无法大规模满足实际应用的局限，区块链新技术的研发目标是为了突破不可能三角，但其实三角根本无法"突破"，而是通过面积的扩大，使得以前的难题被逐步覆盖

## 开放金融
- **技术与货币的交汇已经开始**
  - 数字产生的共识已经具有了价值交换的雏形
  - 大量的真实性信息附着了商品后，简单的货币难以表达商品的复杂性，数字货币可以多维度地呈现信息
- **货币的历史：一半是天使，一半是魔鬼**
  - 货币是人类物品交换的共同话语体系，为人类的繁荣作出了巨大的贡献
  - 货币亦是经济出现周期性波动的主要因素之一
  - 数字货币可以解决货币难以定义和统计的难题，货币的数字化无法避免，相伴而生的，各类资产也将逐步数字化
- **资产数字化对金融的影响**
  - 数字资产透明的特性将会降低市场失灵的频率，开启一个更加开放和普惠的金融世界
  - 金融的本质：信用（科学的评价体系）、杠杆（资金的利用效率）和风险（安全和稳定），三者可能出现的问题本质上都是由于信息的不透明和不真实引起
  - 数字资产从底层出发，提升透明和真实性，为交易双方提供交易保障，约束市场参与者的作恶行为，有可能重构金融体系
- **新兴的金融世界**
  - 数字资产短期的价格波动在经历若干个周期的泡沫之后，将会逐渐平稳
  - 新兴的金融工具将由现实世界的迁移与数字世界的自发创设共同组成
  - 信息对于监管层将更加透明，企业层面由于信用机制和组织结构的改善，将更有可能获得低成本的运营资金，金融市场中的产品体系和结构将可能产生巨大的变化

## 数字商业
- **破坏性创新**
  - 区块链本身是经济+组织+技术的综合体，将缝合当前科技和金融业中的两道伤口
  - 其一是互联网架构中过于集中化和数据滥用的风险
  - 其二是货币滥发和金融工具的不透明性造成的金融体系的不稳定、不安全
- **拓展数字商业的广度和深度**
  - 区块链对于经济、组织乃至法规制度都将产生重大影响，同时由于解决了根本的协作问题，可以穿透整个行业产业链
  - 颠覆性技术的作用是创造新的需求和机会，而非解决已有问题，创新性的思考在区块链的发展中至关重要

## 生命的晨曦
- 金融和商业的边界将被打破，密码学和博弈论将深度重构现有的银行、互联网平台和实体企业之间的分工和利益格局
- 数字世界将带来个体和群体之间更为和谐的生态，那谁又会是我们追求这种和谐的敌人
- 在技术的驱动下，我们会越来越难以观察到真实的世界和内心，此时的我们应该将目光驻足在哪里

新未来

———— 想象，比知识更重要

幻象文庫

# 无界

## NO BOUNDARY
### THE COMING OF THE DIGITAL MIRROR WORLD

李凯龙 著

数 字 镜 像 世 界 的 到 来

新 星 出 版 社　NEW STAR PRESS

当未来一切化身数字虚拟,人类依然不会忘记自己身在何处。

——李凯龙

# 序　我们必将走入数字镜像的世界

在那片土地，数据节点会漂浮在城市和村庄的上空，当我们想要获得某种物品或服务的时候，这些数字代码就会根据我们的需求进行组合——比如你想去现场听心仪艺术家的演出，在支付完费用的同时，代表入场权利的门票字符串就会自动生成，并被存放进你个人的数字钱包。

看起来，这种门票与从前相比并无多少不同，搭载于手机、智能硬件等设备上的电子凭证也已存在多时。然而事实上，由于在后台使用了一系列的编程合约，门票早已被附加上大量的信息和使用限制。例如，你基本不需要担心它会被造假，因为系统已经为每一位门票所有者创建了唯一的代码。

即使你在过去一周因为忙于工作而耽误了购票的时间，也不必纠结于要不要狠下心去为数倍于原价的二手票买单，这是源于艺术家、代理商和促销者们在合约上制定的转售上限价格和转让限制，使得二手市场的销售价格不至于贵得离谱——同时这也将有利于演出的主办方收获良好的口碑及观众购买支持。当然，如果结局没能兑现起初的服务承诺，基于流程的可追溯性，你也将更容易获得退款或者相应的赔偿。

我们的生活将被各式各样类似上面的场景所覆盖，由于这些情形下的"门票们"能够根据现实情况智能地调整信息内容和交易规则，我们将它们统称为"智能资产"。如果说镜像世界是一个面，镶嵌在其中的就是无数个这样的资产节点。我们知道，资产是经济交往和金融交易活动中的概念，之所以被用在这里，是因为未来的数字网络不仅能够记录一般的信息传递，而且由于技术催生的高可信度等特征，仅仅依靠信息自身的描述就可以定义资产。

既然说是资产，接下来要发生的一切都会从最基础的交易行为开始。从原始社会后期的物物交换，到现代商品经济的繁荣，人类社会几乎时时刻刻都在进行着交易活动。以区块链为代表的新一代数字技术编织成的虚拟空间，将会从无到有出现大量可被交易的智能资产，它们不仅清晰地记录商品和服务的准确信息，更核心的是具备了良好的定价机制，从而可以构成镜像世界的基石和信任骨架，成为整个数字生态的集散地，并促进数字相互间低摩擦、高效率地进行交易。在此基础上，区块链提供的核心价值就在于构造信任的边际成本趋近零的全新机体。

物理世界的一切将会被逐渐映射到全新的数字大陆，只不过，这一过程并不是机械的描述和照搬，而是借助模型的抽象和提炼，通过区块链等技术组装出不同于实体表现形式的新物种，而后再反过来撬动真实的资产、服务与之进行对接。比如前面谈到的智能门票，它汇聚了客户对防伪，以及过高二手价格的排斥等需求，能够让主办方积极升级密钥技术保护所有者的权利，并且促成各方认真商讨门票的售卖和转让标准。或者说，正是由于智能资产的产生，其他根植于场景中的流程、环节才会逐渐被吸引到比特世界，并最终形成一幅完整的数字镜像世界的拼图。

演化的过程并不会一蹴而就，而是隐藏于数次的起伏之间，但总会有涓涓细流，从不起眼的小溪开始，最终汇成大海。很多时候，它都需要我们抛弃过去诸多业已形成的思维定式，比如资产的核心在于定价和风险管理，而现在链上资产的品种还不够丰富，交易规模也很小，并没有形成一个清晰的价格基准。一方面，随着资产、交易总量的扩展，数字化的价格锚将逐渐建立；另一方面，在大规模与链下实体结合的过程中，现有金融市场的定价流程和由链上自发形成的价格发现机制将相互影响，会出现很多我们之前没有遇到过的情况。

技术的发展对未来的走向将至关重要，我们很多人谈到区块链的不可能三角，即无法同时实现去中心化、安全性和高交易性能。本质上，任何事物都存在不可能三角，例如，货币体系就存在固定汇率、独立货币政策和国际资本自由流动不可兼得。以比特币为代表的区块链技术的出现，包括后来发明的分片、扩块、状态通道和侧链等技术，都不是说要打破这个三角，而是不断扩大三角的范围，这样原有的难题也就相应地被解决了。整个人类文明，就是在这样一次又一次的突破中不断向前发展的。

一如计算机、互联网等技术的兴起，新技术的征途也将从现有世界的边缘处出发，从一小部分狂热的极客开始，首先形成小范围内的共识，而后逐步被各种机构所应用，最后再蔓延向更为广泛的主流人群。和先前不同的是，区块链并不是一门单纯的技术，而是具备自信任闭环的技术、经济和组织的复杂机体，这就决定了在其成长和壮大的过程中，会经历更多的磨难和挑战。

不可避免的，早期的市场依旧充斥着诈骗、投机和大量的不法分子，加之数字货币具有的高流通、易炒作等属性，使得即便是正直的先行者们也容易遭受误解。在技术具备了初步的势能过后，由于将对现有的市场格局和利益体系造成重大冲击，又会遭遇来自许多方面的打压。在这样的环境中，我们更应保持清晰、冷静的头脑，珍惜同行之人，并永远怀有最美好的梦想——新技术是不会停下脚步的，它终会打破现有世界的阻隔和藩篱，让数字无界流动，深刻地去影响全社会的经济和文化制度，并最终将人类社会带向更高层次的繁荣。

我们必将走入数字镜像的世界。

# 目 录

引言　浩瀚的宇宙 ………………………………………… 1

第一章　混沌与演化
　　难以预测的三体系统 ………………………………… 12
　　二阶方程 ……………………………………………… 17

第二章　数据与智能
　　从因果关系到相关性 ………………………………… 24
　　推理万物的计算机 …………………………………… 35
　　AlphaGo"不懂"围棋之美 …………………………… 39
　　用机器生产机器 ……………………………………… 43

第三章　分布与共识
　　人人利己的统一认知结构 …………………………… 49
　　走出囚徒困境 ………………………………………… 61
　　自组织体系 …………………………………………… 69
　　技术"三棱镜" ………………………………………… 73
　　程序代码自动执行 …………………………………… 79

第四章　信任与网格
　　斯密和凯恩斯之后 …………………………………… 87

"U"形信任经济曲线 94
　　　需求—供给模型 106
　　　一个账本引发的革命 113
　　　"自主分布 + 协同共识"的网格组织 127
　　　五维空间 132

第五章　五角技术
　　　风险状态机 138
　　　公钥与哈希函数 150
　　　更精密的"轴心时代" 162
　　　数字进化论 172

第六章　开放金融
　　　金钱不眠 188
　　　美索不达米亚星球 195
　　　炼金术和反身周期 200

第七章　数字商业
　　　隐秘的伤口 214
　　　人人都有一个钱包 221
　　　数字镜像世界 226

后　记　生命的晨曦 239

参考文献 250

致　谢 255

# 引言　浩瀚的宇宙

让我们的故事从"为什么"开始吧。

作为天生就拥有好奇心的人类，自从两三百万年前诞生以来，就不停地在小本上记录着、思考着。我们发现钻木可以取火，就学会了用它驱赶野兽，带来黑夜中的光明。而后经过了漫长的岁月，我们才终于弄清楚是物体高速摩擦的热能（温度）和空气中氧气之间的化学反应产生了火苗。我们观察树叶是绿色的，后来我们才知道那是因为绿色光对植物生长没有帮助，所以树叶不吸收它并把它都反射了出去，这样才让我们看到绿色的叶片。我们见到鸟儿能够飞翔，接着一次次模仿它插上翅膀，直到有一天制造出飞机，真的像鸟一样能够翱翔在蓝天；我们看到鱼儿在水里畅游，之后我们发明了木舟、轮船，让人类也得以驶向大海深处。

经过漫长的累积，人类知道了越来越多的东西，也了解到一件事情的出现往往是由它背后另一件事情所引发的，我们要做的就是把这些割裂的线索——找出来，这样就可以总结出事物的真相。然而在相当长的时间里，出于各方面条件的限制，我们是没有能力分析出这些原因的。由于生产力水平低下，早期的人类不得不将绝大部分的精力投入采集、狩猎、耕作织补等劳作中，只能利用仅剩的一点闲暇望望天边的日月，想想它们为什么会起起落落，又为何会发出明耀的光芒。我们会在找寻食物时遭遇雷电，会在航行时遇到狂风暴雨；在寒冷的冬天，一场大雪会让我们饥寒交迫。人类无法解释这些现象，于是我们就想象出有一种超自然的"神灵"的存在，它的意志主宰了我们看到的一切，甚至决定了我们每个人的生老病死、喜怒哀乐，由此诞生了最为古老的"宗教"。

古时候的宗教远没有现在这么丰富的教义、组织和仪式，更多的是一种人类在面对未知世界时，内心的恐惧、渴求安宁以及追求幸福等原始冲动的反映。南美洲的玛雅人崇拜太阳神、雨神、风神、五谷神等，太阳神居于诸神之上，被尊为上帝的化身。他们相信灵魂不灭，只是通过不同的肉体传承，所以祖先的祭祀仪式也十分盛大。北欧勇猛的维京人崇拜战神奥丁。据民间传说，奥丁神是在小时候喝了蜂蜜酒获得了力量，所以当一位勇士战死沙场，升入天堂——瓦尔哈拉殿堂时，会得到一杯蜂蜜酒作为奖励。航行的时候，维京人会遇到月食的现象，刹那间大海和船只被漆黑笼罩的情景十分恐怖。由于难以进行科学的解释，他们认为这是住在天上的狼人将月亮啃食掉了，于是会一起嘶喊、怒吼，渴望借助战神的力量驱赶狼人。

随着科学的发展，人类渐渐了解到各种神秘现象的真相。我们不仅能够清楚地阐述月食是由于地球运转到太阳和月球之间所产生，而且还可以准确推测下一次月食产生的时间。我们甚至发明了先进的宇宙飞船，并且早在几十年前就踏上了那块当时被维京人认为会有"狼人"出没的地方。从过去只能被动地祈祷，到人类慢慢地开始可以用逻辑和理性解决遇到的难题。再到后来，我们将这种思辨推理的方式从模糊的图腾中解放出来，形成了名为"哲学"的学科。可考的第一个哲学家泰勒斯诞生在公元前 624 年古希腊的米利都。伴随着哲学的出现，人们对于宇宙和世界真理的追求才开始逐渐与宗教分离。我们的疑问从朴素的"为什么"，开始演化成最为核心的"我是谁""我从哪里来""我将去向何方"三个问题。在哲学的统领下，人类发明了各式各样精密的实验仪器，帮助我们观测星空和测量水文。我们将研究这些领域的理论称为自然科学，顾名思义就是探讨客观世界存在的研究的集合；与之对应的则是人文科学，主要研究人类生存繁衍的社会，个体以及群体之间的分工协作；等等。

我们一边仰望浩瀚星辰，一边思索自身在此之中存在的意义。经过长时间的积累，我们拥有了越来越精良的工具，不断地描绘清晰宇宙的轮廓。我们将一个又一个伟大的发现，用纸和笔记录下来，并且标注清楚它们之间的因果联系；基因和智慧绵延传承，蒙昧和未知渐次隐退，人类期待着有一天，将世界的真相全部探明。

如果一切皆有因果，那么我们只要溯着这个逻辑链条向上，最终就能找到宇宙的终极，并且回答清楚我们存在的意义。但真的如此吗？我们都见过河流和瀑布，我们知道它们是由雨水等形成的；雨水则是太阳照射海洋，水汽蒸发后的结果。我们又知道太阳照射的巨大能量源自内部氢原子结合成氦原子，而氢原子最后得自宇宙大爆炸[①]。

我们很多人都知道爱因斯坦著名的质能方程式：

$E = mc^2$

其中，m 代表物体的静止质量、c 为光的速度（约等于 $3 \times 10^8$ 米每秒）、E 为能量。我们不打算详细地叙述公式的含义，只是借用它说

---

[①] 该理论是现代宇宙学中最有影响力，也最被广泛认可的一种学说，核心观点是说宇宙是由一个致密炽热的奇点于 137 亿年前一次大爆炸后膨胀形成的。

明宇宙的两种基本材料——物质和能量（事实上，它们之间可以互换，或者说是一个事物的两面）。在大爆炸瞬间，充满能量的宇宙就此产生，并且随着能量带来的膨胀，就像吹大气球一样，物质和空间也伴随出现了。与西方不同，东方的哲学家和科学家对宇宙价值的表述会更加抽象和强调意会，但其核心含义与大爆炸的理论类似。最具代表意义的学说来自道家的老子，总共只有十三个字："道生一，一生二，二生三，三生万物。"

我们紧接着会继续询问，大爆炸产生了这一切，那么最初产生爆炸的能量又是从何而来的呢？科学给出的答案是"Nothing"，也就是没有任何催生大爆炸的能量的来源。这是因为宇宙由正、负两种能量组成，两者相加为零，所以宇宙的一开始为空无。这很难理解，让我们用一个日常的比喻来解释。一个人想堆出一个小山丘，他需要用铁锹将地上的泥土铲出来，然后再在附近慢慢堆集成山。这个山丘就好比宇宙的正能量，而铲完泥土后留下的土坑就是负能量，如果你把两者相加到最初的样子，那么整个山丘等于没有发生任何改变，对应的就是宇宙的空无。宇宙就像是个超大的电池，事物的正面就是我们所感知的质量和能量，也就是山丘本身；对应的洞和无数的负能量，则散布在空间之中。空间本身就是巨大负能量的储存处，这样足以确保一切总和为零。

事情开始变得有趣起来，不满足于现状的人类又开始发问了：既然宇宙能量正负总和为零，那又是谁一开始启动了整个过程，让宇宙可以无中生有？宇宙又是如何得以演变成今天的模样？我们知道在宇宙大爆炸后的100多亿年中，随着温度的下降先生成夸克、电子，夸克复合生成质子和中子，质子和中子生成几种最简单的核素；接下来温度继续下降，核与电子生成周期表中最前面的氢、氦等元素，成为宇宙中弥漫的物质；再之后在恒星的进化过程中生成直到铀的其他元素，这当中太阳作为亿万恒星中的一颗，其所处的星系在演化过程中生成了我们居住的地球（距今约46亿年前）。

这之后，由氨基酸与核苷酸开启了生命和生物进化的历程；最终，地球上出现了具有主体意识和认知能力的人类，并演变成我们今天所见到的样子。爆炸后的故事大概就是这样，问题的关键究竟是谁设置了那个爆炸最初的奇点？难道它真的可以凭空出现吗？经验告诉我们，物质并不能无中生有。但是根据量子力学的法则（该理论已经被实际应用到计算机科学等多个领域），构成物质的最小的单位——粒子和质子是可以随机出现的。既然宇宙曾经很小，小于质子，那它就的确可能凭空出现。在宇宙最初的状态下，时间本身并不存在，它和空间一样，也是伴随大爆炸而同时产生。按照上述的推断，一切的时间、空间最后都在奇点处完结。这样的话，我们前面谈到的宇宙的终极就出现了，奇点就是终局，也是所有因果联系的终点。在这个点上，已经没有更上一层的因，它就是宇宙的起源。问题的答案是一个不受任何外部因素控制的、随机出现的奇点，造就了我们全部的宇宙。

我们当然可以问，那又是谁设置了这套凭空出现的随机法则呢？笃信科学的人们认为，法则本身就是宇宙自我创造的，因为在奇点的时候甚至不存在时间，因而也就没有任何创造者有机会"存在"。另一些人则认为，或许这就证明真的有"上帝"存在，正是他编好了规则，并让按钮随机启动，由此创设了宇宙和人类。事实上，根据盖洛普的民意调查，在诺贝尔奖获得者中，信神者竟占93.27%。该调查还对最近300年300位最知名科学家的历史资料展开了分析，发现信上帝者高达 92.4%。这其中包括几乎所有曾对科学发展做出过重大贡献的科学巨人，比如最伟大的两位物理学家爱因斯坦和牛顿，以及电报之父莫尔斯，无线电通信的发明者马可尼，等等。

所以我们看到，即使在科学蓬勃发展的今天，以基督教、佛教和伊斯兰教为代表的宗教组织依然充满活力。人类潜心钻研各种科学理论，试图找出所有的因果联系，但我们依然有太多无法合理解释的事情。我们不断探求宇宙和世界的规律，但即便是经过无数次精密推演的大爆炸理论本身，也仅仅是人类通过目前智慧的发挥得出的猜测而已，或许所谓真相完全不是如此。终究有一天，这个宇宙可能走向灭亡。或许会再次形成一个新的点，然后重新大爆炸，并从中诞生又一个宇宙？在这之前，地球会消亡，人类可能灭绝，然后又会产生新的物种？我们可能永远无法精确地回答哲学的终极命题，那么如此忙忙碌碌的我们，到底是在追寻着什么？在短暂的宇宙旅程中，我们最终希望自己能够去向何方？

让我们通过两个例子来尝试一窥人类的内心。围棋是世界上最为复杂的棋类游戏，它起源于古代中国，被认为是代表人类最高智慧的结晶。在中国传统的武侠小说中，有过多次关于"珍珑"棋局的描述，说的是高手布下奇巧构思的盘面，解局人往往很难应对。后来"珍珑"也被引申为一种状态，指由于对弈双方均没有任何作棋错误，最后下出非常高技术的平局。维特鲁威是古罗马时期的建筑师，根据其在《建筑十书》中关于人体比例的描述，达·芬奇绘出了流传于世的素描作品《维特鲁威人》。该作品的精妙之处在于其在多处符合黄金分割（指将整体一分为二，较大部分与整体部分的比值等于较小部分与较大部分的比值，均约等于 0.618），这个比例被公认为最能引起和谐的美感。

完美是"棋""人"故事里的共同追求。"珍珑"实际上代表的是一个完美的想象，我们知道围棋有 361 个点位，对战中黑白双方轮流执棋，通过围堵对方取胜。围棋规则体现了中国人对于宇宙、阴阳、时局谋略等的领悟，不仅只是一种胜负的游戏，更是对东方哲学的注解。同时，围棋还有一个最为重要的"隔手提劫"的规则。简单来说，黑白双方都把对方的关键棋子围住，这种局面下，如果轮白方下 A 处，可以吃掉一个关键的黑子，如果轮黑方下，同样可以把 A 处关键的白子吃掉。但如此往复就会形成死循环，所以根据围棋规则规定"提"一子后，对方不能马上回"提"，要先在别处下一着，逼迫对方不得不应一手之后，再回"提"。

围棋的"劫"来自佛教，是"劫波"的简称，意为极长远的时间。古印度传说宇宙经历四十三亿两千万年毁灭一次，重新再开始，此周期叫作一"劫"，也就是又一次新的循环。围棋的这个"隔手提劫"的规则看似简单，实则在博弈循环和演进的奥义之中，加入了中国人对于人生、格局的深刻理解，这也大大增加了对局的复杂性，使得围棋全部合法局面数值将至少达到 $2.08 \times 10^{170}$（实际可能对局数还要远多于这个），比国际象棋要高出 6~9 个数量级。如此复杂的下法，即便是顶级的大师或者计算机都不能保证完全不犯错，因而"珍珑"就只可能是存在于人们的想象当中。

"如果你双腿跨开，使你的高度减少十四分之一，双臂伸出并抬高，直到你的中指的指尖与你头部最高处处于同一水平线上，你会发现你伸展开的四肢的中心就是你的肚脐，双腿之间会形成一个等边三角形。"达·芬奇根据维特鲁威在《建筑十书》中阐述的人体规律，将美的生物学基础（形体和比例）和几何学知识（方形和圆形）联系起来，运用黄金分割画出了符合"完美比例"的男性身体素描。事实上，除了人体自身在很多地方符合黄金分割定律之外，它也被广泛应用于建筑设计、音乐绘画和生物医学等多个领域。黄金分割最早由毕达哥拉斯从铁匠的打铁声音中发现，然后他又将这一悦耳的声音比例用数学的方式表达了出来。在这之后，从古埃及的金字塔、中国的故宫，到我们现今世界的信封、海报、火柴盒设计等，都暗合这一定律。

为什么是 0.618？从人的角度来说是因为其双眼视域的生理原因，经过先天视觉识别能力的遗传和沉淀，导致这个比例令我们感觉舒适。其他生命比如植物也与"黄金分割"有深刻的联系，我们知道花和叶的器官是螺旋上升式生长的，这样保证了叶与叶之间不会重合，下面的叶片正好生长在上面叶片间漏下阳光的空隙地方，从而可以获得最大的采光面积。也因此，叶片的排列是沿对数螺旋按圆的黄金分割盘旋而生。说到这里，不自觉地我们又走到因果的联系当中。顺着问题向上，我们又可以再次推测出叶片需要太阳的光照，它背后的能量，乃至整个宇宙的形成。可以说，我们所看到的、听到的全部世界，包括我们人类自己，最终也都来自那个浩渺的深处。

我们可能永远无法精确解释完美的 0.618 形成的原因，而且即使遵循这一完美规律形成的人体，本身也有诸多的缺陷。比如被迫变成柱状的脊柱会难以支撑人类直立行走后的压力；女性骨盆过于狭窄和男性生殖器官裸露在外，前者可能带来分娩过程中的疼痛，后者使睾丸有遭受撞击的风险以及容易在低温环境下被冻坏，等等。或许从来不会有所谓的"完美"，然而人类却时时刻刻没有放下对它的挂念，并且一有机会，我们就会奋不顾身地希望哪怕能再靠近它一点。宇宙无边无际，其间潜藏的秘密都等待着人类去开启，它本身却是无言而浩瀚的，就那样静静地伫立在无垠的时间和空间之中，等待这些心生好奇、追求完美的生命向它张开双臂。当我们发现又一个新的规律时，就好似在雾气氤氲的清晨遇见剔透晶莹的露珠、暗色弥漫的深夜里依偎池畔清丽的紫藤，整个精神都会变得清爽而心生欢愉。

牛顿在1687年出版了《自然哲学的数学原理》，该书在人类历史上第一次用动态的数学方法将宇宙与自然的物理法则和背后蕴含的哲学逻辑联系起来。从那一刻起，我们得以用一个全新的数理视角看待我们身处的宇宙、天空、海洋和脚下的土地。站在牛顿的肩膀上，人类以前所未有的清晰获得我们存在的坐标和意义。数字的价值从那刻起已经离开了理论家的书房，悄悄地跑进露珠的细胞和紫藤的根茎。之后的几百年来，方程、公式和定理不断演变，借助它们，人类将模糊的世界一一擦拭，也将好奇的小本子记录得更加规整和缺少误解。

如果说艺术和宗教的不确定性本身给我们带来了期盼、想象和主观的美感，数字则将世界的另一个面貌中包含的物质和能量用简洁客观的语言展示了出来。一代又一代优秀的人物，将写满演算的草稿纸背后闪烁着光辉的智慧带到世间，塑造了无数个人类文明的丰碑。近几十年来，计算机的发明和互联网的诞生再一次拓展了数字世界的外延。数字的力量得以从物理、生物的世界进入虚拟的信息空间。我们可以将人类数百万年智慧的结晶灌输其中，然后借用机器的大脑，探寻大千宇宙的奥秘。数字世界是人类文明发展到今天的必然结果，它将伴随我们追求完美的脚步，朝着更高的山峰去攀登。如果从更长时间的人类历史来看，数字世界意味着人类社会将逐渐由过去的固态过渡到液态，协作和连接将在这个液体时代变得前所未有的顺畅。数字将闯入我们生活中的方方面面，将过去的秩序重新改写。比如我们说到无人驾驶，就是计算机将数字化的程序输入车辆，通过这套程序来决策行驶的方向；比如我们说到医疗保健，数字组成的算法会代替医生给我们提出治疗的建议，保险公司也会据此做出合理的定价。

数字和人工智能的算法不仅仅只是让以前的信息重新在网络世界排列一遍那么简单。伴随着数字液体的协作机制和制度体系的建立，它不仅可以将客观世界的林林总总写入执行，更为深刻的意义在于，我们原来对于哲学、法律、道德和伦理的思考也将被纳入其中。比如我们认为人的生命高于一切——哪怕仅仅是存在微小的危害可能。这时候就可以将汽车自毁的代码加入无人驾驶，当遇到危急情况的时候，它会毫不犹豫地以财产损失的代价保证行人的绝对安全。放到过去，完全依靠人类的情绪和主动控制的方法往往是靠不住的，曾经造成了无数的惨祸。数字世界并不是一个新鲜的概念，早在二三十年前互联网初兴的时候就已经被频繁提及。然而与以往不同的是，我们第一次在历史上拥有了一个极为强大的工具和思想——区块链，我们将在后面的篇章中对其进行详细的阐述。如果说互联网时期数字的生成更多是连接一切的必然结果的话，区块链（不仅是区块链，可能还会有更多迭代的技术）及此后的我们将经历的会是一个以数字为始，并且完全围绕它建设一切规则的时代。

人类将极大地加速向数字世界迁移的进程，甚至有一天我们自身的肉体、思维、意识和情感也将与之高度相连。伴随着科学革命和智能计算的持续演进，或许在二三十年后的某个时候，会在这个新的世界出现完全不同于我们现在的有机生命体，人类本身也会进入一轮新的升级周期。就像我们今天的人看待远古的猿人一样，未来是否也会出现超越了今天我们所能想象的智慧边界的物种？数字社会是自然博弈、人类文明演进的重要阶段，是进一步推升整体社会的生产能力，带来更高维度的繁荣和文明的必要条件。我们现在正处于这一文明的早期状态，有时候为了能够更快得出一个有效的结论，我们可能会暂时放弃寻找事物之间的因果，从"为什么"解脱出来，转而先理解"是什么"。

就像我们先得学习如何用木头钻出火苗取暖，而后才能慢慢了解到它背后真实的原因一样，处于数字世界早期的人类，也应该学会先让数字流动起来，再在某一天找出牵动它涟漪的那个原因。事实上，我们中一部分聪明的人已经在这么去做了，我们将之称为"大数据"，这也会是未来相当长一段时间内人类处理数据的形式。当然，数字本身也并不是完美无缺的。就像我们每个人都知道的"1+1=2"，它看上去是如此的不证自明。虽然数学家们几千年来也都心照不宣地采纳这一结论，却直到16世纪它才被最终证明。此外，即使数学和算数看上去如此具备客观性和普适性，但这并不代表其不会自相矛盾（也可以看作某个因果关系链出了问题），能够完全自洽。

人类的数学是建构在集合论基础之上的，哥德尔就曾证明：永远无法证明任何足以推导算数规则的集合论规则是自洽的。换言之，总有可能在某一天，某人将就"1+1=3"提出一项完全有理有据的证明。但无论如何，数字以其优于我们目前掌握的其他一切表达形式的客观性和精确性，将会引导人类社会进入一个非常重要的文明升级周期。但是最终我们将走向何处，或许只有行走本身能够带来答案。

无论如何，我们将迈开步履，心怀完美，朝向浩瀚的宇宙尽头！

# 第一章　混沌与演化

**难以预测的三体系统**

人类在走向未知时，总是习惯性地转身看看过去，询问一下同伴，再将关于未来的只言片语找出来，试图能够更多地揣测接下来要发生的事情。对于即将到来的数字世界，我们也会借助这些方法做一些预测，毕竟数字远不是出现一两天了，我们在大数据、人工智能上积累了不少这方面的经验，算法也已经帮助我们多次对未来路径做出过推算。对于无数人关心的区块链的发展，我们也总是希望获得一个无比肯定的答案：比如说比特币会涨到100万美元一个，或者一年后又会是一波大牛市，等等。不过我们想说的是，文章并不会给出一个这样的确定答复，截至目前的人类文明史已经无数次证明，通向未来的道路从来就只有推演，而不存在什么确定。我们还会善意地提醒您，如果有人给出了类似确定性预测的话（并且同时需要您赌上些什么），建议您谨慎思考过后再做出决定。

虽然无法明确地未卜先知，但我们接下来仍然会给出一整套关于现在和未来的论述——事实上，我们的祖先已经交给我们很多这方面的武器。在这些智慧的基础上，我们提出了一个最简的三段模型，该模型源自第一性的普遍哲学逻辑，并考虑了数字世界的多种特征。在今后的论述中，我们将经常见到这一模型的具体运用，并了解到由它催生的数字世界的演化进程。另外需要强调的是，这并不会是唯一的推导方法，但是我们希望通过它清晰地阐明事物发展的轨迹，并为您做一些线索上的提示。

我们很多人看过科幻小说《三体》，里面描述了距离地球最近的恒星系统——半人马座 α 三合星的乱象。在这个恒星系统中存在三颗恒星，它们无规律地运转，导致系统内的行星气候变化无常：不是极冻，就是烈焰，真正适宜生命存在的周期异常短暂。利用当中短暂的温暖周期生存的三体人，其发展出的三体文明由于三合星的不规律运转被毁灭了 200 多次，这使得三体人锻炼出一种"自我抽干"的技能，以熬过恶劣的气候周期。小说作者刘慈欣描述的三体世界的场景，其实就是我们在天体力学中经常提及的三体问题。该问题主要探究三个质量、初始位置和初始速度都为任意的可视为质点的天体，在相互之间引力作用下的运动规律。

根据万有引力定律，我们很容易计算出宇宙中两个天体在引力作用下的运动情况，从而获知天体的运行轨道。但是如果有第三个天体存在的话，它们之间的作用力关系将突然变得很复杂，整个系统也会极不稳定。小说中的多处描写都能让我们感受到这种不稳定性。在三体系统中，很小的扰动就可能对这个系统的长期运动规律产生天翻地覆、难以预测的影响。按照我们目前能够掌握的科学知识，三体问题是没有办法严格求解的。历史上牛顿就在攻克二体问题后转向研究三体，但由于难度太大，谨言慎行的牛顿最终没有留下任何关于这个问题的论述。鉴于三体过于复杂，我们这里并不会进行定量的推导证明，而是希望大家记住一个与此相关的重要知识——混沌理论。该理论的提出是 20 世纪三大科学革命之一，是与量子力学、相对论齐名的一个重大科学发现。三体就是一个经典的混沌系统，而我们所熟知的"蝴蝶效应"：一只巴西热带雨林中的蝴蝶扇动几下翅膀，可能在美国得克萨斯州引起一场龙卷风，描述的也是混沌的情形。

1954 年，美国伟大的计算机科学家冯·诺依曼在当时世界上最新、最大的计算机落成献词中预言：有朝一日，计算机将使三十天到六十天的气象预报成为可能。六十余年过去了，当今计算机的性能已经超出了冯·诺依曼最为疯狂的想象，但大数据、人工智能驱动的气象预报只不过略有改进，两天内的预报已经相当可靠，但五天预报的可靠程度便大为降低。如今，即使最为乐观的气象学家也不会去尝试提前六十天预报一场风暴。问题出在哪里呢？简单来说两个字：混沌。

最早发现混沌数学含义的是气象学家洛伦兹，他在研究天气系统的时候，发现无法对未来走势进行精准的控制和预测。洛伦兹用三个方程组来描述气象预报的这一情况，这就是著名的"洛伦兹方程"：这是一个偏微分方程，它们代表了当前值的变化率，里面的 x、y、z 是大气的一个抽象且高度简化的模型中的变量。我们学过高等数学的人都知道，微积分就是为求解这类动态的变量应运而生的。牛顿用它描述了行星的运动规律，阿波罗计划的工程师们用它计算出登月火箭的运行轨道。数百年来，科学家们都在假定，上面这类方程是可以通过微积分运算求解的。在 1963 年洛伦兹最初写下这些方程的时候，几乎所有看到方程的数学家都或许会想："瞧，我能把它解出来！"但他们却解不出来，这是为什么呢？因为我们在教科书里学到的数学方程往往是线性的，那里的结果总是与原因成正比，总数总是精确等于各个部分的加和。即使测量一个变量会有微小的误差，它也最多会以精确的线性方式增长。在这样的世界里，我们是可以预测几周后、几个月后，甚至无限长时间的天气的。

然而，真实的世界是非线性的，反馈回路会把微小的原因放大为巨大的后果。比如在生物学中，每当一个细胞发出信号让另一个细胞停止生长或加速生长时；在化学中，当一种化学制剂催化与另一种化学制剂有关的化学反应时，非线性就一一出现了。我们注意到，在洛伦兹公式二中有一个新的变量 $xz$，公式三中有一个 $xy$。这两个变量并不是变量的一次形式，而是两个变量的乘积，这就让方程变成了二阶。由于 $xy$ 与 $xz$ 两项的存在，变量 $x$ 便调控了变量 $z$ 对变量 $y$ 的响应方式，同时也调控了变量 $y$ 对变量 $z$ 的响应方式。也就是说，最初的三个变量 $x$、$y$、$z$ 会演变成一个复杂的因果关系链，两两之间的关系都会受到第三个变量变化的影响。也就是这个小小的细节，让洛伦兹描述的系统进入非线性的世界，导致无法对未来天气状况进行精确求解和预测。

洛伦兹在 1972 年的一篇短论文中完整地对混沌进行了描述，尽管他并没有为此命名。他将混沌的组成部分概括为：对初始条件的敏感依赖性（类似"蝴蝶效应"）；受无限复杂而又优美的几何结构（后来人称"奇异吸引子"）控制的长期行为；可以令混沌产生或消除的一个或几个参数；非线性但完全确定的动力学。混沌理论最初从气象学开始，紧接着在几乎所有的学科领域都发现了类似的情形。除了前面谈到的生物和化学，在股票和金融市场，由于其组成参数复杂的勾稽关系，以及新的衍生状态的不断出现，也会使任何较长时间的价格预测无效。出于同样的原因，在信息革命和互联网诞生的早期，我们同样无法精确预言 IBM、甲骨文、亚马逊等的崛起。

从上述分析可以得知，区块链技术也很可能引发类似的混沌情形（目前的状况已经如此）。这是因为一方面，行业里会出现基于原来变量内的因素组合而成的新变量，比如现在的区块链往往需要依赖互联网基础设施进行连接，在数据传输和计算中会基于现有运算能力等，这些都会造成非线性状态的出现，也非常容易引发混沌（非线性创造了出现混沌的可能，但不必然导致混沌）；另一方面，根据混沌理论，经过一定时期形成的稳定有序的系统，会在某个临界点达到后转为混沌。除了新组合变量造成的非线性状态以外，这种转化常常还取决于我们无法观察到的全新的参数。仍然以区块链为例，基于已有的加密、共识算法等技术组合而成的系统被大量应用于商业和社会实践，对于它们会引发的效果，我们往往没有办法精确观察。这将存在极大的可能让区块链系统穿越临界点，最终打破现有的规则和秩序，引发混沌的产生。按照这种分析，在未来的区块链世界里，我们往往是很难进行有效预测的。

混沌并非故事的结束，而仅仅是开始。虽然我们无法做出准确的推断，但这并不意味着我们就要将脚步停止在混沌的入口。我们可以借用混沌理论深入事情发展的过程中，发现背后很多看不见的结构。我们还可以通过确认什么地方属于混沌，而什么地方不是，引导决策的高效配置。此外，还有一个非常有趣的地方，我们知道未来的数字世界将大量建构在计算智能的基础上。然而具有讽刺意味的是，一方面正是借用了计算机的力量，科学家们得以掌握了混沌的真正含义：复杂的数学推导在具备强大运算能力的计算机的帮助下，让我们可以直观地观察到很多难以理解的混沌演变过程。另一方面，也是因为计算能力存在的限制导致了混沌的产生：由于我们无法将数学公式无限地推演下去，就不得不将脚步止于模糊理解。

在数字世界的早期，因为数据能够描绘的物质边界急速扩张，以及由此带来的存储数量的暴涨，我们的诸多行为都很可能经历较长的混沌周期，但这并不意味着终局。既然我们都多少了解进化的含义，并且对人类发展的历程有所掌握，我们就可以知道伴随着计算能力的提升，人类总是可以不断突破桎梏，一步步提高把握未来的能力。为了更接近真相，我们也在积极研发能够超越自身智慧的机器智能。人类本身就是从一片混沌中出发的，当我们睁开眼睛打量这个世界的时候，周围的一切都充满了不确定和未知。从蹒跚学步到直立行走，我们不停地冲破混沌，创造出一个又一个了不起的成绩。因此我们在本书中谈到的混沌不仅仅指理论本身，更是指被抽象出来用作探索新事物的理论基础。或许有一天，物质层面的混沌本身将不复存在，因为人类早已对世间万物了然于胸，但是否会有新的维度的混沌？又或许，宇宙的终极也不过就是混沌罢了？但真正关键的是在我们拨开云雾的过程中，能够不断找到迭代和演化的方法，推动人类社会发展壮大。

## 二阶方程

公元前 300 年，古希腊数学家欧几里得撰写了巨著《几何原本》。该书通过公理、公设和定义的提出，配合由简到繁的演绎推理，先后论述了直边形、圆、比例论、相似形、数、立体几何以及穷竭法等内容，成为两千多年来几何学的奠基之作。欧几里得在书中提出了五条公理，全都成为后世遵循的数学原则。其中包括我们耳熟能详的"任意两个点可以通过一条直线连接""给定任意线段，可以从其一个端点作为圆心，该线段作为半径作一个圆"等。为了凸显欧几里得在几何方面做出的不朽贡献，西方学界将他提出的系列几何理论称为"欧氏几何"。

欧几里得的几何理论并不是凭空生成的，它们的提出来源于他对公元前7世纪古埃及至公元前4世纪他生活的年代以来400多年数学经验的总结和提炼。在欧几里得之前很长的一段时间内，人类并没有形成逻辑严密的几何学体系，在天文地理、水利、建筑设计等领域，也主要凭借一些零散的知识和经验。在多数时间内，整个几何学都处于混沌的状态。《几何原本》的问世将这一状况彻底改观。不仅在当时，甚至在其之后出现的所有几何理论都没有能够超越里面讨论的范畴。《几何原本》一书极大地推进了人类在各个领域的进展，解决了长久以来很多无法解决的工程和物理难题。人们一度认为，欧氏几何是通过纯理性推演得到的有关宇宙的颠扑不破的真理，所有几何知识都可以被欧氏的思想完全统摄。

但人类当中总有那么一群好奇的家伙，对事情永远持有怀疑的科学精神——即便是面对欧几里得这样的科学巨匠。他们发现，虽然欧氏五条公理的论证都无比严密，但最后一条"若一条线段与两条直线相交，若在其一侧所得的两个内角之和小于180度，则这两条直线在不断延长后必于内角和小于180度的一侧相交"显得不如其他公理那样滴水不漏。许多数学家感觉，第五条"平行假定"公理本身并不错，但还远不到"不言而喻"的程度。事实上，欧几里得也只是在书中第一部的后面才用到这条公理，并且相比前四条论证也没有那么充分，这就为后来发生的颠覆埋下了伏笔。

19世纪上半叶，三位数学家分别独立地大胆设想了前人从未设想过的情况：或许在平行假定不成立的条件下也会存在有效的几何学。

这种理论公然反对欧几里得第五公理，因而被命名为"非欧几何"。要知道，否定平行假定需要极大的勇气，因为两千多年来，无数伟大的科学家都是这条公理的坚强后盾。这三名挑战者中的第一位是当时最负盛名的高斯，但是因为缺乏勇气，最终他并没有公开发表自己完整的见解。第二位是波尔约，在有了初步的进展后，由于自己的想法遭到了大师高斯无情的抨击，波尔约也放弃了进一步的研究。最后一位是俄国的数学家罗巴切夫斯基，他在1837年发表了一篇论文，一举推翻了欧几里得的平行假定，人们把他发明的几何理论称作"罗巴切夫斯基几何"或者"双曲线几何"。

什么是"双曲线几何"？我们理解它的最佳方法就是先忘记平行假定与欧几里得的一切，尤其是我们从小到大形成的偏见——即欧氏几何是自然而然地产生于物质世界的。让我们把这种新的几何想象成海洋的几何，如果鲸鱼也掌握几何知识，它们发明的几何就应该是双曲线几何。我们知道，鲸鱼在深邃的大洋里是通过声音感受外界和进行交流的，对于它们来说，两点之间的最短距离是声波走过的路径。这一点就是问题的关键，由于声音在海水中的传播速度并非时时处处相等，在大约600米以下，它的传播速度跟它与水面的距离成正比，所以声波传播的路径并非直线而是曲线！实际上，我们可以更准确地描述这些曲线的性质：它们是圆心自洋面的圆弧！所以，对于鲸鱼来说，被我们人类称为"圆"的东西实际上是它们的直线（两点之间的最短距离）。在鲸鱼几何中曲率是负值，也就是说，我们终于找到一种不符合欧氏第五公理推定的情形。在这里，最初平行的直线之间的距离最终会越来越大。我们终于发现，世界上并非只有一个欧几里得描述的"自然"几何。在这之后，我们又陆陆续续论证了蚂蚁几何、昆虫几何等，它们之间的区别仅仅在于观察世界的角度不同而已。

就是这样，人类通过不懈的奋斗，一次次推动了演化的产生。事实上，在双曲线几何诞生之前的几个世纪，人类就已经发现了不同于欧氏几何的现象，这就是球面几何。我们早就发现"地球仪"上点与点之间连接的规律和平面上不同，只不过并没有从数学的角度去论证而已。在球面几何中曲率是正值，换言之，开始平行的直线（例如在赤道附近的经线）间的距离会不断变小，而且它们最后在南极与北极会聚。在上面的例子中我们看到几何学的"演化"过程。和混沌一样，"演化"并非是对一个完全静止状态的描述，而指的是一系列连续变化的情况。只不过为了方便理解区分，也为了纪念那些卓有成效的时刻，人类时不时将它从事物发展的持续过程中抽离出来，这时的"演化"也就被赋予了更多结果上的含义。

故事到这里仍然没有结束，正如我们说的演化从来不会停止。上面描述的所有几何都是具有不变曲率的几何，但是到了三维、四维甚至更高维的空间，曲率会发生什么样的变化？人类开始继续设想，曲率一定是永恒不变的吗？或许它可以随着地点而不断改变？高斯的学生黎曼果然就在1854年将这一猜测推广到更高维的情况，这为后来爱因斯坦广义相对论（该理论假设我们的四维时空具有各处不同的曲率）的提出打下了坚实的基础。如果没有上面这些数学家勇敢的探索和挑战，爱因斯坦将永远无法写下他理论中的方程。

从混沌到演化的故事到这里就基本说完了，但我们是不是总感觉缺点什么？是什么让混沌能够发展到演化状态呢？在一切极不明晰的时候，我们又如何才能理出头绪？一定存在着某些关键的因素，能够帮助我们推动事情朝着更好的方向发展。其实问题的答案在前面的文章里就已经提到：比如说洛伦兹方程里的两个变量乘积产生的"新变量"xz和xy，让一阶方程变成了二阶方程，导致后来所有的处理和计算都不一样了；比如鲸鱼几何里两点之间的最短距离由直线变成声波传递的"弧线"，这就使得最初平行的直线不会符合原来欧氏几何的假设；包括前文谈到的质能方程式，爱因斯坦从纷繁复杂的宇宙万物中抽象出了物质和能量两个变量，通过总结它们之间的依存和转换关系，定义了世界的一般规律。

上述被提炼出来的"新变量"、"弧线"和"质能"被我们称为"矛盾"。矛盾反映了事物之间相互作用、相互影响的一种特殊状态。我们每个人都多少对矛盾有些了解，比如人和人之间有矛盾、逻辑自相矛盾、主要矛盾和次要矛盾等。矛盾的发现和针对性解决方案的提出就是事物能够从混沌发展到演化的那个关键。比如新变量的发现会让我们改变线性的应对方法，转而在非线性的前提下处理问题；弧线则会将接下来所有的算术改变，最终推导出不符合平行假定的情况。矛盾的双方往往是此消彼长的，正如宇宙的整个演进就是在发散和收敛的矛盾交替中进行。前者我们可以理解为积攒了一定的中心能力过后，在更大范围中寻求能量的验证和扩散；后者则是随着去中心后能量的逐渐减弱，又会引发新一轮的确认和聚拢过程。

人类社会的每一次重大进步都是能够准确地找出矛盾，并且采取方法解决矛盾的结果。部落和国家的诞生让我们解决了渺小的个体生存比较脆弱的矛盾，人们可以专注于劳动生产，而不必担心自然灾害或者外敌入侵在短时间内让自己衣不遮体、食不果腹。铁制农具的发明、水利设施的修建帮助我们解决了生产力低下的矛盾，人类从此在更广袤的土地上劳作，并且不断地将粮食和美酒堆满我们的谷仓。计算机和互联网的普及则解决了沟通和信息传递的矛盾，在此基础上，人类的思想交流变得前所未有的通畅。只要我们有能力找到混沌中的核心矛盾，就可以不断地朝着演化之路进发。混沌—矛盾—演化将是我们在本书中都会用到的基本模型，我们也会在数字世界的整个进程中不断见到它们作用的身影。未来是如此变幻莫测，每当新事物降临时，总有人满怀梦想，也有人踟蹰不决，这都再正常不过。模型并不是自然发生的，进阶之路需要我们不断地努力付出，每一次的演化也都是人类一次艰难的自我蜕变。但正是在不断的痛苦和思索中，人类历史才得以滚滚向前。

然而所有的理论都只是人类在回眸过去时的总结。问题在于，当我们再一次站在混沌的起点，我们是否仍然拥有勇气在未知的世界里步步向前？我们是否有足够的智慧可以层层深入、抽丝剥茧？在区块链可能发挥巨大价值的未来，当我们要与过去那些业已形成良久习惯的藩篱作斗争的时候，是否会不断地自我怀疑？是否又能真正清空自己，做到脚步轻盈？未来从来都不似一本随意翻看的书籍，可以完全听命于你去打开或者合上。矛盾推动了事物的进程，也因为矛盾的存在，演化之路从来都是跌跌撞撞。正如中国哲学中提到的阴阳相生相克，事物的萌芽、生长也总是伴随着矛盾双方彼此的纠缠和博弈。在自然发散和收敛的循环中，宇宙万物以螺旋式的姿态不断前行，进化抑或退化消亡。

正如过去几年比特币周期性的大涨大跌，它并没有像我们有些人期盼的那样一举冲破天际。正如现在的区块链会在矛盾中螺旋演进，我们也可以大致预见它会渐次出现好几轮高潮和低谷。事情总是会超越我们绝大多数人的想象，就像我们有时候高喊未来已来，却发现二三十年前奠定的商业模式仍在创造高额利润，比如微软的重新崛起，而很多所谓的新科技常常不过是一场骗局。我们有时会继续沉浸在帝国的美梦中，认为一切都可以有序推进，却发现一觉醒来，整个大厦已经轰然崩塌，比如中国近些年大批制造、外贸企业的倒闭。我们生活在一个拥有前所未有复杂度的世界，各式各样的信息爆炸，不同利益主体的奔走呼告充斥着我们的眼球，占满了我们的大脑和神经。借助思想和劳作，人类已经创造了自诞生以来最为丰富的物质和精神文明，却似乎在通往下一个路口的道路上遭遇到瓶颈。我们的身边仿佛处处是财富增长的机会，但却总是无法达到更加普惠的繁荣；我们比以往任何时期都更加健康和长寿，但却并没有获得理想中的平静和快乐；我们常常难以分辨，何处是天堂，何处又将通向深渊。

当今世界，大量新兴科技和工具的发明，各种新思想的出现和传播，不同事物的混沌、矛盾和演化过程彼此交织，纷乱的程度远超历史上任何一个时期。世界仿佛被工业、机器和形形色色的组织结成了一张张巨大的铁网，人类若想突破束缚，仅仅依靠想象和冲动反倒会越陷越深，更有效的方式是保持清醒和心怀正直。在接下来的一段时间，我们不会做出任何数字货币价格的预测，也不会告诉您人工智能会在具体哪一年替代人类。我们将借用理性的方法，满怀对未来的敬畏，尝试将数字世界的全部景象一一展现给您。我们会将思想的钥匙交与您之手，我们也期待眼神坚毅的读者与我们一起同行。

数字无界，未来只在你心！

# 第二章　数据与智能

**从因果关系到相关性**

我们今天处在一个信息爆炸的时代，微信、微博和视频网站总能在近乎第一时间为我们带来各式各样的资讯；打车、吃饭和购物时，支付宝、App 和小程序们也会有五花八门的推荐。回到公司，我们需要从大量电子化的文件、合同中翻阅我们希望找到的资料；工厂车间的进度相对慢一些，但我们还是能见到逐步普及的传感器，工程师们会根据控制屏上传回的代码操控机器进行工作。这一系列事件背后的基本元素就是数据，通过计算机键盘、手机和车载蓝牙，数据源源不断地产生和流转，仿佛一夜之间占据了我们的世界。我们早就在佛罗伦萨美第奇家族的财产登记册，以及第一台计算机绘制的炮弹射击图表中见过各种数据，但直到近年来才发现原来它们远不止是一串冷冰冰的符号。数据不仅仅属于专业人士和科研机构，已经和我们每一个人息息相关。它走进了我们生活和工作的方方面面，有时候甚至已经到了和我们形影不离的程度。

由于过去没有发达的传递和存储数据的载体，人类能够获取的数据非常有限，加上只有在很少的情况下能够单纯依靠数据解决复杂的问题，我们并没有充分意识到它的价值。伴随着 2000 年以来互联网尤其是移动互联网的发展，数据量得以快速增长，以前没有办法解决的很多问题通过数据的运用得到了解决，媒体上也开始频繁提及数据的概念。西方学者用"big"来形容这一时期数据大量出现和被广泛应用的情形，也被翻译成汉语"大数据"。如今大数据已经成为一个非常时髦的概念，从机场广告到商务会议，我们时不时就可以见到它的身影。原来的数据加上了"大"字以后似乎就变得魅力无穷，一切商业和公共行为只要重新用数据记载，就都可以借助它实现升级。我们不禁会问，为什么数据存在了这么多年却对我们没产生什么大的影响？今天这个所谓"大数据"究竟又和以往有什么不同？我们说未来会是一个数字的世界，是不是指的就是这种数据量足够大，大到一切都是数据的情形呢？

故事还得从数字的起源说起。我们的祖先居住在地球上，对于这个陌生的土地充满了未知，为了更多了解这个世界，迅速学习新鲜事物，人类逐渐发明了语言和文字。至今可考的最早的文字是公元前 32 世纪左右苏美尔人（居住在两河流域，文明的中心在今伊拉克首都巴格达一带）创造的楔形文字。在人类文明的传递过程中，文字起到了至为关键的作用。起初，数字和文字是不分的——如果说文字是伴随记录信息的需求而诞生的话，数字则仅仅是因为人们存放在山洞里的财产多到需要数一数才弄得清楚，因而数字只是在文字中加入的一种计数工具而已。后来随着人类开始拥有越来越多的财产，我们开始为这种工具制定了十进制、乘法、加减等一系列规则。在这一过程中，古代印度人发明了描述一套数字的方法，也就是今天全世界通用的包括 0 在内的 10 个阿拉伯数字（因为是借由阿拉伯人传入欧洲并得到普及的，因此欧洲普遍认为它们是来自阿拉伯人的创造）。

　　这项发明意味着数字和文字的分离，在这之后人类开始用一种独立的记录方式承载客观世界的信息。这种叫作"数字"的全新记录规则的出现，也构成了我们今天所讨论的数据的基础。通过数字符号，我们将过去的所见、所闻，对未来的预测通过石板、纸张以及计算机网络保存下来。此外还有一些特别的部分，它们是人类通过对事情的抽象提炼，用数字编写成的具备完整逻辑的理论，诸如勾股定理、麦克斯韦方程和狄拉克公式等，由此产生了数学这一学科。我们将这些方程和公式的原理应用到人类历史进程的方方面面，从电气工程的设计、运载火箭的升空到互联网搜索网站的诞生，同时也把对很多事情的处理过程编写成数据。人类一点点地丰富着自己的数据资料，并借由它向下一代传递智慧和思考。

　　很长时间以来，由于记录规则不够丰富，尤其是成本较高等原因，数据只是零碎地散布在不同的领域，人类拥有的数据量也长期停留在很小的水平。计算机尤其是互联网的普及大大改变了这一状况，借助该技术，数据的生产门槛被大大降低，大量信息开始被转换成数据在网络上进行传递。在互联网蓬勃发展的短短十几年间，我们所创造出的数据就已经超过了人类历史以往的数据总量。维克托·迈尔-舍恩伯格在《大数据时代》一书中曾预测，到2013年世界上存储的数据将达到约1.2ZB。这样的数据量意味着如果把这些数据全部记在书中，这些书可以覆盖整个美国52次；如果将之存储在只读光盘上，这些光盘可以堆成五堆，每一堆都可以伸到月球。

　　事实上，2013年的全球数据总量达到了4.4ZB，几乎是维克托·迈尔-舍恩伯格当时估计值的4倍。在这之后的数据量更是增长得惊人，据统计，过去几年数据存储信息量的增长速度比世界经济的增长速度快 4 倍，而计算机数据处理能力的增长速度比世界经济的增长速度快 9 倍。随着网络连接的深入，人类数据库的规模仍将保持高速增长，IDC 公司就在报告中做出过预测：到 2020 年全世界的数据总量预计为 40ZB，而在 2025 年更会达到 163ZB。按照这种发展趋势，人类社会在不久的将来就会被彻底淹没在数据的海洋之中。

一说到大数据，它给我们的直观感受就是数据量很大，经常要用一些我们平常使用计算机少有听说的单位来标示（比如 ZB）。我们刚刚也已经谈到，早期人类掌握的数据并不多，对其重视程度也不够，很长时间内数据并没有成为我们研究问题时最为核心的考量。转折开始于 20 世纪 70 年代，当时科学界兴起一种数据驱动的研究方法，简单来说，就是在解决问题时放弃对于精确模型的追求，转而求助于大量数据的获取。我们以民意调查为例来说明这种方法的应用。以往为了在调查中得到一个理想的统计结果，我们常常会将精力集中在设计一个更好的统计样本。由于向全社会每一个人都发放调查问卷既不现实，成本也极高，最大的难度就在于如何挑选具备代表意义的人群组成样本（抽样），以便用相对少的数据精确地统计出我们想知道的结论。此外，现实中还会经常遇到问卷回复不完全或无效的问题。

为了解决无法直接获得全部真实信息的情况，人类发明了概率论和统计学，它帮助我们可以大致估计出类似民意调查问题的结论。现在的疑问是这个估计是否真的可信，因为毕竟根据概率进行的抽样有很大的随机性，我们希望能够从理论上证明当观察到的数据量足够多了以后，随机性和噪声的影响可以忽略不计。19 世纪俄国数学家切比雪夫对此给出了肯定的证明，他提出了这样一个不等式，也称作切比雪夫不等式：

$$P(|X-E(X)| \geq e) \leq D(X)/e^2$$

根据该不等式的原理，当调查问卷的样本数据足够时，一个随机变量和它的数学期望值之间的误差可以任意小，也就是上述偏差可以在数据达到一定量之后被忽略不计。既然这样，我们可以不必去追求完美的样本模型——因为它未必存在，即使存在找到它也非常不容易，而是可以通过获取更多的数据来提升结果的准确程度。

物理学的现象说明，规模持续增加可以导致质变，比如金属的导电性会随着温度的变化而彻底改变。辩证法同时告诉我们，一方面要关注事物的变化过程；另一方面也要根据发展规律，不失时机地促成事物的转化和飞跃。虽然人类很早就已经掌握了相关的理论和研究方法，但由于数据量仍然比较匮乏，数据驱动能够解决的问题即使到了80年代、90年代仍然十分有限。然而，人类并没有就此停止用数据解决更多问题的尝试，终于在进入2000年之后，伴随着数据量的快速积累，我们很快将多年来总结的经验串联起来，在短期内取得了多项重大的科学突破。由于相比过去拥有了足够多的数据，我们的问卷调查结果变得越来越准确。我们已经能够精确地预测某些疾病的发生，并向驾驶员实时进行路况信息的推送，等等——这些在数据量没有指数级地增长之前都是无法做到的。通过大数据的方式，我们获得了很多以往没有的便利，比如互联网公司有时会比你更清楚你希望购买的商品，并可以通过数据搜集为你绘制出睡眠质量报告，等等。

人类总是不满足于现状，我们又开始马不停蹄地思考，既然大数据有如此多的好处，我们何不将一切物理世界的事物都用镜像表达在虚拟的由数据构成的世界中？甚至是我们以前认为的一些完全和信息、数据不相干的事情比如发动机的振动，房屋里阳光投射的面积，一个人的行走轨迹等，都应该通过量化的方法记载到数据的世界。在数据大量描述的基础上，任何发动机的振动和散热，都可以通过数学模型判断其状态，甚至能预测其未来发生故障的概率。大数据可以消除误解、增加流动，帮助我们冲破层层阻隔；大数据能够减少不确定性，大大提升决策的质量。之前人类每一轮生产工具和技术的重大发明都推动了繁荣的演进，这一次的主角将会是数据。在此基础上，整个人类社会也会迈上一个崭新的台阶。人类憧憬着这样的美好蓝图，我们每个人同时也需要尽快做一些思维上的转变，来应对大数据时代出现的新的情况。一方面，由于我们有能力通过不断获得数据让结论更加可信，大数据抛弃了过去数据量较小时期对于精准的苛求，可以容忍一定程度的误差；另一方面，因为短期数据量的暴增，我们也可以仅仅通过数据回答过去很多无法解释的问题，这时大数据会优先将精力集中在问题的相关性上，先借助数据的堆积回答"是什么"，这就替代了我们长久以来习惯的对于因果关系的追求，反而有利于推动事情的发展。

　　理想状态下的大数据社会，就是最终可以将一切物质、规则数据化，然后全部交给智能的计算机去处理——因为人类依靠现有的智慧已经无力面对如此海量的数据。我们在之前的文章中谈到，人类一直在探寻完美，终于在寻觅了这么久之后，在大数据时代触碰到了它的存在。借助大数据的威力，我们可以按照自己的意愿改造这个世界，将它变成我们希望呈现出的样子。在这个新的世界，一切规则都是清晰透明的，所有共识均可以通过数字来达成。我们将这个理想中的完美世界总结成一个简单的模型：

理想模型＝万物数据化＋相对精确＋相关性

其中第一项主要是指物质层面，第二、三项指的是思想上的变化。万物数据化既是驱动力，又是最终追寻的结果，而相对精确和相关性这两个理念，都是为了契合数据化的进程所需要的。数据化之轮已然启动，它要求我们不再拘泥一隅，或是执着于预设观点，而是敞开胸怀，让数据自己在广阔的天地发声。

为了走到大数据的今天，人类经历了重重磨难，我们通过将世界一一写入数据，解决了无数个困扰我们的疑惑和难题。让我们从宇宙和天文学的例子中领会一下当中的不易。事情照例从混沌开始，日月星辰斗转星移，早期的人类看着这些自然现象，会产生一个理所当然的疑问——我们居住的地球在宇宙中处于一个什么样的位置？我们是宇宙的中心吗？最初颇受欢迎的是地心说的言论，它是由古希腊时期的米利都学派形成初步理念，天文学家欧克多索于公元前4世纪提出几何模型，并经由亚里士多德、托勒密进一步发展而逐渐建立和完善起来的。该学说认为地球是宇宙的中心，是静止不动的，其他的星球都是环绕着地球运行，人类是宇宙万物的主宰。

由于地心说契合了古代教会关于上帝造人的宗教理念，自公元2世纪被体系化以来，它就一直被视为能够揭示宇宙运转规律的客观真理。虽然比欧克多索略晚一些出生的阿基米德早在公元前3世纪就建立了日心说（认为太阳是宇宙的中心，地球围绕太阳运转）模型的原型。但由于古人很难接受大地是运动的观点，加之缺乏翔实的观测数据和长期以来教会的压制，日心说一直支持者寥寥。在之后漫长的岁月里，地心说一直是西方世界的正统，直至16世纪才有人重拾日心说的科学研究。最早复兴日心说理论的是波兰天文学家哥白尼,在其临终前出版的《天体运行论》一书中,哥白尼对日心说进行了较为详细的数学阐述。哥白尼之所以能够推动进一步的研究,主要是因为近代科学的发展,人类从最初只能通过肉眼和感觉判断,开始可以借助更多的观测工具和计算推理来分析这一问题。

然而事情并没有一下子就完成演化,由于日心说与教会思想之间存在矛盾,在哥白尼之后的支持者布鲁诺被宗教裁判所判为"异端"烧死在罗马鲜花广场。1609年,伽利略通过自制的望远镜观测到佐证日心说成立的重要证据并公之于众,为此他遭到教会的威胁和迫害,并被软禁起来,逼迫其与哥白尼学说决裂。

矛盾被集中在"地心"还是"日心"的论战中,久久无法被解决,除了教会的原因,还有一个非常重要的就是日心说迟迟拿不出一个让所有人心服口服的准确模型(这里的模型运算和前面数据驱动的方法不同)。哥白尼和伽利略的研究虽然相比前人有了很大的进步,但是并不能从数据角度完整地证明地心说的错误。最终完成使命的是开普勒,通过创造性地提出椭圆状的行星运动模型,以及开普勒三大定律,彻底战胜了一千多年来的地心学说。事实上,日心说最终能够在欧洲被广泛接受,还存在相应的时代背景——15、16世纪的欧洲正是从封建社会向资本主义社会转型的关键时期,新兴的资产阶级为自己的生存和发展,掀起了一场反对封建制度和教会迷信思想的斗争,出现了人文主义的思潮,这就是震撼欧洲的文艺复兴运动。与此同时,当时出于对外贸易目的兴起的远洋航行,也迫切需要许多的天文和地理知识。通过在这些航行中的积累,人们也越发发现"地静天动"的宇宙学说是值得怀疑的,这些都为后来日心说确立主导地位奠定了基础。

矛盾双方在长期的论战过程中，不仅仅是诋毁，它们之间也往往可以相互促进。在很长一段时间内，由于围绕在地心说周围的都是一批非常杰出的数学、天文和哲学学者，他们通过长期的深入研究，建立起对天体观测的一整套详细的科学方法论。比如地心说主要的支持者托勒密，他继承了毕达哥拉斯的一些几何思想，通过发明40个至60个小圆套大圆的方法，精确地计算出了所有行星运动的轨迹——今天即使在大型计算机的帮助下，我们也很难解出40个套在一起的圆的方程。后来复兴日心说的哥白尼正是采用了这种简化的圆的方程来进行他理论的阐述。虽然最后开普勒发现行星围绕太阳的运转轨道实际上是椭圆形的，但其在数学计算上也多处借鉴了托勒密的研究，而且他本人也不清楚为什么行星的运动轨迹会是椭圆而不是圆——直到牛顿提出万有引力定律，人类才最终弄清楚形成椭圆的真正原因。就这样，演化在人类历史中跌跌撞撞的发生。它不似诗歌那般激昂，那些曾经的刀剑划过和血肉横飞的场面也会逐渐模糊。然而它又是那般执着和深邃，不容得我们一丝的狡辩与怯懦。演化永存，它看似悄无声息，却如洪流般浩浩荡荡，裹挟着一切向前。

在上面的例子中，我们已经能够时不时看到数据发挥的作用。到了今天，在爱因斯坦、霍金等人的努力下，人类建立起了相对完整的宇宙、天文知识体系，与之伴生的数据量的积累也达到了前所未有的水平。据统计，在21世纪伊始，位于美国新墨西哥州的望远镜用短短几周收集到的数据，就已经比天文学历史上总共收集的数据还要多。中国在2016年建设的被誉为"天眼"的世界最大的500米口径球面射电望远镜，甚至可以探测到最远1000光年以外的声波，每天传输数据可达5兆字节。

天文学的故事让我们看到了人类探索宇宙的雄心，我们同样对居住的四周充满了好奇，而音乐就是表达这一好奇心的重要载体。利用声音高低、强弱的变化，人类可以模拟大自然的美妙之音，并将我们对世界的感知记录下来，用来抒发爱慕、喜悦和悲伤之情。我们今天欣赏各种古典、爵士和流行音乐，通常会将其视为一门颇带主观色彩的人文艺术，但事实上，音乐与数字之间的联系也颇为密切。文字记载最早发现它们之间联系的是前面我们提到的古希腊数学家毕达哥拉斯，他发现音响的和谐与发声体体积的一定比例有关，并可以用数字记录，于是编制了早期的音乐记录规则，这也为后来通行的五线记谱法的出现奠定了基础。

五线谱的发展如日心和地心的争论一样，同样经历了上千年的演化历史。从最初只能进行简单的记载，五线谱通过不断完善各种表达符号和规则，逐渐发展到可以精细地标记音量、速度和音色变化，对整个音乐作品完整无误地进行数据化的描述。物极必反，后来由于五线谱太过细致入微，挤压了演奏者即兴发挥的空间，于是记谱法又发生了方向上的转变，仅仅会编辑进必要的部分，留出一定的弹性空间。这样就将音乐的最终解读权交还到表演者手中，使得每一次演奏都变得独一无二。

相比西方，中国古乐谱没有形成音高和节奏的精确量化和数字符号转码，仅仅会记录传统乐曲或唱腔的基本轮廓，它给予演奏和演唱者创作的自由度和不确定性比西方乐谱要大得多，因而又被称为"框架谱"。这当中体现了东西方对于艺术差异化的理解，同样的情况也可以在西方的素描和中国的水墨画中见到。

回到最初的理想模型，天文只是其中一个颇具代表性的案例，在化学、生物等各个基础学科的研究和形形色色的商业、生活应用中，一组组承载着人类对完美世界探究理想的数据被挖掘和计算着。我们不知道有一天真的实现万物数据化后，这个世界会变成什么样子，或许到了那一天我们可以借助数据医治癌症？又或许世界上现存的选举和议会制度将会消亡——因为一切皆数据时，现在任何组织机构运转的效率都会远远比不上依赖数据来做决策。然而在五线谱的发展历程中可以看到，即使数据真的可以帮助我们精确记录所有的演奏，甚至有一天所有的音乐和艺术创作都可以用数据和机器替代，但人类真的不需要留一些自己主观发挥的空间？全部的数据描述就一定意味着美好吗，是否不确定本身也是一种美？大数据教会我们要放弃对因果性的执着，让数据发声，在事情中"是什么"比"为什么"重要——如果所有问题都用这种方式解答，世界是不是又显得有些索然无味了呢？

从另一个角度来看，如果万物数据化真正降临，人类是不是可以进化成为先知？因为那时我们将拥有无穷无尽的资源，可以无限制地将公式推演下去。我们知道各种数学模型的基础都离不开概率论和统计学，但是很多研究纯数学的数学家都不把概率论当作数学，因为他们认为数学的确定性和概率的不确定性本质上是存在冲突的。

如果样本本身是没有限制的，大到可以包含所有的真实信息，那么这个世界是否就不存在概率，所有的随机性也会消失？这样的话现在我们理解的所谓大数据的核心含义：相对精确和相关性，是否就显得不再必要，又是否会消失在文明的长河中？

或许真的有完美世界的存在，只是暂时我们心智不够，但终有一天会到达？又或许这样理想的未来仅仅只能存在于我们的想象中？无论如何，人类追寻梦想的脚步不会停止，我们也会用尽全力不断前行。为了建设这个理想的世界，人类又开始思考各种各样的方法。在不断受益于这些数据组成的模型和公式之后，我们逐渐将愿望寄予一种叫作智能的方式——今天对此有很多酷炫的名词，人工智能、机器和深度学习等，其实说的都是这种方法，我们期盼算法模型足够强大之后，人类可以驾驭整个数字世界的运转。

我们认为，数据终将解决所有我们遇到的问题。虽然前面说到的切比雪夫不等式告诉我们在数据无限多后误差可以忽略不计，但是追求完美的人类总是期望有一天能够真正找到那个绝对无误的模型。在拥有了更多数据之后，我们还将创造越来越多漂亮的算法，并交给智能的机器去自动执行。这样看来，如果现在暂时还存在某些问题解决不了，那只不过是模型不够完善，计算还不够智能而已。在通往未来理想世界的道路上，除了万物数据化之外，我们还需要开发出许许多多复杂精确的模型，并搭配上超级的计算能力，帮助我们将一切障碍全部扫除。通过智能的模型算法加上客观数据的采集，人类将拥有更高等级的智慧，我们将朝着更为浩瀚的宇宙深入进发，我们有机会让世界变成我们所期待的完美样子。

数字无界，或许就在眼前！

### 推理万物的计算机

相比数据，机器智能的发展历史远没有那么悠久。虽然人类历史上有过关于智能生命的诸多神话和幻想，比如古希腊火神赫菲斯托斯用黄金锻造的机器人少女、文艺复兴时期的炼金术士通过注入意识制作的人工生命何蒙库鲁兹，以及19世纪幻想小说中会思考的机器人等。但真正进入科学家严肃研究视野的机器智能始于20世纪40年代基于抽象数学推理的可编程数字计算机的发明。

由于分析和理解常常容易产生误差,人类发明了数学这一相对精确的工具。在描述了一些基础问题后,历史上许多伟大的数学和哲学学者开始试图将一切人类思考过程都简化为数学表达。霍布斯就在其著作《利维坦》中谈道:"推理就是计算",罗素和其老师怀特海共同撰写的《数学原理》则想要证明整个纯粹数学是从逻辑的前提推导出来的,并尝试只使用逻辑概念定义数学概念。然而罗素等人的理论在很多情况下只能是设想,因为那时的我们还远远没有掌握海量的数据资源,也就无法真正将数理逻辑全部付诸现实领域。计算机的发明深刻地改变了这一状况,通过快速迭代的计算能力,它在短短几十年间不断地突破着人类对于数据边界的想象。著名的邱奇-图灵论题就曾指出:一台仅能处理0和1这样简单二元符号的机器(计算机)能够模拟任意数学推理过程——计算机有一天可能"推理万物",这就大大激发了人类探讨机器思考的兴趣。

后来我们将这种计算机能够模仿人类思考的技术称为人工智能(Artificial Intelligence,简称AI),该词源自1956年的达特茅斯会议。在这次会议中,一群计算机和信息科学专家花了两个月的时间讨论"用机器来模仿人类学习以及其他方面的智能"的问题。虽然最后大家并没有达成普遍的共识,但是却为会议讨论的内容起了一个名字:人工智能。这标志着人类更为清晰地认识到计算机可能发挥的巨大价值,并希望借此发明一套能够帮助我们解决数理逻辑的应用和提升人类自身智慧的方法,1956年也被普遍认为是人工智能的元年。在这之后的50年代至60年代中期,AI迎来了第一波高潮。这个阶段的

## 第二章　数据与智能

AI在多个领域都取得了突破性的成绩。其中包括独立证明罗素《数学原理》中的若干条定理，以及击败跳棋的美国州冠军等，我们惊呼不久就会产生超越人类智慧的计算机器。但很快研究者发现自己对未来的估计过于乐观，由于计算机性能的瓶颈、计算复杂性指数级增长以及数据量缺失等原因，在完成一些初级问题的回答之后，AI在语音识别、机器翻译等领域迟迟不能突破，行业很快陷入低谷。

20世纪80年代，一类名为"专家系统"的AI开始为全世界的公司所采纳，它的优势在于能够依据一组从专门知识中推演出的逻辑规则回答解决某一特定领域的问题。由于设计简单、容易编程且能够规避不少常识错误，专家系统在医学诊断、气象预测、工程物理等多个领域发挥了作用。如果说最初的AI是人类在刚刚获得新工具时自信满满地全面进击的话，专家系统则是我们暂时与远大情怀作别，退回到一步步去解决具体问题的实践之中。但这一次的"脚踏实地"也没能持续多长，在经历了几次耀眼的亮相之后，专家系统很快由于维护费用高昂，且实用性仅针对某些特定场景等原因逐渐式微。进入90年代初，不仅仅是专家系统，整个AI行业都因无法找到合适的发展路径而彻底停滞不前。

这时，很多人已经对所谓智能不再抱希望，整个技术界都不看好AI的未来，许多顶尖的计算机科学家也纷纷离开了这个行业。到了90年代中期，很多研究团队甚至已经拿不到任何的资助。但即使面临这样的窘境，以后来被称为"深度学习之父"的辛顿教授为代表的一群资深研究人员仍没有放弃。在获得加拿大高级研究所的赞助之后，辛顿团队迁往多伦多，与他同期的理查德·萨顿和约书亚·本西奥同样也在加拿大政府的支持下，以坚韧的精神继续着自己的研究。

我们常常说的对于一项新事物，人类很容易在短期内高估，而在长期低估其价值——这句话用在AI身上再合适不过了。上帝为人类打开了一扇门，只不过他担心挤进去的人太多，而且不够虔诚，所以总是会颇费心机地为我们设置重重障碍。很多时候，疑惑的产生不过是我们没有投入足够的思考和耐心，找出混沌中左右事情发展的关键矛盾而已。好在总有一些像辛顿这样的杰出人物，能够不为外界一时的看法所动，始终专注地坚持着自己的理想，并静静等待触发它转变的临界点。对于AI来说，这个临界点就是数据。没错，就是一开始我们早就习以为常的数据。我们在之前大数据的文章中也已经提到，数据量在达到一定的规模之后，就可以发挥与以往完全不同的巨大影响力。就在AI研究者们人生中最为灰暗的时刻，对行业未来走向起到至关重要作用的互联网技术逐渐在商业领域走红。伴随着互联网的兴起，数据维度和数量急速增加，我们在前文中谈到的始于20世纪70年代的数据统计驱动的方法开始发挥价值。通过引入这一方法，AI开始进入新一轮发展高潮。

尤其是2006年以来，由辛顿等人主导的深度学习、人工神经网络的研究方法开始大放异彩，将AI从实验室和小规模场景真正推向了应用化、商业化的前台。今天我们一谈到AI，很多问题都会和它们相关，比如人工神经网络听上去很神秘，意思是AI在模仿人脑的神经系统吗？深度学习是说计算机可以像人类一样学习和掌握复杂深入的知识？在这个基础上，未来会不会有能够替代人类的智能出现？诸如此类，等等。对于上面每个问题的回答都不简单。AI本身就包含各种复杂的数学和计算模型，加上媒体五花八门的报道，常常会把很多非专业人士弄得一头雾水。我们大可不用理会这些晦涩的概念，仅仅稍微了解一下 AI 的发展轨迹，就可以获知以上问题的基本答案。

　　AI 主流技术的发展经历过三个阶段。第一个阶段大致对应我们前面所说的达特茅斯会议之后的早期通用人工智能时期。我们认为只要机器被赋予逻辑推理能力就可以实现智能，因而倾向于利用 AI 解决所有的问题。第二个阶段开始，不同的学术派别、研究方法此起彼伏，我们上面谈到的专家系统大多采用的就是其中一支叫作"符号学派"的方法。与第一阶段不同，这个时候最有影响力的观点是需要将人类知识总结起来灌输给 AI。第三个阶段一直持续到今天，在拥有了更多数据之后，这个阶段的主要方法是将计算机需要学习的数据丢进一个复杂的、包含多个层级的数据处理网络，也就是我们经常听说的人工神经网络（其实只是借用了生物学名词做了形象的比喻而已，和人脑没有半点儿关系），然后不断调整结果数据，直至得到满意的目标模型。这个分析过程非常像人类学习新知识，于是科学界给它起了一个名字叫作"深度学习"。AlphaGo 战胜李世石主要采用的就是这种方法，通过在单个围棋领域不断地对机器进行数据"训练"，AlphaGo 在这个代表人类最高智慧的游戏上所具备的"聪明"程度已经超过了我们。

### AlphaGo"不懂"围棋之美

　　关于未来会不会有替代人类智能的机器出现，这是一个老生常谈，且一直存在争议的话题。但至少目前可以比较肯定的是，我们现在还处在弱人工智能的时代，只能依赖 AI 解决一些局部的问题。虽然 AI 已经在围棋中获胜，但这并不代表它能够在各个方面都超过人类——从某种角度来说，那只不过是通过给机器"喂"数据得到的暴力破解结果而已。判断AI是否超过人类的更为核心的标准在于其是否能够具备跨领域推理、抽象和尝试的能力。考虑到目前的AI在这些方面还相当稚嫩——比如懂得下围棋的程序并不能欣赏棋局中的博弈之美，也不能将之抽象出来用于商业决策，人类距离开发真正能够达到甚至超越自身智慧的物种还有相当长的路要走。但无论如何，我们已经切身体会到AI带给我们的便利。借助对大数据的使用，世界被亚马逊、腾讯等的算法围绕着。它们精心计算着人类社会发生的一点一滴，并且小心翼翼地进入我们的生活。AI会根据你过往的消费记录，智能地计算出你的消费倾向，并据此推送旅游折扣券或促销信息给你，你甚至会惊奇地发现它能够预测到你下个月去国外旅行的计划；AI还可以帮助我们翻译论文、查找资料，以及在不久的将来为所有人驾驶汽车。人类开始有能力把自己从日常琐事中解放出来，从事一些更加高级的工作，并拥有更多时间去娱乐和享受生活。

在这个智能的世界，一切将会变得更加高效。AI会帮我们寻找复杂问题的解决方案，从而省去许多无谓的奔波；AI将会朝着越来越接近人类智慧的方向发展，直到有一天带给我们目前无法想象的繁荣……说到这里，我们似乎找到了前文中提出的问题的答案，脑海中再一次涌现出完美世界的图景。我们知道AI是在大数据基础上建构的一整套算法模型，既然如此，我们是不是可以把这个理想的世界简单表述为下面的公式：

理想模型＝（万物数据化＋相对精确＋相关性）＋算法

似乎还缺点什么？对了，我们还需要很多很多这样的机器，开足马力去计算所有复杂的数学方程，也就是被全部数据化了的世界，然后只需给人类一个简洁优美的答案。按照严谨的计算机语言，能够支

撑这个世界高速运转的机器的能力被统称为"算力"。我们再将前三项合并为"理想数据模型",这样公式就可以被写作:

理想模型＝理想数据模型＋算法＋算力

因为算法和算力作用的发挥非常依赖大数据的搜集和发展,因而我们暂时没有在公式中给它们加上任何限定的词汇。在算法方面,目前的 AI 实际上是以大数据的相对精确、相关性为底层,比如 AlphaGo 和它之后的改进版本主要都是通过不断丰富数据实现迭代升级的,虽然模型本身也会调校,但相比早先的算法改进并不大。而且 AlphaGo 在下棋的时候,算法也不会告诉它为什么要下这一步,只是程序的计算结果说明这样走更合理而已。

从算力角度,AI 也在不断地提升,以匹配持续增加的数据计算量。AlphaGo 的计算能力已经是 1997 年战胜当时国际象棋世界冠军的 IBM 计算机"深蓝"的三万倍。而即使是二十多年前的深蓝,每秒钟的计算也已经达到两亿步,并且对其输入了一百多年来优秀棋手的两百多万盘对局。正如有一天随着大数据"大"到一定程度之后,相对精确和相关性可能会显得不再必要,我们现在对于算法和算力的理解也可能随着技术的进步而产生改变。在未来的某个时候,人类可能会掌握更精确的算法模型,即使在小数据的场景中也能解决问题;在这种情况下,算力也就不会无限地增长下去,而是在达到新的临界点后开始下降。这样计算资源是否就能被极大地节省下来?我们又会将这些剩余的资源投入什么新的领域呢?是用于人类大脑和基因的改造,还是去探索无尽的宇宙?

我们暂时还无法完整地回答这些问题,但是我们可以从智能的发展历史中找到一些脉络。以语义理解为例,我们的故事仍旧从熟悉的混沌—矛盾—演化模型开始。我们的祖先在五千多年前发明了最早的文字，而后又经过漫长的历史演变，逐渐形成了较为完善的语言表达和语法的规则。人类主要就是通过学习语言、文字来了解新知识的。后来我们知道数字从中分离出来，并且在之后的几千年与文字越走越远。但二者之间并不是毫无联系的，由于数字具有一些文字不具备的属性，比如更有利于确保信息传递的无误，早在公元前4世纪，我们就已经开始尝试将一些语言和文字转化为数字进行表达。例如，当时犹太人为了避免圣经在抄写中的错误，会将每一个希伯来字母对应成一个数字，这样每行文字加起来便得到一个特定的数字，以此作为这一行的校验码。

进入20世纪，人类又将大量文字转换成数字编码写入计算机，并通过智能模型对其进行理解和推演。AI最基本的应用场景就是让机器模仿人类去理解这些文字和它背后所表达的语义，也就是我们常常听到的自然语言理解。语言理解的历史由来已久，中国汉代许慎的著作《说文解字》，就是对汉字字形、来源及词意的解析；北魏郦道元编写的《水经注》，也是对先人地理古籍《水经》进行框架上的陈述和表意上的解释扩展。除了对文字和语句进行解析之外，广义的自然语言理解还包括机器翻译，以及语音识别和知识理解等。制作于公元前196年的古埃及罗塞塔石碑，用希腊、古埃及和当时的通俗体文字记载了国王托勒密五世登基的诏书，从1798年被人发现到1822年法国语言学家商博良对其破解翻译，前后花费了二十余年的时间。虽然在AI出现之后的翻译方法并没有比19世纪先进多少，但因为有了数据和计算模型，现在我们翻译石碑所需要花费的时间会远远少于当时。

时至今日，对于绝大多数不是特别复杂的论文、外文资料等，我们都能够借助机器进行理解和翻译。我们通过发明语音识别程序，将国际会议演讲者的内容实时转换成多国语言；我们还可以借助余弦定理、贝叶斯网络等数学模型对文献资料进行分类，并从中抽取概念和分析主题。伴随 AI 的发展，我们正在挣脱巴别塔的束缚，让思想和灵魂彼此碰撞。

### 用机器生产机器

然而事情的发展并不是一开始就如此顺利，人类在通过计算机进行自然语言理解的道路上经历了不少矛盾和曲折。作为 AI 早期犯下的一系列错误的重要组成部分，最初我们在自然语言理解领域采用的方式也是把人类的经验传授给机器。这些知识主要来自数世纪以来已经比较成熟的语言学的语法规则、语义分析等。但很快弊端就开始显现，首先是文法规则浩如烟海，即使用计算机覆盖哪怕 20%~30% 的真实语句，规则数量就已经多到语言学家来不及写的程度，并且随着覆盖度的增加，还要用新的文法规则解释当中产生前后矛盾的语句。

其次是文法在文章中体现出的上下文相关特性，用程序语言很难进行解析。计算机更加善于解码上下文无关的文法，举例来说，我们都知道中文博大精深，"方便"一词在不同的上下文语境中含义大不相同。比如以下三个句子：

1. 我今天下午去你家找你，不知道你方便不方便——表示有机会、有时间；

2. 我晚餐有些吃多了，现在想去方便一下——表示排泄、大小便；

3. 我和张总是老同学了，希望在这次合作上贵公司能够给予方便——提供便利、帮助。

理解这些意思需要较好的生活常识,而基于规则方法组织起来的AI往往对此处理效果不佳,这也就是我们之前谈到的现在的AI还难以和人类拥有同等智慧的情形。

但人类会就此变得束手无策了吗?答案是否定的。我们发现有些事情并不是没有合适的解决方案,需要的仅仅是一些看问题的角度转换而已。既然问题出现在人类在语言学上积累的规则和经验难以有效转移,那么不妨让我们换一个角度。1970年以后,IBM华生实验室的贾里尼克教授就抛弃了我们一直以来对语言规则的执着,转而采用统计学的方法处理AI遇到的问题,最早的尝试来自当中的语音识别领域。语音识别的本质就是机器将说话者表达的语音转换成文字的过程。比如我们现在对着Siri(苹果手机的语音识别程序)说话,iOS系统就可以将用户希望了解的大气、出行等各项信息推送出来。在这里说话者的一系列语音首先被手机记录下来,我们用$o_1, o_2, o_3\cdots$(观测信号)来表示。接收到这些信号后,AI推测出这些信息的本来样子是$s_1, s_2, s_3\cdots$(信号源信息)。接下来AI会根据推测结果向系统发出相应的调取指令,最后,收到这些指令的系统将会回复给用户"今日天气晴朗""建议改换路线躲避拥堵"等信息。

在应用统计方法之前,计算机要识别出复杂的人类语音就需要学习大量的语法规则,而转变的核心就是将这个学习过程简化为概率统计模型。上面的例子中,问题变成了从所有的源信息中找到最可能产生观测信号的那一个信息。也就是在已知$o_1, o_2, o_3\cdots$的情况下,求令条件概率:

$P(s_1, s_2, s_3, \ldots | o_1, o_2, o_3, \ldots)$达到最大值的那个信息串

$S_1, S_2, S_3 \cdots$，即

$$S_1,S_2,S_3,\ldots = \underset{\text{all } S_1,S_2,S_3}{ArgMaxP}(S_1,S_2,S_3,\ldots | o_1,o_2,o_3\ldots)$$

这个公式比较复杂，但可以用隐马尔可夫模型来估计，语音识别也成为隐马尔可夫模型最早成功应用的场景。隐马尔可夫模型是指这样一种情况，其输入状态是不直接可见的，但输出依赖于该状态下，是可见的，每个状态通过可能的输出记号有了可能的概率分布。

对应到上述案例中，也就是运用该模型，在给定已知参数的条件下，用概率的方法求出公式中不可见(隐含)的信号源信息。贾里尼克领导的实验室在当时提出用隐马尔可夫模型来识别语音，使得错误率相比之前降低了2/3。接下来，这一模型还被陆续地用于基因测序、股票预测和投资等多个行业。对此吴军老师的《数学之美》中有非常详细的阐述，这里我们不做具体的展开。

除了语音识别，机器翻译等其他自然语言理解的行业原理也类似。我们可以把翻译问题简单理解为AI很难像人类一样去推测文字背后所要表达的上下文逻辑，但是之所以能够给出较为正确的识别结果，在于它用概率的方法去判断代表不同意思的词汇出现在该语句中的概率。比如"pen"在英语中的意思既可以译为"笔"，也可以是"围栏"，但是当句子中有"bag"(书包)一词的话，pen是笔的意思的概率将远远超过围栏，这时机器给出的翻译结果就会是笔。通过这种方法的运用，计算机甚至完全不知道说话者要表达的是什么意思，仅仅通过进行概率计算就可以做出相对准确的识别。事实上，AlphaGo下棋的核心也是采用了概率统计模型，每一步决策的背后都是概率上赢面最大的考量。

然而通过统计模型解决自然语言理解问题的方法并没有在贾里尼克之后就被所有人接受，研究者们分裂成了规则学派和统计学派两大阵营。到了90年代初期，矛盾双方仍是唇枪舌剑不断，互不认同彼此的方法。之所以出现这种情况是因为规则学派的人认为统计方法只能处理浅层的自然语言理解的问题，深层次的研究则仍需借助规则经验的使用。直到2005年，随着数据的不断完备，谷歌基于统计方法开发的翻译系统全面超过基于规则建构的SysTran，自然语言的处理才完全演化成采用概率统计的方式，规则学派终于彻底退出历史舞台。

　　我们早就听说了不少关于坚持和放弃的故事，比如20世纪美国在技术上大幅领先的调频无线电技术花了整整半个世纪才彻底战胜调幅技术。我们也认为自己已经汲取了不少这方面的教训。什么时候放弃？何时又应该坚持？事情在时时处处考验着人类的智慧。然而问题在于身处其中的人们经常不愿意理性辩证地思考，却总是固执地觉得自己不会是错误的一方。

　　在图像和艺术绘画方面，逐步演进的AI也开始发挥威力。目前AI在人脸图像识别领域的精度已经达到了99.83%，这已经超过了人眼的平均精度99.15%。在艺术创作上，2016年微软的智能设备通过自主"学习"伦勃朗的作品绘画风格和主题"创作"了一张男子肖像画，参观者感觉它与挂在美术馆的伦勃朗真迹相比一点也不突兀。

　　近年来我们讨论AI，并不会过多涉及人脑和意识模拟的话题，而是将重点集中在解决实际落地的问题上。但这种AI能够代表所谓的智能吗？著名学者侯世达就在近期接受采访中表示，目前的AI不过是对数据的妥协下制造出的很厉害的解题程序而已，根本谈不上真正的智能。在其于20世纪70年代末撰写的传世名作《哥德尔、艾舍尔、巴赫书：集异璧之大成》（$GEB$）一书中，就曾主张人类可以通过认知的循环升级，最终创造出超越自身的智慧和意识，让机器能够产生机器本身。

如果按照这种说法，或许我们现在发明的所有AI工具，从更长的人类历史来看，还远远不能被称为智能。未来的智能需要具备意识和情感吗？它是否需要拥有和人类一样的同理心？我们理想中完美的智能世界，是仅仅包含了物质的存在，还是也应该具有主观的精神和意志？

回到我们最初的理想模型，或许真到了智能可以搞定一切问题的时候，我们可能不愿意全部交给它处理，因为担心聪明的计算机侵犯我们的安全和隐私。我们需要适应AI带给我们的一系列变化，比如机器将会替代大量人类的工作，这种情况下我们应该以何谋生？智能的机器会变得越来越强大，为了规范它们和人类的共处模式，是否又需要建立新的法律和社会秩序？在AI快速发展的今天，人类已然拥有了无比丰富的知识，全世界的经济发展为何仍不时陷入困境？除了自然因素之外，为什么我们居住的土地上仍然存在大量的饥荒和瘟疫？AI帮我们克服了许多过去无法克服的难题，为什么人类依然经常生活在冷漠和猜忌之中？我们的生产力在大数据和智能的助推下获得了长足的进步，但为什么彼此的信任和协作还是难以大范围达成？

这样看来，我们的问题可能并不是什么数据或智能，如果仅仅依靠它们也根本无法建立人类心目中的完美世界。一定存在某个关键的方法，只是我们暂时还没有发现而已。即便我们访遍了地球上每个数据的角落，也用AI翻阅了无数的经典，却久久无法找到问题的答案。在科技为我们不断创造繁荣的同时，无论是西方还是东方，正在被越来越多的焦虑和无措的情绪所笼罩。站在无边的旷野上，人类四处张望，却总是无法找到一个温暖的拥抱；即使身处繁华和喧嚣之中，有美酒和音乐相伴，我们的心却还是时不时感到落寞和孤单。

终于在2009年，一个名叫中本聪的家伙在他发明的比特币上给了我们最初的提示，后来我们又从中提炼出"区块链"这项新的技术，并已经开始着手将它应用于解决各项棘手的问题。区块链将为我们提供大规模信任的基础，消除猜忌和疑虑，降低彼此间沟通的成本。借助这一技术，大数据、AI和量子计算等可以发挥更大的价值，从而帮助我们穿越低潮和迷雾吗？在它的帮助下，人类或许就可以携起手来，勇敢地走进混沌的数字世界，然后一起迈向更完美的远方？无论如何，对于我们来说，这又是一次巨大的希望。

数字无界，愿相伴同行！

# 第三章　分布与共识

## 人人利己的统一认知结构

2009年1月4日凌晨，第一个比特币诞生了。如今十年过去，尽管关于比特币、区块链的报道早已掠过无以计数的大街小巷，我们也多次听说了中本聪的名字，但区块链仍然如同隐藏在纱巾背后的女子——既让我们渴求一探究竟，又总是显得那么模糊和若即若离。我们不断试图更深入地了解它，从不同的角度凝视它的存在，但区块链的发展轨迹却经常出乎我们的意料。即使是专业的从业人员和投资人，也不敢说自己能够刻画出其全部清晰的面容。更富有戏剧性的是，这名伟大的发明家"中本聪"在2010年4月最后一次在BBS上回帖之后，就彻底从人们的视野中消失了。

就是这样一个神秘的技术，带上加密算法、区块分叉、挖矿激励等一堆似懂非懂的名词，被炒作成了最热门的话题。一出出代表着财富与欺骗、真爱与谎言的剧目轮番登台，币值起伏的同时，也伴随着人们对于区块链信仰的明明灭灭。无论如何，聪明的人类还是敏锐地嗅到了蕴藏其间颇具价值的气息：一个看似在人人利己行为驱动下的系统，竟然可以产生难能可贵的统一认知。过去的我们总是急着把一个又一个的问题扔进数据计算的加工厂，我们给机器添加了各种美妙的算法和模型，但承载着人类对更伟大文明追求的这条生产线，却并没有将数字世界的清晰简洁一一回馈给我们的生活。机器正在被人类设计得越来越精密，但我们依然无法用它们驱赶恐惧和不安；随着它们的高速运转，我们总是能听到零件摩擦时发出的巨大而不和谐的声响。

人类拥有许许多多的智慧，却似珍珠一般各自散落。我们经常会面临各自为政的情况，并因此遭受了太多的折损和低效；我们时常会忙于利益的争吵，而把真正要做的事情抛诸脑后。一直以来，我们苦苦寻找解决之道，有关的著述也早已汗牛充栋，但效果并不如我们对于自然界规律的揭示那般明显。自人类诞生以来，我们似乎从未经历过持久的和平与繁荣。我们曾经费尽心机建立起一个又一个文明的丰碑，却因为缺乏信任和协调，总是在顷刻间灰飞烟灭。在宇宙发散与收敛的演化交替中，人类已然行走了数百万年，可即便一同面临过无数的艰难险阻，最终却还是无法相互理解。人类甚至已经要开始习惯这种情况，我们认为这种缺乏组织的割裂和分化也许就是世界的真相。虽然我们曾无数次期盼美好，也偶尔因为某个伟大的理想或号召有过短暂的协同，却只有在激昂的宗教、艺术片段，或者外星人入侵的虚构故事中才能长久地感受到全人类的命运共通、心手相牵。

就在我们几乎要失去信心时，区块链的出现重新燃起了我们的希望。抛去那些边角和八卦不谈，我们的的确确在区块链的世界里目睹到这般规整的存在。看上去，区块链仅仅是轻盈地把数据排放重新组合了一遍：将它们存放进一个个前后单向相连的格子中（区块），既不改变原本数据的采集方式，也不要求重新撰写什么智能模型的规则。然而就是这个小小的变动，其影响力却很可能如同当年我们发现宇宙间物质和能量转换的奥妙一样,对整个人类社会产生天翻地覆的影响。正如我们在大数据和人工智能中发现了"大"这个关键,按照格子盛放数据,或许就是人类真正能够迈向数字世界的开始。这个设计看似不显眼,却可以一下子使得困扰我们良久的数据产生和流转问题变得容易起来。

有时,人类的故事总是那么偶然而又奇妙,几个简单图形的变化就可以一次次将进化之门撕开一个大口。两千多年前中国的墨子第一次给自然界最完美的图形"圆形"下定义(圆,一中同长也),人类也在数千年间将其用于运输重物、材料设计和搭建防止侵害的支撑结构等。之后开普勒发现地球围绕太阳是按照椭圆形而非圆形运转,终于让我们弄清楚了人类在宇宙中身处的位置。而"区块"的这个方形格子,有如一把写满信任的钥匙,可以将物理世界和数字世界间的阻隔之门打开,从而再一次将人类文明向前大大推进。

我们终于长出一口气,我们一直担心所谓万物数据化的世界是难以真正建构的,因为我们始终没有办法找到一个大规模有效地将现实转换成数字的方式。更多时候,人类只是在一边积极尝试,一边等待那个让我们跨越到下一个阶段的时空隧道的出现。现在我们发现,原来只要把熟悉的一切改换成方形,就可以穿梭去更高维度的地方。人类走到这里,终于可以有机会再次眺望理想世界的模样。我们开始设想将之应用于现代的文明社会,将现实的一切统统上链,并且储存在一个又一个的区块之中。通过这样,我们就能解决协作分歧、交易和利益分配等问题。我们迫不及待地把公式最后一个参数代入,然后求得理想的世界:

理想模型＝理想智能模型＋区块链

在这个世界里面，我们可以借助区块链降低成本、减少摩擦，向着完美的世界进发。在电影《阿凡达》描绘的潘多拉星球中，纳美人通过辫子与自然之脑链接，以此无碍地让数据上传、下载和交互，彼此间共享所有的生命信息与能力。由于数据对每一个纳美人完全平等透明，信任在这个星球可以瞬间达成，由此增进文明的协同与合作，制造出一个拥有极高智慧、规则和谐的社会。

区块链技术或许就是我们这个星球的信任之钥，它将彻底开启人类步入信任社会的征途。通过使用这把钥匙，科技发明的成果可以越来越多地被用于促进发展，而不是冲突与对抗。由于区块链可以有效地统一发散个体诉求与收敛的群体共识间的矛盾，如果将它用于人类的日常事务，发散的能量可以被更大地聚集，而收敛本身也不至于以发散的全部毁灭为代价。通过数据的公开流动，人类社会可以不断地接近类似潘多拉星球的情景，并有希望可以真正携起手来，走出我们当今面临的增长的桎梏，同时享受更大范围的普惠和繁荣。

事情果真会如此发展吗？恐怕仅仅凭借猜想是无用的。虽然区块链出现的时间不长，我们依然可以基于对事物发展普遍规律的理解去尝试回答这当中的一些疑问。既然演化的终局是创造出一个信任和共通的社会，我们可以将未来的时钟拨反，从中抽象出得以实现这一演化的矛盾双方，最后再看一看混沌的起源，这样就可以大致推测出区块链是否有可能将人类文明带入一个全新的阶段。我们将顺着因果关系的链条溯源而上（也将借助大数据的相关性），正如科学家推测说几百年后的某一天南极冰川会全部融化，为了验证其真伪，我们首先应该找出会让这个结果产生的核心矛盾——自然和人为因素造成的全球气候变暖。然后把变暖进程前前后后的各个部分全部分析一遍，比如自然发生的地球周期性公转轨迹变动（离太阳更近），物理学焦耳定律、电磁感应的作用，以及人类自己造成的大气、海洋生态破坏和人口剧增的影响等。通过详细分析它们之间的作用规律，我们就可以大致判断出冰川融化出现的可能性。

此外需要说明的是，这种推测本身只不过能提供一些发展趋势上的参考。我们在前文中也说过，由于混沌理论的作用，任何长时间的预测均是无效的，因而这里说的推测不过是一种逻辑推演的结论而已。宇宙浩瀚而又混沌，人类能够做的，往往只是通过思考得出一个模糊的远景，而后再在具体路径中去不断地验证和调整。但我们之所以能够走到今天，正是因为具备这种探究未来的好奇心，同时又有不惧置身泥泞的勇气。

与宇宙的发散和收敛相对应，在人类社会组织中我们将它们称为分布与共识。作为一对矛盾的名词，人类历史上从未在大规模的范围内实现过二者的统一。我们可以这么理解，如果想要更多人的利益都能够被表达（发散／分布），往往难以达成集体中一致的意见（收敛／共识），从而影响行动的推进效率。当仅满足少数人想法的时候，步调整齐的可能性将大大增加，但我们又不能保证少数人一直能有明智的决定。类似情景我们都经历过：几个好友商量去看电影，我们要么听一个人的意见，比如 A 决定所有人去看喜剧片，但有两个人根本就不喜欢，这时他们俩就看不到自己想看的电影；或者在中间找一个平衡，比如有人想看喜剧电影，有人钟爱战争、爱情题材，最后选择观看大多数人倾向的战争片，显然这种情况下也还是会有部分人的利益受到损害。推而广之到整个人类社会，我们经常会面临这一经典的悖论。由于我们无法独自处理复杂利益交错的问题，同时也为了推动社会的进步，我们建立了一个又一个组织。从国家到公司，从协会到社群，我们会将权力授予这些组织，以代替我们做出部分问题的决策。虽然我们尽量会兼顾分布和共识的共同利益，但由于本质上存在的矛盾，在不同时期，我们一般只能更多偏向其中的一方。

组织的建立成为人类走向繁荣的基石，为了快速促成协作和信任，我们常常需要寻求当中某个中介机构或者第三方组织的帮助。这些机构和组织在为我们带来便利的同时，也时不时会掺杂自己的诉求，而这将可能损害个体的权利。我们将自己的财产、信息等交托于它们，有时候并不是因为信任——经常不过是没有更好的解决办法，或者有些情况下只是习惯使然。直至不好的后果发生，我们才幡然醒悟，意识到这当中存在的巨大风险。比如Facebook大量泄露用户数据，以及携程曾经出现的用户个人资料和银行卡信息流出的情况，都对数以亿计的用户隐私造成了极大伤害。我们发现自己已经太过依赖这些中介组织，可真正到我们要摒弃它们的时候，又会陷入协作和信任的难题——如果没有律师的见证，如何确保与我们签订购买合同的商家交付符合质量标准的产品？如果没有银行的存在，谁又能保证收到我们钱款的对象不对此矢口否认？如果没有各类大型网站为我们提供的一切，又如何与许许多多的朋友进行远程沟通，或者在杂乱的机票和酒店信息中快速找到我们所需要的内容？

我们小心翼翼地生活在这个充满了陷阱的世界上，不得不特别用心地看管好自己拥有的种种。在组织中，我们会因为模糊不清的分配规则口是心非，或者有限地贡献自己的力量。合作的时候，我们需要耗费大量精力确认对方是否诚实，也经常会担心自己的努力得不到应有的回报。那些大数据时代强大而设计精妙的组织，会留下我们的情绪、健康和财富信息，而后将其用于"推断和预测"的素材，我们却丝毫没有从中受益。在科技的帮助下，人类出于协作目的建立起的组织正变得越来越强大，每个个体的力量和这些庞然大物相比总是显得那么渺小。面对这些大家伙，无法分享到应得的利益可能还只是小事，更可怕的在于，我们生活在这些自己亲手支持起来的组织周围，却竟然缺乏在它们作恶的情况下具有足够的约束能力。我们曾经撰写了无数的规章和法律条文，试图划定它们的边界，但其实效果并不显著。很多时候，它们可以轻易地对客户的生命和财产安全置之不理，甚至倒卖我们的信息谋取私利，却得不到应有的惩罚。数字机器仍在运转，但由于缺乏足够的信心，我们最终还是无法达成更多的共识。

区块链最大的价值就是用技术的手段为解决这一矛盾提供了可能，也即保证最大分布利益的同时，又可以让共识高效达成。具体的原理和论述我们将在后面的章节中阐述，在这之前，让我们先来看一看分布和共识在我们灿烂文明中留下的足迹。以西方文明为主要讨论对象，我们将更多民众、中等阶级得以伸张权利的时期视为分布优先，用加粗字体表示；而将主要依靠一个偏中心化的机构（包括国家元首、官僚和贵族等）代表组织进行决策视为共识优先，用非加粗字体表示。尽管有时下面这些阶段之间的界限并不是绝对清晰，并且常常呈现复杂交错的状态，但还是可以近似地将它们分成两个部分：

古代两河文明、古埃及——希腊黑暗和君主时代、罗马王政——**希腊民主（主要以雅典为代表）、罗马共和制及罗马元首制**——希腊集权（斯巴达战胜雅典后）及罗马后期帝国（皇帝戴克里先的改革后）——中世纪教会统治——**近代早期的文艺复兴、大航海和宗教改革**——专制主义——**科学革命和启蒙运动**——**法国大革命和英国工业**

**革命**——民族国家兴起——帝国主义扩张和两次世界大战——"二战"后美苏争霸——**全球化、美国主导和欧洲统一**——反全球化……

需要再次说明的是，分布时期以发展个体利益为主要特征，但并不意味着没有集中决策的情况；共识时期采用效率优先的中心式管理，为了整体稳定性等诉求也会适当考虑分布。通过仔细梳理历史我们发现，由于无法实现融合统一，整个人类社会只能在分布和共识之间不断地寻找平衡，二者在过去呈现出交替往复的局面。此外，经济、社会以及科学艺术等各个领域普遍都是在分布时期取得了更为长足的进步。比如始于公元前6世纪左右的希腊民主时代，在哲学、数学、几何和天文等多个学科上均取得了很大的成就，在其之前和之后的两个共识时期各项发展则几乎举步维艰。又比如5世纪至15世纪的欧洲中世纪时代，集权盛行和教会统治延缓了社会的发展，其后是文艺复兴和海外扩张重新激活了西方世界。在文明内部也是如此，两河文明和古埃及的绝大多数的高速增长分别集中在相对开放的苏美尔、古巴比伦人统治时代和埃及中王国第十二王朝时期。例如，古埃及在第十二王朝的统治下，通过与中间阶层的商人、工匠和农民结盟并调动其积极性，有效地遏制了贵族势力的无序扩张，为创造古埃及史无前例的繁荣奠定了基础。

另外，整个人类文明的高度都是不断向上提升的，在看似重复的历史中蕴含了演进和迭代。比如自1651年以来的专制主义时代，表面上与先前的中世纪君权统治无异：这两个时期各国的君主、天主教会都大肆抓捕、屠杀倡导自由的民众组织以及教派改革人士，但是专制主义时代的最大价值在于较好地结束了过去一百多年西方世界的持续动乱。这个时期的多个政权都通过专制建立了强大的国家，同时积极引入法律治理——虽然仍然从属在王权之下,但已经显著优于毫无法律理念的中世纪,此外政治风气相比中世纪也更加开明。更为重要的是,这种一定程度上自由的法律和政治环境给了同样始于该时期的思想启蒙以土壤,伴随着伏尔泰、孟德斯鸠和狄德罗等一批杰出人士专著的发表,为后来的法国大革命冲击专制制度埋下了思想的种子。

我们同样发现,分布的产生往往出现在共识末期,这个时候由于分配不均和缺乏激励,民众已经无法获得进一步的利益,整个社会的发展也明显趋缓,此时我们偏向于用分布推翻原有小范围的共识。比如在美苏冷战刚刚结束时,各国通过贸易互通迅速全球化,也创造了较为长期的繁荣。而在全球化基本秩序日臻完善的今天,以美国、英国为代表的一批资本主义国家出于本国贸易逆差增大、经济发展放缓等原因,又倾向于重设国家和地区间的贸易壁垒,很有可能重新导致进入共识阶段。这种情况发生的核心原因在于分布的发展已经解决不了这些国家根深蒂固的矛盾,于是它们普遍采取了牺牲部分分布的利益以较快达成共识的方法。总的来说,整体社会都需要通过为个体价值发挥提供空间以实现加速发展,因而在临近的历史阶段,基于技术、人口、资本等社会产出价值的潜力相似等原因,往往是分布状态下的社会更具发展潜力。实现每一轮共识的基础是前一阶段分布奠定的繁荣,而采用共识后有效解决各项问题,又为新一轮的分布创造了有利条件。分布就是这样不断迭代,并且每一轮新的循环都会继承上一阶段循环留下的成果,人类也因此能够不断达到更大范围和更高层级的文明。

人类就这样在跟跟跄跄中向前发展,在分布和共识的转换过程中,时常免不了屠戮和灾祸。人类至今难以打破这个交替的规律,痛苦来自我们很难在长时间和大范围内既保证足够的分布，又能达成有效的共识，因而只能在两者间反复徘徊。为此我们创造了宗教，期盼信仰能够抚慰我们受伤的心灵。事实上，基督教在古罗马的兴起就发生在帝国开始走向衰亡，人们彷徨迷惘并且理想破灭的3世纪。宗教也让苦难中的罗马人民得以将美好的理想寄托于世。东方的中国同样符合这一规律，五千多年的华夏文明因而呈现出"分久必合，合久必分"的发展轨迹。与西方世界不同，出于幅员辽阔、民族构成复杂，以及农业生产需要依赖统一的调度等原因，中国传统意义上的治世往往发生在中央集权和疆域一统的时期。中国人推崇的儒家精神也主张实现国家政权高度集中，而被西方普遍认为能够创设繁荣的纯粹意义上的民主和议会制度在中国并不有效，这在近代中国的戊戌变法和辛亥革命仿效西方民主政体的失败中已经得到了证明。

但也正因为中国长期以来过于偏重共识，导致社会自主发展动能相对不足。在辉煌了两千年之后，由于未能及时赶上全世界科技进步和资本主义生产力加速发展的潮流，中国在近代遭受了重大的外来侵略，整个国家陷入衰落，直到近几十年通过开放才再次崛起。事实上，中国历史上拥有最卓越成就的汉、唐时期虽然政权高度集中，但同时也是相对开明（分布）的时代，尤其体现在统治阶层充分尊重各个民族、中下阶层以及妇女的个人权利等问题上，这也是中国能够创造举世瞩目的改革开放成就的主要原因。从人类社会的全部历史来看，能够高度协同的广泛的分布或许才是我们的终局，这种分布状态将挣脱我们现在经历的每一次分布过程中由于无法让共识和信任不断扩大，使得能量都不能长期持续的局面。我们从生物进化的角度可以看到同样的趋势。达尔文的文字向我们展示了"新旧更替，适者生存"的世界，人类通过不断地与自然界搏斗，并将这当中的经验和积累传给更为多数的人群，成为我们今天获得一切智慧的基础。

凯文·凯利在《失控》一书中也揭示了生命演化的过程：我们整个的自然界是一个无序的分布系统，暗藏其中的是一只神秘的"看不见的手"，这是一种没有中心的权威控制的存在。分布的单位通过自我进化、管理和演进，并且彼此高度相连去完成自然赋予我们的工作。开放者将获得胜利，中央控制长久来看是无效的，恒久的稳定不过是由持续的误差所保证的一种永久临跌状态。在凯文·凯利看来，无论人们如何努力，都无法改变大千世界中原本的运转规律。一片草原、湖泊，一个蚁群，一套计算机程序乃至整个人类社会，都是如此复杂而难以捉摸。事物沿着这个无形的规律发展，并不遵照直线前行，而是像风一样四散开来。于是人们只能简化处理，不去试图控制整个系统，而是积极融入，快速建立模型和进行短期内的预测。人类组织的全部秘密在于，借助某些轻微的见识，通过新加入合适的管理者和巧妙新工具，把三五十个勤奋而有能力的人组织成一个富有创造力的有机体，并取得遥遥领先的成功。整个人类历史就是这样，在对无序世界规则捕捉的过程中，不断地扩大我们分布所能掌控的范围，将繁荣推向更为广阔的领域和群体。区块链将强有力地助推这一过程的演进，至于人类是否真的可以走到那个终局，区块链能够把我们带到什么位置，在它之后又将面临什么新的困难和挑战，以我们目前的智慧或许并不能做出准确的断言。

虽然并不十分清楚所谓终点，但人类从未停止寻求突破的步伐。为此我们发明了绘画、音乐和各项艺术，记录一个又一个美好的时刻。通过翻阅《加德纳艺术通史》，我们发现艺术的发展轨迹同样契合上述演进规则。从人类刚刚学会绘画的几万年前，直至公元前 5 世纪，我们都只能做一些对客观世界的特征描绘。我们将眼见的一切全部集中到一个平面上，比如侧脸上长出正面的眼睛，侧视图可以看到双手双脚，等等，之后才逐渐产生了空间的概念。

公元前 40 年左右的罗马时期，线性透视法和空气透视法开始萌芽，前者指构图中所有向远处延伸的线条都汇聚于画面中心的一点，以此可以暗示画面的深度和距离；后者的运用则是让画作中越远的东西越模糊。进入文艺复兴时期，随着达·芬奇、米开朗琪罗，拉斐尔等人对透视技法的娴熟运用，绘画艺术的立体感和真实感得到极大提升，并由此进入"近代绘画"时代。其后诞生于 1872 年的印象派，又通过将光与色彩的科学知识引入绘画当中，将人类带入"现代绘画"阶段。在作品的主题呈现上，我们也从古代主要描绘神和统治阶层，以及基督和上帝，经过文艺复兴、巴洛克和洛可可时期开始刻画人类自身，自由表现人的情绪、动作，发展到浪漫主义时代对于底层人民生活的描绘。到了印象派之后开始勾勒风景和一切自然所见，画面的内容也从单调严谨，逐渐过渡到饱满、华丽，直至最后的全面表现自由。

音乐的发展同样如此，从十七八世纪巴洛克时期以巴赫为代表的音乐主要为王公贵族所作，这个时代的音乐风格庄严、整齐，曲调波澜不惊；历经莫扎特、贝多芬表达更加丰富的维也纳古典音乐时期，至 19 世纪末 20 世纪初的浪漫主义音乐，逐渐将跳跃的音调和自由、奔放及想象力呈献给观众，同时将民族、国家和多样化的主题融入音乐，也把人类音乐带向一个前所未有的高度和广度。伴随着作品主题和表现形式的更加丰富和多样（分布），人类的艺术历史也被渲染成一幅幅越来越明丽绚烂的画卷，被谱写成一篇篇更加磅礴大气的乐章。

艺术为身心疲惫的我们带来不少的欢愉，但最重要的是激励我们再出发的勇气。进化是无情的，它容不得我们躺在功劳簿上，环境的变化会催促我们又一次上路，继续风雨兼程。我们有时甚至来不及收好刚刚搭起的帐篷，和朋友道一声珍重，就要匆忙奔赴下一段旅途。但是人类就是在这样的奔跑中揭开我们生活世界的神秘面纱，我们也因此更加清楚地知道自己来自何方，又应该与谁相拥。

我们当中的一部分，尤其是已经习惯了肥沃的草场，拥有了华丽的毡房和成群牛羊的人，总是很难舍弃所有；但也会有一些生活在肥美边缘的牧羊人，因为无所牵挂，也因为怀有远行的梦想，背上简单的行囊，系上驼铃就出发了。照例他们会面对人们的嘲讽和讥笑，他们中一部分人也许会在路途中退缩、夭折，好在最后一定有那么一群人能翻越群山、沙漠，为我们找到更加清澈的星空、清泉，和辽阔、碧绿的草原。此时的区块链技术，就好似两千多年前"丝绸之路"上向西方张望的牧羊少年，虽然身处混沌之中，也不知前面风景的具体样子，但是他渴望能够在天地间留下一串足迹，并且抵达梦想的地方。只要人类永远怀有对明日的憧憬，我们就无所畏惧。我们可以淡然地面对风霜雨雪，并为新一天的太阳升起而欢呼雀跃。我们永远满怀期待，属于我们的"明日边缘"。

### 走出囚徒困境

很多人看过中国导演姜文的《让子弹飞》，电影中姜文饰演的绿林侠匪张麻子和他的兄弟们希望通过唤起民众的斗争意识除掉欺压百姓的鹅城恶霸黄四郎。发了钱、发了枪，民众都没有奋而起义，直到张麻子等人将黄的替身捉拿并斩首示众，大家以为黄本人已经死了，才一哄而上踩平了黄四郎的老巢。黄四郎在鹅城作威作福，百姓生活十分困苦，本应该团结起来反对他才是，尤其在有了钱财和武器资助之后，反抗一方的实力已经大大超过了黄四郎的武装力量，联合起来显然是对大家更为有利的选择。可为什么直到大家以为黄已经被处死，才匆忙去"拥护"革命的步伐？这里面涉及的其实就是群体利益和个人利益之间冲突的问题。鹅城处在黑暗统治之下，追求群体也即社会利益的实现应该重建一套更为公正的秩序，要达到这个目的就需要人们揭竿而起，共同斗争。留在原地不反抗是不行的，然而最早冲上去的人又有可能受到伤害，甚至成为牺牲品，于是我们看到大家即使纷纷捡起了发到家门口的枪，仍然只会小心翼翼地跟在队伍后面观望。

解释上述问题的理论基础来自博弈论，让我们来看一个著名的例子——囚徒困境。说的是警方逮捕了甲、乙两名嫌疑犯，但并没有足够证据指控二人入罪。这时候警方采用的办法是分开囚禁甲和乙，分别和二人见面，并向双方提供以下相同的选择：如果两个人都不揭发对方，则由于证据不确定，每个人都坐牢半年；若一人揭发，而另一人沉默，则揭发者因为立功而立即获释，沉默者因不合作而入狱十年；若互相揭发，则因证据确实，两个人都判刑两年。显然我们看到，双方均保持沉默对彼此都最为有利，然而由于囚徒被分开，没有办法了解对方的信息，因此最终结果是他们基于自身的利益考量，都会选择互相揭发，而不是同守沉默。假设我们将整个社会模拟成由这两个人组成，那么社会集体的利益最大化，即两人都各坐牢半年的结果（加起来总共只有一年的损耗），就会因为彼此缺乏合作而受到损害。

"囚徒困境"的例子在我们生活的周围还有很多，这涉及人类社会一个最根本的合作问题。可以说，整个文明的历史都是一部不同种族、阶层和思想方式的人们之间的合作历史，人类一直以来面临的最大问题就是如何通过通力合作认识自然，并且取得自身的极大发展。我们在过去遇到过无数的"囚徒困境"，问题的本质其实就是个体和集体的冲突。个体理性的选择是追求个人利益的最大化，而这种选择的结果往往又不能与集体理性，也即全社会的共同利益目标完全一致。我们的个体潜藏了丰富的智慧，但是由于种种原因，人类常常体现出缺乏合作精神，我们因此遭受了很多的经济损失、生活不幸乃至流血冲突。在每一次摩擦和失败的经验教训中，我们不断地总结并找到了一个又一个的解决方法，进而有效提升了我们应对难题的能力。

在张维迎教授的《博弈与社会》一书中，针对合作问题总结出的最有效的方法就是采取激励。简单来说，就是对于合作的行为予以奖励，对于不合作的行为予以处罚。这其中最主要的是采用物质激励的方式，当然有时精神激励也很有效。此外在激励的过程中，我们还需要注意尽量让信息公开透明，从而让我们能够从中识别出谁选择了合作，谁选择了不合作，以保证激励行为被正确实施。所以我们就可以清楚解释电影中出现的情况了，由于民众每个人自身的利益和整个鹅城的社会利益不完全统一，想要推动百姓拿起枪反抗恶霸，最核心的是要给予反抗的参与者适当的激励。我们看到最开始给钱的时候姜文说有三成胜算，到了给枪的时候姜文说有七成，最后大家看见黄四郎被处决，便真正行动了起来，这时候也就完成了激励的最后一棒。

现实社会中，类似囚徒困境的例子还广泛存在于价格设定、公共礼仪乃至国与国的竞争等领域。我们在商场上看到过不少价格战，比如美国20世纪70年代联邦快递和UPS为了向对方领域渗透不断降价，以及2014年中国共享出行领域的两大巨头滴滴和快的疯狂补贴司机和用户。在上面的情形中，由于竞争双方信息不对称，所以谁也没法先停手，往往导致两败俱伤。事实上，这种补贴大战最后的结果只能是监管部门出手加以制止，或者采取资本并购的方式人为结束博弈（滴滴、快的的合并就是如此）。

在公共领域，一个日常的例子是我们经常会遇到修路的情况，假使右侧在施工，会让本应该靠右走的车辆改到靠左行驶（英联邦国家和地区与此相反），导致人们需要降低车速来相互调整。这个时候如果大家选择合作，交替使用左行车道就不会拥堵，当然这需要每个人都为此多等待一些时间。但如果谁也不愿意等，都争着想先行驶，就很容易僵在一起，导致整个道路都无法通行。现实情况是除非司机们普遍拥有很好的素质，否则一般都会有一排车堵在一起彼此怨愤，我们很多人也都在生活中遇到过相似的情况。

国与国之间同样如此，比如20世纪下半叶的美苏争霸，两国竞相大肆扩充核武器，以及近年来甚嚣尘上的"碳排放量"分配问题的争吵。从人类整体利益出发显然应该尽量远离核威胁，停止大气污染的行为，但由于缺乏沟通与合作，大家担心如果自己停止危害，对方却继续类似行为的话，会对自身的权利造成损害。此外也有一些国家，正面临经济快速发展和环境治理的艰难权衡，所以各个参与国从自己的利益出发，往往会做出不少威胁到人类社会发展，最终也会危害到自己的事情。

我们试图运用激励的方法解决各种囚徒困境的问题，在此基础上，我们进一步形成了一系列的产权机制、社会规范和法律规则等，以期将激励手段变成具备连贯性的、能够被普遍理解和大范围应用的方式。我们希望通过明晰产权，比如公司合并行为和分配股东利益，降低不必要的经济效率折损；我们通过教育司机养成互相尊重、礼让他人的文明驾驶习惯，用来减少人为造成的交通堵塞；我们站在人类命运与共的角度号召减少冲突，并对国际秩序的违反者予以谴责和制裁，以此促进全世界的和平与稳定。围绕这些问题，我们曾经撰写了无数经典的理论和著作，也借此推动人类社会取得了不小的进步，但都没有能够完美地平息我们不断经历的各项冲突。我们始终没有达到柏拉图在《理想国》一书中描绘的情景，即形成一个正义感的社会，其中的每个人都尊重礼仪和规则、充满荣誉感，并且为全体社会福祉不懈努力。时至今日，我们仍旧时不时会看到高速路上人为引发的汽车长龙。在我们生存的地球上，空气、水和生态环境整体也还是朝着恶化的方向在发展。

除了以囚徒困境为代表的个体和集体存在冲突的情况，还有一部分社会行为的参与方，彼此之间其实并没有利益冲突。我们继续采用上篇中交通行驶的例子，道路上相向通行的车辆本来可以并行不悖，因为它们全都遵守靠右行驶的规则。由于修路打乱了人们对这一规则的预期，才导致后面冲突可能性的出现。从博弈论的角度，我们将这一情形称为协调问题，前面论述的个体和集体存在冲突的状况则被定义为合作问题。有时候协调和合作是单独出现的，但更多情况下二者会交织在一起。协调和合作都需要依赖信息透明和加强沟通，不同之处在于，针对合作问题的应对之道主要是采取激励，而对于协调问题则一般通过让参与者拥有一致预期的方式（比如借助障碍信号灯的设置，让司机彼此都知道对方会靠右行驶，可以大大降低发生碰撞事故的可能性）。

到这里让我们来简单总结一下人类过去在协作中（包含合作与协

调)付出的努力,这当中主要分为三个层次:底层是参与主体之间的博弈,在这一层,针对协作的不同场景,博弈的各方会不断进行信息收集和行动决策,通过将事物的构成因素进行演绎,我们会在个体利益和集体利益中寻找出各种权衡——这里的个体和集体分别对应的是我们经常在文章中提到的分布和共识。紧接着,伴随博弈不断地在分布的个体之间展开,在经历了一系列的矛盾冲突之后,我们会自然地总结出一些规律,并逐渐演化成某一群个体普遍认同的共识,这个就是中间层,也是一种相对稳定的状态。和生物界的进化一样,人类在社会发展中也通过博弈和斗争,不断地在纷繁复杂的世界中找寻一套有序的规律,并借此推动事物的发展。底层的博弈会产生纳什均衡(共识),同时借助激励和协调预期的方式,我们会努力扩展个体和群体整体利益的边界,从而在中间层面不断达到一个更为理想和更高维度的纳什均衡,为之后建立稳固的范式奠定基础。

货币就是经典的博弈和产生共识的例子,其最主要的功能是充当交换的一般等价物。例如甲、乙、丙分别拥有水、谷物和肉,通过相互交易,三个人都可以获得一定量其他人拥有的物品。由于每次都进行物品价值的换算不利于高效地开展交易,这时就需要有一个大家都认同其价值的物品充当媒介。历史上贝壳、羽毛、犬牙、纺织物甚至岩石都曾充当过交换的媒介。随着生产力的提升,我们能够创造出更为丰富多样的产品,并且伴随分工的出现和细化,人类彼此之间交换的需求开始变得越来越多。这时,以黄金、白银等为代表的贵金属由于价值稀缺、不易破损等特性,开始逐渐成为人们在交换中广泛认同的物品。直至纸币以及后来电子货币的诞生,这种交换媒介变得更加易于携带,支付的简便性也得到极大的改进。在这一过程中,配套的制度开始建立起来，尤其是国家信用介入货币发行后（货币的形成早于国家的形成，因而货币最初并不以国家权力作为信用背书和兑换保障），货币供应、价值调节等成为国家的特权。再后来就逐渐形成了一系列现在我们所熟悉的中央银行、加息减息和投放回购的机制，这就来到了我们说的最后一个层面。

这个层面在最上层，它是我们根据底层和中层发展经验抽象出的，覆盖广泛人群和具备普遍代表意义的制度（机制）性的描述。人类历史上形成的一系列政治和经济制度对应的就是这个最上层的内容。在前面两层的共同推动下，有的时候我们的制度会更倾向于调动分布个体的积极性，比如全球化，优点是充分发挥各国的经济和劳动力优势，实现更大范围的交换和普惠，但这样也在客观上会让原本领先的国家暂时失去一些发展速度；另一些时候，我们则希望制度能够保证迅速达成共识，因而更加注重权力的集中行使，比如两次世界大战期间法西斯国家内部采用集权统治，这样做会更有利于快速整合各项资源，从而在战场上赢得先机，显然这种方式也会是一把"双刃剑"。

此外，很多我们现在认为坚不可摧的制度体系也并不会是一成不变的，博弈和共识催生了它们的建立，同时又会不断地淘汰其中不合时宜的部分。我们可以将制度想象成湍急水流中的巨大石子，虽然看上去只有它能够改变水流的方向，流水不断地冲刷则对它无甚影响，但是过个几十年再来看，我们会发现它已经被彻底改变了模样，比如棱角被削去了好几边、浅褐色变成了深褐色等。流水就是作用于巨石的底层博弈，通过一次又一次的冲击，一点点改变它内部的原子和分子结构。在不断于混沌中尝试的过程中，看似弱小的流水终会在某个时刻突破那个临界点，并让环境彻底发生改变。在此基础之上，人类社会又会开始新一轮的循环，那些现在看来辉煌无比的大厦轰然崩塌，新的博弈开始，曾经健硕的身形已然支离破碎，与岁月一齐悄然沉入黑暗的水底，水流却依旧滚滚向前。

区块链的本质是我们借助对社会中不同个体间博弈过程的理解，通过对现有技术的重组改进构建出来的协作体系，也是解决分布与共识矛盾的机器，从它不长的发展历史中，我们也可以再次体会到之前文章中提到的矛盾—演化这个指挥魔棒的巨大威力。2009年中本聪综合了博弈论、货币和密码学等知识，创造了"点对点的电子现金系统"——比特币。人类历史上首次可以不依赖一个中心化的机构，仅仅通过各自维护的分布式账本就可以创建信任，进而推动组织的运转。类似贝壳、羽毛和岩石，我们将这个电子现金系统中通过博弈形成的共识的产物称作比特币，并逐渐赋予其等同于现实世界货币的储存、记账和支付的价值，我们也将以比特币为代表的主要在数字货币端应用的区块链技术时期称为区块链1.0时代。2015年，以太坊的正式上线让我们发现区块链系统的价值不仅仅在于产生数字货币。通过智能合约系统的设计，我们得以将比特币系统丰富的技术内涵应用于更广泛的现实世界。依赖去中心化账本和交易机制的嵌入，共识的应用范围从数字世界延伸到物理世界，由此可能产生整个人类社会协作关系的改进和信任的极大提升，区块链技术也因此迈入2.0时代。

在比特币世界，中本聪从混沌中寻找到分布与共识这一矛盾的核心，并通过合理的设计让博弈有序进行，由此不断推动共识的产生。美中不足的是，虽然比特币也涉及与实体世界的互动，但由于缺乏较为简便的编程语言、对安全和公平的极客式追求以及中本聪个人的一些主观因素等，比特币系统的整体价值更多只是停留在电子货币的层面。以太坊的 Vitalik Buterin（中国翻译为"V 神"）等人站在巨人的肩膀上，进一步提炼出具备更高价值的共识，由此打开了区块链技术通向现实世界的曙光。几乎也是在该时期，区块链开始走出纯粹技术的社区，并引发了一连串商界、学界乃至政策制定者的大讨论。这当中从技术原理中抽象出的经济组织、自主治理等机制，与人类历史上那些经典的理论汇聚到一起，将有可能极大推动人类迈向数字社会的征程，也为我们勾画出一幅迷人的未来世界的图景。

**自组织体系**

中本聪的天才让"区块链"这一技术名词出现在我们的视野，在这一颇具偶然因素的背后，却存在诸多的必然。一方面，比特币的各项技术均不是首创，而是融合了包括 20 世纪八九十年代以来出现的密码朋克运动、电子现金方案以及我们在书中重点谈到的博弈论等综合知识；另一方面，其创设的时代背景处在 2008 年全球性金融危机的爆发之时，当时的政治家和经济学者们都在埋头寻找应对危机、恢复经济的有效方法，比特币的发明正是对一些国家的政府随意超发货币行为的一种抵制。比特币诞生当年的诺贝尔经济学奖颁给了研究自组织的美国政治经济学家奥斯特罗姆（另一位是研究企业边界理论的威廉森），虽说可能是一种巧合，但是说明经济学界也对通过系统自组织的方式解决合作和协调机制的问题有着大量的关注。比特币去中心化、自组织等特性本身就包含中本聪对于利用技术解决现实社会危机的思考，其背后的区块链系统也成为解决人类一直以来存在的组织和信任问题的一次成功尝试。

进入 2018 年，又有一些机构如 EOS、ADA 等试图在交易速度、系统能耗、应用场景的兼容性等方面提升以太坊的性能，以太坊自身也在尝试通过分片技术和Casper协议（简单理解前者为对影响交易速度的部分实施技术优化，后者为通过变更记账权争夺的博弈机制来改进系统）实现自我迭代。在具体应用上，各种利用区块链技术的金融、工业、能源等领域的尝试也纷至沓来。这些应用通过搭建在区块链交易网络上的合约机制，探索将分布和共识间博弈的技术内涵应用到多元化的商业世界，并希望借助技术的应用降低原来各方参与者的交易成本，提高经济社会的运转效率。伴随技术底层的不断成熟，以及和商业世界间磨合的加深，接下来我们有理由期待更多新的共识和制度的产生。新的模式将渐次建立，并会逐渐从幼小长成参天的形状，正如我们前面所说：水流不息，演化永存。以下为规则和层次之间的关联图。

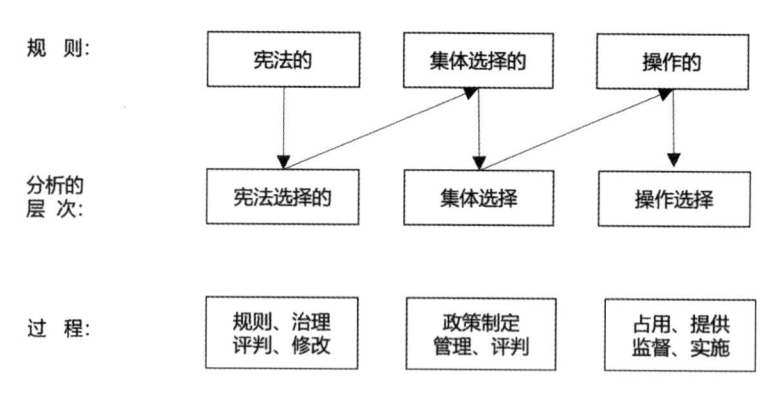

自组织：规则和分析层次之间的关联图

在说了这么多美好的前景后，我们一定会问，为什么区块链技术会带来如此大的影响力？区块链究竟有怎样的神奇之处，能够吸引全人类的目光聚焦？技术又是如何能够跨越本来的边界，全面影响我们

第三章 分布与共识

每一个人的工作和生活？若要回答这些问题，需要我们悉心梳理一下区块链的技术内核，或许就可从中发现给我们带来这一系列变化背后的重要线索。我们这里将众多区块链的技术整体归结为五点，它们分别是：一、开源和开放；二、不可篡改；三、加密；四、激励和协调预期；五、P2P 传输网络。其中一和二主要代表整个系统的层面，三和四代表的是个体参与端的规则。最后一点是上述四种技术发挥价值所依赖的底层网络基础，即点对点的分布式网络。

区块链最核心的特点就是统一了过去协作中难以调和的分布和共识的矛盾，从而使得在分布不断增加的同时，并不降低共识的达成规模。而让这一切成为可能的原因就是通过上面五大技术之间的共同作用，这里分别加以论述。

一、开源和开放。与之前多数的软件编写风格不同，区块链网络的核心代码全部采用开源的方式，即所有人都知道开发者的每一行程序语言（公链的特点，联盟链和私链更多采取有限范围内的开放，也就是仅供链内的参与者知晓）。

二、不可篡改。区块链上的交易一经各方确认并打包入区块，后面不允许任何的修改。这个不可篡改在技术上的真正含义是指修改难度极高以致篡改的可能性极低，我们可以将其近似理解为不可篡改。

三、加密。主要包含数字签名和公钥即身份两项技术。数字签名是指只有你能够制作你自己的签名，但任何人都可以验证其有效性，以及该签名只与签署的特定文档相关，并不能表明你同意另一份文件。公钥即身份帮助我们通过自行生成的一个随机字符串（公钥）作为我们的身份，从而无须到中央机构注册。

四、激励和协调预期。指在区块链系统中记账挖矿（最初生成数

71

字货币）和交易费用的支付中，引入激励和协调预期的机制促进各方合作和达成共识。多数情况下我们需要让每个参与者拥有均等机会获得数字化的激励（常见的方式如token），在联盟链和私链的场景中则往往仅需要协调好参与主体之间的预期。在竞争记账权的过程中可能需要运用到密码学的哈希函数，但我们此处将其归入产生激励的技术。

五、P2P传输网络。以上四点得以运行的网络环境，P2P网络是指位于同一网络中的每台计算机都彼此对等，每个网络节点以扁平的结构相互连通。与之相对的是中心化网络，该网络中除中心节点以外任意节点的连接均需要由中心节点作为桥梁。

由于开源和不可篡改的特征，区块链建设了一个博弈论假设的信息完全的竞争环境，此时各方都可以无差别地获取所有的交易信息，并在此之上展开公平对弈。加密的存在让个体参与者能够在该环境下很好地保护隐私安全和利益，加上激励、协调预期机制的引入，保证了其拥有充足的动力付出自己的劳动。在这样一个无中心的网络中，个体劳动的成果不会为某一强势的中心机构占取或分配，而是公平地根据贡献比例将劳动所得分给提供者。这样非常有利于各方快速达成共识，最终的结果又让整个系统的总收益得到有效增加。

本章中仅对区块链的技术核心进行精练的总结，并未详细论证它们之间的勾稽关系和逻辑串联的细节。此外本章中还出现了大量的技术名词，比如分片技术、挖矿等，我们都将在后面进行详细的展开和论述。这里我们只需提前了解到，区块链通过技术的设计，让大范围内的分布和共识不再只是此消彼长的关系。系统中的每个个体为了一己私利的目标参与交易和竞争，即使彼此之间不存在所谓利他和谦让的高尚精神，但由于规则透明且竞争程序得到普遍承认，整个机体的共识不会受到影响。信任得以有效达成,生产规模也能够在"人人为己"的前提下更快增长。

人类在历史上第一次发现竟然存在一个如此完美的体系,它有希望解决长久以来我们遍寻各类社会和道德理论,创设了大量经济、组织模型也未能很好解决的合作和协调问题。我们接下来需要做的,就是在这个技术的构架上继续思考,如何能将这个体系平移到现实世界。如果真能顺利对接,是否就有可能让许多久未解决的疑难迎刃而解?我们是否能减少商业交易中不必要的彼此猜忌?人类可否有机会走出核辐射的阴影?战争的恐惧和阴霾终将远离我们吗?我们最终会真正携起手来,一起创造更加灿烂的文明未来吗?

**技术"三棱镜"**

很多人小时候都玩过万花筒,透过镜片我们会看到各种美丽的图像。在那个世界里,现实中的阴霾会被略去,生命中的遗憾和悲伤、悲痛和绝望,都会一一退却,并幻化成孩子眼中绚丽多彩的样子。我们希望区块链也似这种神奇的玩具,每一次转动都够除却我们心底的怯懦和不安。在那个国度,我们梦想着远离萦绕我们的那些钩心斗角,那些争伐和衰败,只和心爱的人一起沐浴阳光,然后静静聆听维尔瓦第的《春》《夏》《秋》《冬》在山谷间荡漾的声音。

带着对于荣耀和美好的渴望,我们当中的一些人收拾好行囊,望了望营帐中交错的觥筹,再次启程。路途依旧艰险,还是需要风餐露宿,好在每次重新出发,人类都拥有了比以往更多的思考和智慧。在寒冷来袭时我们用打火石取暖,在方向不明时我们可以掏出怀里的指南针,我们一直往前走,渐渐地已经学会用智能的仪器计算前方的风险。我们跨越北极厚重的冰川，也曾潜入太平洋深邃的海底。依照区块链技术给我们指出的模糊的方向，我们就这样再次向完美的世界进发了。我们又一次执拗地来到过去的难题面前，并且尝试运用这一技术打开那道一直向我们紧闭的协作之门。我们满怀期望地将新的公式输入，看看是否能撬动那个固守了千万年的石壁。

在前文中，我们已经提炼出区块链最核心的五个技术内涵。虽然未来依旧混沌，但我们至少可以将这些技术内涵所呈现出的规律放到现实社会中做一番比对，然后看看能否发现几个惊喜的契合之处。前面谈到过经典的囚徒困境的案例，那就让我们的探索从这里开始吧。

第一个是价格战。我们知道引发价格战的根本原因在于某一市场中（比如快递或城市出行领域），没有一家公司能够提供完全差异化的产品，这个时候市场参与者为了获得更多份额，往往就会采取价格补贴的方式。而一旦有一方开启补贴，其他各方为了保有市场地位就不得不跟进加码，从而使整个市场进入激烈的竞争状态，价格战就是对这一商业现象的形象说法。我们应该至今还对前几年中国出行应用滴滴、快的提供的十分便宜的打车费用记忆犹新。虽然对于消费者来说短期得到了不少优惠（长期出于商业利益的考量，商家在价格战结束后基本上都会进行提价，以弥补前期的投入和亏损，消费者的获利也会被逐渐摊薄），但如果我们将问题聚焦在博弈的滴滴和快的双方，则可以明显看到这会造成两败俱伤的结果。

这个时候假设我们可将整个网络约车的服务放置在区块链的环境中呢，是不是就会有一个整体的改观？这里面区块链技术中的开源和开放、不可篡改的两大特点或许可以发挥威力。从滴滴和快的补贴大战开始，双方都进入一个恶性循环的模式，在某个时点之后，实际上双方都已经不愿意继续这种自伤式的竞争策略,但由于不了解对方的行动方向,滴滴和快的谁也不敢停止投入。因为假设滴滴暂停补贴,快的很可能就会在短时间内凭借更大的优惠力度迅速占领市场,这个时候滴滴就会非常被动,反过来的情况也是一样的。所以我们看到在这场惨烈的战役中,即使双方都清楚很多红包最后肯定会打了水漂,但是仍然不会主动遏制价格战的蔓延。

如果竞争在一个彼此信息透明的交易环境下发生,各方每一次行动涉及的账目都被放置在公开透明的账本上进行,并且不允许随意篡改,那么双方都可以预期对方不会采用无效的补贴方法,因而只需对自身业务特点和市场环境进行理性计算,选择一种最经济有效的定价方式即可。在这种情况下,双方都将把精力用于提升数据撮合的精度,以及改进客户端的服务和体验。表面看上去,这样会造成对用户的补贴有所下降,滴滴和快的的乘客需要支付的价格也将提升,但从更长远来看,由于整个出行经济体的效率得到改善,后来的价格回调就不再会出现,实际上用户也会获得更多的利益。

第二个是公共通行的例子。这里面包含两种情形,第一种是"协调问题"。比如规定车辆和行人都靠右行驶,协调大家养成一致的行动规范。靠右出行的规则我们现在都觉得习以为常,但其实并不是它一出台就可以收获很好的效果,这当中往往需要经历一个较长的重复博弈的过程。去过日本的朋友可以回想一下,在东京搭扶手电梯时是靠左站立的,但在大阪则是站在右方,同样的国家为什么会出现截然相反的通行规则?这是因为历史上东京盛行武士道文化,一般在身体左侧佩挂武士刀,为避免不慎摩擦,人们渐渐会养成靠左行走的习惯。而大阪是商贾聚集地,日本传统的和服是下前襟右开,这样靠右行走就能够防范小偷窃走胸前的钱包。"二战"后，伴随东京等关东地区人口涌入大阪，时常会出现一部分人靠右，一部分人靠左的情形。直到1970年大阪举办世博会，官方为展现礼让风俗，配合习惯右侧行走的外国游客，推行扶手电梯"靠右企，左道行"，又经过了一个适应期之后，大阪才最终发展为现如今统一右行的规则。类似重复博弈的情况比如小区里的餐馆，与旅游景点里提供的服务多数都是一锤子买卖不同，由于店家会和居民产生一个多次售卖的关系，因而其在定价和供应标准中所采用的策略，会不断致使后续的交易过程发生变化。区块链就是一种通过重复博弈不断产生共识的系统，里面的策略规则并不是凭空产生的，本质上是来自底层多次博弈的抽象总结，反过来这些规则又将影响整个机体后序的持续演进。

与日本靠右行的案例不同，由于小区餐馆中商户和客户之间利益不一致，所以这里的重复博弈就不仅只是协调好各方预期就够了，更加需要解决其中存在的诉求冲突。在前文中曾经讲过的修路的例子就属于这类，这也是公共通行中第二种"合作问题"的情形。遇上修路只剩一条道通行的汽车司机们，彼此间的利益诉求并不统一，因为任何让对面一方先通过的行为，都意味着自己需要等待更多的时间，这种情况下重复博弈的目标就是要让利益相悖的各方最终能够达成合作。过去我们一直通过交通规范的教育，试图使司机养成谦让的礼仪，但常常效果不佳，本质在于除非大家都预期对方能够遵循这个规则，否则仅仅是自己遵守就有可能利益受损，因而总有人会选择先去做破坏。还有一小部分人的心态是如果对方遵守，而自己不遵守，就可以把最基本的等待时间转嫁出去，所以也会倾向于抢先行驶。

我们来看看如果尝试利用区块链会有什么不同。之前提到了区块链加密的技术特性，并且知道了它的两个主要含义，先将第二项代入这里，即每个司机拥有一个自己管理的去中心化的数据账户，每次"让"或者"不让"的行为都会被记入账户中，该记录也将成为司机今后购买保险、维修车辆等的定价依据。紧接着引入加密的第一项技术，也就是我们保证这次行为的数据仅能被有限地应用到合理的范围之内，并不能授权作为司机其他一切社会行为的参考。例如，司机需要和妻子出国旅游，即使在之前的通行中他选择不让对方，也不能将该数据给到航空公司让其作为涨价的借口。此外，这种多场景的应用还会与个人数据账户的收益紧密捆绑，在区块链出现之前，这些数据更多在用户不知情的情况下被中心化组织出售，也因而引发了诸多的隐私泄露和安全的问题。当然，这并不是说该司机在交通中产生的数据仅能被应用到车辆相关的领域，比如其在日后发生贷款买房的行为，我们也可以部分参考上述信息。因为在贷款定价中我们主要考察的就是一个人遵守规则的可能性，也即违规的概率问题，而航空公司的票价是一次性的消费行为，更多应该体现在对于同类舱位选择者提供的无差别服务。

在传统的博弈理论中，我们甚少关注个体博弈带来的加密和隐私保护的难题，即一个人受到激励后原本希望做出有益的举动，但是考虑到后续有可能遭受报复，因而被迫选择了缄默不言。我们在生活中会见到这样的例子：有人偷盗了公司财产，知情者虽然有心检举，但却因为担心揭发到审查中心的行为不能得到很好的保密（比如审查处有人就是盗窃者的同谋或者好朋友，可能提前向偷盗者报信)，因而选择知情不报，这种情况下作恶的行为也就得不到应有的惩罚。区块链去中心化的本质，事实上就在这里营建了一个不存在利益偏向的审查机构，配合加密技术的使用，就可以很好地达到促进善意行为的效果。

最后一个例子来自国家间的军备竞赛和环境保护的协议。各个国家同在地球上生存，一方面需要通力合作，共同维持大家庭的和谐共生；另一方面出于国家主权等的诉求，又会时时计算着各种利益。我们一边高喊着人类共命运，一边又在亲手制造着杀伤力越来越大的武器；我们一边极力主张保护环境，一边又在肆无忌惮地制造着工业和化学污染。和价格战中的原因大致一样，人类的困境延续到了以上的领域，又因为不仅仅事关几个"红包"，僵持起来的复杂程度也就远远超过在经济社会中补贴的情况。在体会到世界性战争对文明带来的巨大摧残之后，人类用克制和理性在过去几十年暂时逃脱了大范围的战火和喧嚣，但是我们远未敢说已经将它们永久摒弃。我们依旧生活在挥之不去的梦魇之下，胆战心惊地防范着它们的再次来袭。

我们闭上眼睛思考因果，也祈祷人类可以被引向救赎的彼岸。我们发现，这当中最核心的问题是这些裁军计划和碳排放减持协议条款早已堆积如山，却常常只被当作纸上条约，并不具备什么实际的制约能力。

"二战"以后，为防止战争再次危害全人类，我们创建了联合国并赋予其世界和平安全最终裁定者的地位。然而美国就曾经绕开联合国安理会发动了对伊战争，并有可能继续针对叙利亚、朝鲜采取单独的军事行动。在碳排放领域，我们同样进展缓慢。根据联合国环境规划署（UNEP）于2017年年底在日内瓦发布的第八版《排放差距报告》，各国中央政府的减排承诺只达到了实现2030年温控目标所需减排水平的1/3，而私营部门和地方政府的行动力度也远不足以弥补这一鸿沟。

由于国际条约缺乏强制约束力，因而执行起来往往阻力重重，用博弈论来解释就是威胁不可置信。我们在生活中就有这样的例子，比如热恋中的一方声称如果对方与自己分手就会选择自杀，这个威胁在多数情况下就很难达到约束效果。

在区块链的环境下，可以让各方"随便"签着看看的条款被事先记录到链上，明确地规定好激励和惩罚措施，同时设置一个通过技术保证的违反时就会自动执行惩罚的合约。这样可以使得威胁变得可置信（亦即承诺，指将不可置信的威胁变成可置信的威胁的行动），最终就可以达到条约最初的目的。通过这些技术的应用，将大大增加我们对国家间合作的监督力度，可能解决很多长久以来无法达成一致的国际合作的难题。

区块链技术蕴含的信息完全、不可篡改、隐私加密、激励及协调预期的特性，在上面三个案例中都可以发挥作用。我们仅仅是出于理解简便的原因在每个例子中特意强调了对其最显著的一条影响。比如在公共通行当中，我们同样需要激励机制的引入，使得司机的正义行为受到物质或精神的奖励。比如碳排放过程中，公开透明的信息沟通也必不可少；否则即便拥有合理的激励，参与方也依然可以通过将一部分见不得光的条款藏在自家抽屉里，从而规避承担合约中的某些义务。

**程序代码自动执行**

这三个例子向我们展示了通过区块链技术解决合作问题的潜力。我们知道，针对合作难题的主要应对之道就是促进信息透明和引入激励（在非冲突性的协调问题中是达成一致预期）。我们也曾提及产权、社会规范和法律是人类在促成合作过程中发明的重要激励工具，这里就让我们来看一下区块链技术究竟包含了哪些要义，它是否有可能最终推动上述三大类制度的效用更好地发挥？

首先看产权的问题，根据科斯定理，如果产权界定是清楚的，在交易成本为零的情况下，无论初始的产权安排如何，市场谈判都可以实现帕累托最优[1]。在区块链的技术世界中，由于没有中心化的权力机构，所有人共同维护一个公共的账本，实际上也就没有传统意义上的营利机构（拥有独立的进账项目是营利机构的必要条件）。经济体这时为全体参与者共有，每个信息被清晰记录，产权问题也就非常清晰，整个社会形态会无限趋近帕累托最优。在这种情况下，很多过去由产权不清导致的博弈难题可能得到解决。

我们也许会质疑，现实中大量非营利的公共组织会相较其他机构有更多的偷懒行为，经济学家阿尔钦和德姆塞茨在论文《生产、信息费用与经济组织》中就提及了这一点。此外还有一个著名的例子是公地悲剧，指的是公共领地产权不明，导致资源被过度使用而无人照管的情形，这样也会造成效率低下。（见右图）

区块链技术不仅有可能解决产权分配的问题，而且由于激励机制能够根据劳动量公平地给予每一位劳动者，也就解决了个体诉求和集体分配统一的难题。最终，过去一些在公共组织中经常发生的、个人因为获益和贡献不成正比而消极怠工的情况将大大减少。也就是说，区块链环境下的非营利组织，将兼具公共组织产权共有的特征，同时能够避免这些组织中长期存在的一些偷懒和不合理占用资源的问题。

其次是社会规范，我们可以将现在很多道德规则、风俗习惯等看

---

[1] 一种市场资源分配的理想状态，具体概念我们将在后面的章节论述。

作人与人之间在交往中不断博弈产生的。重复博弈是形成社会规范的重要基础，此外我们还需要假设规范的倡导者能够不断把握公序良俗的趋向，适时做出合理的引导。前面我们举的日本公共出行的例子就是重复博弈的情况。不管是哪种行为，为了形成人人遵守的规范，都需要付出一定的社会成本，在社会变革时期还往往耗费巨大。区块链价值的发挥有可能减少重复博弈的次数和成本，因为在信息透明以后，大家更容易快速达成一个各方都能够认同的共识。同时在区块链的环境下，当一切事项被转化成数据计算的方式之后，结果可以被清晰无误地验证，又可能让不合理的规范相较之前更快地被剔除。

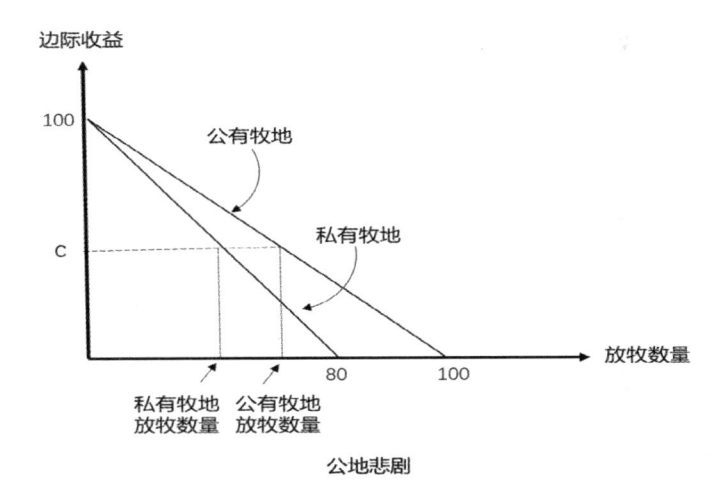

公地悲剧

最后是运用法律解决合作冲突的问题，无论是商业上的采购、租赁，公共秩序中的不损害消防器材的规定（此时可以看作民众和公共管理机构为应对火灾所签订的契约），或者国际事务中的资金援助、订立联盟等，都是运用法律的原则订立契约或者合同，以此促进合作的例子。合同法律的三项主要制度分别是合同保全、合同担保和违约责任。我们用借贷的例子来说明，合同保全是指甲向乙借了100万元人民币，法律会保证甲不能私下转移用来偿还乙的钱款；或者通过采取相关措施，防止甲知道在日后需要将100万元偿还给乙，就故意不好好保管造成损失，导致乙拿不到全部还款的行为。合同担保指为确保甲还款，规定了以甲的房产作为抵押品的条款，当出现甲不能按时还款的情况，则房产所有权自动转归乙名下。违约责任的情形出现在甲到期没有还款给乙的时候，法律会规定甲这个时候需要担负的一些责任，比如可以让甲延期付款但是需要付出一些惩罚利息，或者要求甲将其名下的其他资产变卖来还款等。

区块链的引入最重要的作用是能够将上述三种情况的事后监督效力前移到事前。通过将法律条款编辑成程序代码自动执行，大大增强了法律对于参与主体行为的威慑效力，将很多的不法行为扼杀在事前，同时也能够有力地提升执法环节的程序追溯能力。这将极大改善整个社会的法治环境，减少违法犯罪行为对我们的危害。区块链技术的出现，给了我们这样一种可能，即将人类社会中的各种合作和协调问题代入区块链的世界里，纳入数字化的博弈过程，由此大大增加信息的透明度，同时借助技术手段进行激励和协调预期，最终促进共识的高效达成。这种运用了区块链技术的新的解决问题的方式将有可能大大超过物理世界的处理效率。当这种能力具备多元场景的植入（如前面的价格竞争、日常通行的案例等），以及较为稳定的应用模式的时候，它将最终彻底改变我们现有各项制度的面貌，将人类文明有力地向前推进一大步。

每一种革命性技术的出现都曾在历史上改变了当时的经济结构，并最终促进了整个制度的演化。比如18世纪60年代开始的以蒸汽机为代表的第一次工业革命，19世纪70年代以来以发电机、内燃机为代表的第二次工业革命，20世纪四五十年代之后计算机和信息技术带来的第三次工业革命，以及我们目前正在经历的以人工智能、物联网、生命科学等为代表的第四次工业革命。这一轮工业革命的浪潮从20世纪末开始，其中一个最为重要的部分就是诞生于1969年的互联网技术的大规模应用。每一次技术的创新，都伴随人类文明制度的演进，由此带来能够惠及更大规模个体利益实现的新动能。

互联网之所以对社会发展可以发挥巨大的价值，就在于它通过去中心化、分布式的网络的搭设，以及促进平等、实现资源共享的TCP/IP协议的使用，去除了工业时代集中化所带来的信息和决策过于集中的问题。信息的鸿沟得以极大地消除，人们可以以较低的成本获取网络提供的各项丰富的信息资源。根据塔普斯科特父子《区块链革命》一书的描述，经过几十年的发展，互联网创新的动能下降，发展进入瓶颈期。区块链的出现站在互联网创造的繁荣基础之上，通过全新的分布式账本带来的技术创新，有机会进一步推动价值的传递。这可以解决当今互联网在互联互通进入更深区域过程中遇到的阻碍，再次提升人类繁荣的层次。

与以往历史规律的总结有所不同的是，区块链第一次将分布和共识在技术世界里统一了起来（至少在目前我们的视野中都是如此），而之前人类社会一直处于二者之间此消彼长的状态，没有办法在大范围、长周期内实现共生；另一点是以往的技术都只是我们提到的博弈—共识—制度三层关系的原材料，比如大数据、人工智能的发展可以为价格战冲突的解决提供数据抽象和模型演算能力，进而提供生产力提升的动能，但是它们并不能直接作用于制度最核心的演进过程。与大数据、AI一样，区块链同样也是从技术出发，但却能够直接优化博弈和共识的最终结果，进而影响到制度本身，即我们常说的生产关系的层面。我们通过对人类历史发展规律的梳理，结合区块链的技术本质，观察到其将在我们生活的世界登场。区块链必将在一个相当广阔的领域发挥前所未有的威力，很有可能会带来百倍、千倍于互联网世界所创造的价值。

我们可能会有疑问，为什么区块链能够如此与众不同？之前人类发明的各项技术都只能是随着分布和共识的博弈循环演进，区块链为什么能够突然加速这一进程？为了回答这些疑问，我们可以引用库兹韦尔先生在2005年出版的《奇点临近》一书中提及的技术演进的范式。按照书中的阐述，未来四十年内人类创造技术的节奏会加速，技术的力量也将以指数级的速度增长。我们目前正处于这样一个变革的早期阶段，开始时增长速度会比较缓慢，几乎不容易被察觉，但是一旦超越曲线的拐点，它便会以爆炸性的速度增长。人类对于技术的大多数预测，都会低估其未来发展的力量，因为这种预测主要基于"直觉线性增长观"而非"历史指数增长观"，但在库兹韦尔书中的研究则表明每隔十年，模式迁移的速度会调高一倍。有一个寓言可以更加直观地呈现这种指数增长的内涵，一个湖的主人希望待在家里照料湖中的鱼，为了确保湖面不被浮萍覆盖（这种植物大致是每天以其自身两倍的数量增长），主人一直耐心打理，直到只有不到百分之一的湖面覆盖了这种浮萍，主人就安心外出度假了。然而仅仅几周之后当他回来，发现整个湖面都已经被浮萍占满，所有的鱼都死了。这是因为浮萍每天成倍增长，经历7次加倍就会达到原来的128倍。

库兹韦尔先生预测在这样的技术加速增长规律的作用下，2045年

第三章　分布与共识

计算机的智能将超过人类。我们且不论该预言正确与否，但是书中关于技术加速演进的种种论述可取之处颇多。人类文明进入21世纪，我们的技术在短短十多年间取得了过去数百万年历史中从未取得的诸多重大突破，在前文大数据、人工智能的一些例子中，我们也可以感受到这一点。诞生于21世纪初的区块链正是身处在这一技术加速的时代背景下，其本身就叠加了之前诸多发明的精华，又因为区块链为人类利用技术造福社会提供了信任的基础，反过来也能够有效促进各项技术优势的进一步发挥，助推我们迈向更具智慧的数字世界。

如此浩瀚的星辰，给了我们翱翔的美梦，我们需要做的就是确认清楚物理世界的各个事物应该按照怎样的规则和排放顺序被带到区块链中执行，或者说我们要找到万花筒中让我们能看到繁花似锦图案的那个三棱镜。让我们仔细回忆一下之前的文章，其实问题的关键就在于那个分布式的账本，以及基于它产生的一整套的智能的协议。

账本上记录了区块链技术通过博弈而不断产生的可信的共识，如果我们将整个社会各个主体之间的交互都看作"交易"的概念的话（不仅仅是狭义的物质交换层面），这个账本就可以记录一切行为。依赖协议的打造，我们可以将围绕这些"交易"的各项事务统统编写入数据程序，这就解决了前面一章中提到的数据匮乏的问题。由于区块链环境下的交易对象是数据和代码，人类这时候就有动力将物理世界的种种转换成数字的表达形式，从而客观上推动一切皆为数学表达世界的产生。更进一步，我们就可以在这个拥有丰富数据的世界里，利用人工智能的算法，解答出原来无法回答的很多复杂的问题，这将为区块链解决合作冲突提供有力的支持。我们在后面会取出区块链"万花筒"中的这块光学三棱镜，细细把玩它的各项技术细节和原理。但在此之前，让我们先来回顾一下帮助人类取得一个又一个文明丰碑的那些伟大的制度和思考，也就是区块链技术最终将会真正颠覆和变革的对象。

# 第四章　信任与网格

## 斯密和凯恩斯之后

清晨，我们揉了揉惺忪的双眼，伸个懒腰准备迎接新的一天。洗漱过后，我们打开冰箱，取出昨晚购买的三明治和牛奶，放进微波炉加热，也许同时还会回到客厅打开平板电脑里存储的冥想视频，并伴随音乐的节奏放松呼吸。上班的路上，我们可能会阅读一下新闻，回复手机里的信息，然后根据专家或者朋友的建议购入新的理财产品。在午休的时候，我们发现有人回复昨晚贴出的转让二手音箱的信息，于是敲打键盘展开一轮讨价还价。在满意地将其售出之后，再兴奋地打开心仪已久的新款手袋的售卖网站。

无论是购买、销售、讨价还价还是投资，都是经济的重要组成部分。现代人无时无刻不置身其中，从现金、信用卡以及电子支付的使用，到每一次接到客服电话，获得新的职位邀请，或者收到商场开业的优惠券，我们都在与"经济"这个词亲密地打着交道。经济活动包括物质资料的生产、分配、交换和消费等环节，它并不是最近才有，而是在很多年前就已经存在。比如我们从湖中捞起来鱼虾，而后再与从山里摘回来果子的人进行交易；比如我们在田地里锄草浇灌，并在秋天收割沉甸甸的麦穗……只不过，早期人类并没有对这些行为背后被称为经济的东西做过多深入的思考，直到资本主义兴起，生产力的提升和社会分工带来了丰富的商品种类和大量的交换需求，经济活动变得越来越复杂和重要，我们才开始系统地归纳其间蕴含的各种规律，经济学也就与之相伴产生了。

作为人类发展中最为重要的基础之一（另一项是政治体制），经济制度对于整个社会的演进起到了决定性的作用。我们在之前文章中提及的人类历史上出现的分布和共识交替的现象，在很大程度上都是受到了当时经济生产和消费条件的影响。通过对经济学发展历史的梳理，我们发现作为一门颇具归纳和实证意味的学科，其自身的发展也再次印证了分布和共识的规律。让我们用熟悉的分布／共识理论对经济史进行一下大致分类，其中粗体代表偏向分布阶段，非粗体则代表偏向共识阶段：

重商主义——**重农学派**——**古典学派**——社会主义＆德国历史学派——**边际学派＆新古典学派**——制度学派——凯恩斯学派——**芝加哥学派（新兴古典主义）**

上述分类线索并不能够达到全部完备，比如以马克思为代表的社会主义经济学源自古典学派后期的空想社会主义思潮（1880年左右）；比如保罗·萨缪尔森曾谈及的，自1935年以来经济学进入数学时代的里程碑，以及庇古等人对于福利经济学做出的重大贡献都没有在这里体现。我们基本遵照时间的脉络描述了经济学的发展轨迹，现代经济学大致发端于1500年前后，封建社会慢慢被新兴的商业资本主义取代之时，这个时期的主流学说重商主义主张通过政府统一管理、促进出口和国外殖民等举措实现经济繁荣和国家的强大。此后主要在法国兴盛的重农学派思想反对重商主义，该理论力主进行自由贸易并尊重自然秩序,这一倾向一直延续到 18 世纪。1776 年,亚当·斯密发表了经济学的旷世之作《国富论》,书中用自由市场和"看不见的手"的理论宣告了古典学派的诞生,也就此开启了微观经济学研究(主要以经济个体作为研究对象)的时代。古典学派崇尚个人自利的经济行为,反对政府进行经济干预。可以说,此后的边际学派、新古典学派和芝加哥学派均是在不同时期,结合当时的经济发展状况对该理论进行的修正和提升。

除了微观经济学之外,另一条经济学的发展主线发生在重商主义之后。在对重农学派,尤其是古典学派进行批评的基础上,出现了社会主义和德国历史学派,其核心价值观在于反对自由放任的市场,强调政府的积极作用。而自历史学派之后兴起的制度学派,则在单纯经济学的基础上进一步吸取了法学、政治学、社会学、民间习俗和意识形态等的经验,将经济学放在了一个更广阔的视角中进行考察。这一脉络下的集大成者出现在 1936 年。这一年,凯恩斯撰写的《就业、利息与货币通论》出版,同时也标志着以他名字命名的凯恩斯学派的出现。这本书是经济学的另一分支宏观经济学(研究整个经济的运行方式与规律)的奠基之作,对其后若干年西方世界的经济与社会发展均产生了极为深远的影响。

凯恩斯学派的思想根源可以追溯到 1929 年之前不属于古典经济学微观经济研究领域的多项著作,其产生的时代背景为第一次世界大战期间,各国政府主导的经济调控的试验。此外,战后工业生产和贸易在统计测量方面积累的大量数据,也使得宏观角度的归纳和总量对比的研究方法比过去更加切实可行。20 世纪 30 年代,西方世界爆发了资本主义出现以来最为严重的经济危机——大萧条,这让公众日益急迫要求政府积极地处理失业问题，也最终推动了凯恩斯体系的诞生。

斯密的情况与此类似，《国富论》及相关理论体系的形成同样离不开他所生活时代的启蒙运动、重农学派等自由经济理论的影响。这些思想形成的共识被用于解决当时社会的经济发展矛盾，由此沉淀了一系列具备极大价值的制度并传递给后世。经济学的故事再次展现了我们之前提到的博弈—共识—制度模型所蕴含的人类演进规律。事实上，这种社会发展模型也同时符合生物学的遗传理论。在穆克吉先生的作品《基因传》中，有一组著名的公式：

基因型＋环境＋触发器＋概率＝表型

我们知道，DNA是生命体的遗传物质，而基因就是DNA上储存遗传信息的片段。基因决定着生命体的基本构造和性能，我们的生、长、衰、老、病、死等一切生命现象都与基因有关，并通过它传递给下一代。表型就是在基因的主导作用下反映在外在的自然特征，比如眼睛的颜色、翅膀的形状等。自然环境或社会背景会在不改变基因的情况下影响生物的表型，例如足球运动员的腿的形状，就是在长期的竞技中出现了变化。

此外，有些基因可能会被外部触发器或随机因素激活，比如BRCA1基因突变会增加罹患乳腺癌的风险，但不是说所有携带此突变基因的女性都会患乳腺癌。这些突变基因即便被遗传到下一代，但实际外显出来需要依赖一定的"触发"因素或者"概率"。比如某些BRCA1基因的携带者可能在30岁时因为饮食习惯的原因罹患恶性程度很高的乳腺癌，某些携带相同基因的女性罹患乳腺癌的恶性程度可能很低，而另一些携带女性则可能终身不会患病。这里"环境""触发器""概率"因素就好比社会发展中的博弈，当中充满了各种合作、冲突以及不确定性。表型就是我们在博弈中产生的共识，经济学中关于生产、消费、价格等理论的诞生就类似这一过程。而最终一部分经过自然选择和进化斗争留下的优秀思想，将成为那些散发着熠熠光辉的制度灯塔，也就是遗传当中的基因，被后世的我们代代延续下去。

在凯恩斯之后，最具代表性的经济学流派莫过于芝加哥学派。这个学派的影响一直延续到20世纪80年代前后，其中最著名的部分来自弗里德曼关于经济中货币作用的理论。该理论的主要贡献在于给调控中引入了货币政策的手段，这些手段与之前的各种关于财政措施作用的观点一起，被应用于解决实际的经济问题，有效地抑制了凯恩斯理论难以解决的通货膨胀的现象。但在这之后的十几年直至20世纪末，无论是以亚当·斯密、弗里德曼为代表的市场派（偏向分布），还是凯恩斯等人为代表的政府派（偏向共识），都无法独立解决经济中出现的各项新的问题。因而，综合了芝加哥和凯恩斯学派理论的折中主义开始主导经济学的发展。

在这个时期，各国普遍开始采用微观＋宏观统一的方式进行经济治理，并尝试将市场派理想的个体供求模型与政府派的整体调控，乃至信息、激励、道德和逆向选择等一系列理论结合起来。但是无论经济学界如何努力，也一直没有完全解决分布与共识之间存在的本质矛盾。2008年爆发的金融危机，从某种程度上来说就是这一矛盾不可调和的外部反映。

在当今复杂的经济社会中，人们将最重要的资金、资产的决策权交给庞大的银行机构来处理，但是这些巨头的很多做法显然是与用户的利益诉求背道而驰的。由于缺乏有效的分布与共识的协同机制，人类的贪婪最终酿成了全球性的金融惨剧。在金融危机发生后不久，中本聪发明的第一枚比特币问世了。从最初的不被人看好，到数年后成为世人皆知的价值资产，比特币一直运行良好，也没有爆发过任何系统性的故障，这让许多经济和金融研究学者们大跌眼镜。从经济学的角度来看，比特币区块链最大的意义在于，这是第一次在人类历史上实现了经济体内分布与共识的统一。在这个体系下，每一个参与者都能够伸张自己的经济诉求，同时又有一个公平的机制保证整个比特币生产和分发的合理秩序。

面对金融危机后留给人类的一地鸡毛，政府官员、银行家和经济学家开始思考，如若未来能够将现在这套比特币的电子化系统搬到现实中的经济社会，是不是就有可能解决经济学数百年来无法解决的诸多难题。比如中止通货膨胀和失业现象交替出现的规律，甚至有可能让人类永远摆脱经济危机的噩梦？经济学或者说一切社会科学研究的目的就是帮助全社会及个人都达到物质充实和幸福的状态。关于这种幸福的经济学标准，福利经济学大师级人物帕累托提出了一个"帕累托最优"的理论。该理论是指一种社会状态（资源配置、社会制度等），与该状态相比，不存在另一种可选择的状态，使得至少一个人的处境可以变得更好而同时没有任何其他人的处境变差。从这个角度来说，区块链技术是在博弈的基础上产生的共识，其最核心价值就是有可能产生既满足每个人的合理诉求，同时又能够使得整体社会利益达到最优的机制，进而帮助人类社会能够更加接近"帕累托最优"的状态。

利用稀缺的资源生产有价值的商品，并将它在不同的个体之间进行分配，这是课本上关于经济学本质的定义。我们曾经制作了无数的生产工具，日夜耕作挖掘，种植农作物，建造厂房、机器和流水车间。人类用勤劳的双手换来了餐桌上丰盛的食品、御寒的衣物以及温暖舒适的房屋。可是时至今日，我们依然有数亿人笼罩在贫穷和疾病的诅咒之中。一方面，人类不断地发明先进的技术，让我们得以持续扩展商品生产的边界；另一方面，我们也在试图通过更多的思考，让人类消除沟通的不畅，以及彼此间的误会和猜忌，以此减少人为造成的规模巨大的耗损。事实上，我们一边在毫无节制地浪费食物，一边又在苦苦地为饥饿中的非洲孩子寻求几片面包。我们放任投入大量的资源生产昂贵的衣服，有时候却只穿了一两次就将之扔进箱底。我们为了牟利不惜浪费大量的电力，肆无忌惮地向河水排放化学污染品，甚至将劣质的仿制药品投放市场。我们为了个体的利益不断倾轧其他人的生存空间，破坏我们赖以生存的生态环境。我们建造了规模庞大的组织机器，但是它们却并不如人类最初想象的那般全力投身社会福祉。即使我们也在艰难地促成各项共识，也的确因此带来了更高的物质文明，却发现温暖之光总会将相当多数的群体遗忘。

我们处在一个缺乏信任的世界，这使得我们常常不得不只为自己着想。因为我们担心失去自己的存款，或者即使努力也得不到应有的回报。传统的经济学理论是建立在理性人假设之上的，而个体理性驱使我们首先去追求自己生活的幸福。公认的经济学之父亚当·斯密显然意识到了这一点，他因此撰写了《道德情操论》，呼唤人们建立高尚的道德，并且还在多个地方讲授法理学，探寻在促进社会经济繁荣的同时约束不良行为的方法。但显然，到目前为止并没有一个完善的制度能够管理好人性的贪欲。

区块链技术的出现给了我们一个全新的视角，它并不会帮助我们对经济参与主体进行过多的道德说教，并期盼每个人都具备自我奉献精神。区块链甚至鼓励人们仅仅考虑一己私利，但它会将这些基于私利驱动的劳动成果都记录在册，一一确认并给予相匹配的报酬，以此调动起人们满满的生产和消费热情。这种热情的背后是基于区块链搭建的严格的奖励和惩罚机制，同时通过技术的追踪保证作恶的成本极高（因而不作恶是更加理性的选择）。在"私欲"被可控地满足之后，整个群体也因此得以受益，同时获得更为健康的增长态势。在区块链的世界里，我们通过技术的推广保证了信息的透明和公开，将"不信"变成了"信任"。在过去的人类社会，从未出现过类似的人人彼此"信任"的经济体，因而有必要用一个全新的方式去分析和求证这个世界。

### "U"形信任经济曲线

通过一系列的观察和实验，我们提出了"信任经济"的理论，并希望借此为未来区块链的持续发展贡献有益的思考。我们将这些研究的结论简单归纳为下面的"U"形曲线（见下图）。

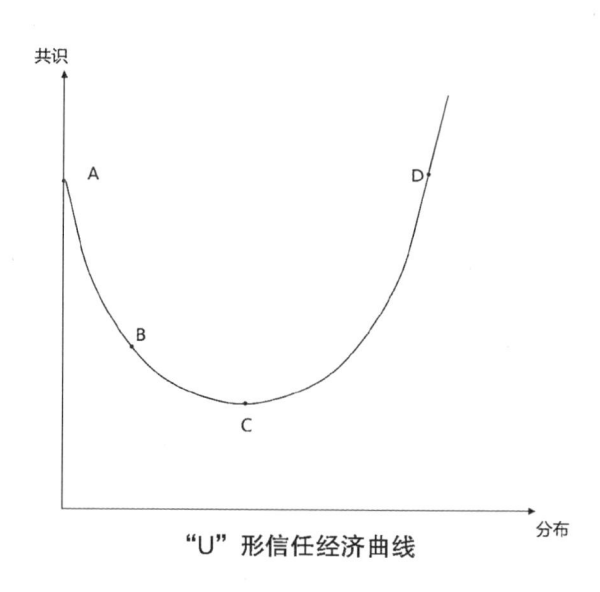

"U"形信任经济曲线

首先解释一下图形的参数，自变量（X轴）为分布的数值，意思是由某个商品或服务领域构成的区块链经济体的生产者和消费者的总数量（区块链通过激励及协调预期机制将生产者和消费者统一了起来，因而我们都将其视为"分布"端的参与者，后面会专门论述）。因变量（Y轴）为共识的数值，表示该经济体各参与方达成的决策（该体系内各项交易以及合约的执行等）的效率、质量等状态。我们认为，在体系搭建最初的时候（A点），对应的情况可以是新建的区块链经济体，也可以是对原有的实体商业、互联网体系的升级改造。由于前者可以看作没有参与者加入决策，后者目前是采用中心化的方式进行决策，这时候分布近似为零（只有一个决策意见，无须经过任何讨论）。又因为决策没有经过分散的商议环节，此时的共识也较高。然而正如我们在之前章节中提到的，这种状态下的共识并不牢靠，因为其不能代表多数人的意见。

第二个阶段，伴随着参与者的加入，分布的数值开始增加，并不稳固的共识逐步下降，曲线此时开始向右下方移动。造成这种情况的原因是参与者越多，需要协调的各方利益也越复杂，决策的制定需要经历一个适应的过程。这就导致了共识并不能有效达成，共识值相较第一个阶段也有所下降。直至下降到第一个均衡点（C点），这个点上参与者数量仍在继续增加，但是它们各自的利益诉求已经初步能被共识体系吸收和采纳，并且开始反映到经济体整体效益的增进上。在这个状态下，分布带来的利益所得与其给体系造成的不适应而产生的损失持平了。接下来虽然可能还会继续存在不适的情形，但是分布所致利益的增速将超过损失的增速。

随着分布能够带来的利益继续上升，曲线开始向右上方移动。此时参与者数量会持续增加，共识也会开始上升，曲线将达到 D 点。在这个点，囊括更多参与者的共同决策体系能够达到的共识值将恢复到没有参与者，或者单中心决策时候一样。接下来，区块链经济体才开始真正发挥威力，由于共识机制已经比较成熟，能够既照顾参与者的诉求，又实现共识的效率和质量，X 轴和 Y 轴的数值将同步增加，并带来此前的经济体没有办法达到的更大分布、更大共识的状态。有人肯定会问，这条曲线是否会如图所示无限地向右上方移动下去呢？依照我们之前的常识，答案是不会。在未来的某个时刻，曲线应该会改变现在的趋势，变成横向发展或者重新向右下方移动。这和我们之前论述的博弈三层模型的原理相关，曲线中达到的每一个共识状态均是参与者不断博弈的结果，博弈和共识之间在某种程度上是动态过程和静态结果的关系。

当系统经过不断演进，达成共识的某一种静态高度之后，新的博弈行为将继续进行。又经过一段时间，原来的共识将不再能够有效地归纳和记录此时的博弈行为，于是经济体会再次呈现一定的无序状态，利益协调也会在此时重新出现问题。这种情况下，我们就需要修改共识模型的参数，使得其能够适应新近发生的情况。曲线又会重新开始最初状态的循环，只不过整个共识的初始状态是建立在前一个阶段带来的结果的基础上。此外，每个经济系统也都存在理论上的最终均衡点，即由于生产能力、技术水平或者参与者数量等的限制，无论怎么调整共识模型都无法再取得更大的效益增长的位置。这种状态只有通过生产和技术水平的新一轮增长，或者引入原本没有意愿参与该经济体的更多参与者，才有可能重新被激活。在区块链构筑的经济体内，由于分布与共识的矛盾在理论上被解决了，因而这个曲线有可能延伸到我们目前无法想象到的位置。经济的发展将有机会在一定范围内摆脱我们业已习惯的危机和繁荣的循环,由此创设人类从未触达过的高度发达的社会图景。经济的参与各方也将可以在很大程度上从揣测和猜忌的泥潭中抽身出来,彼此高效协同,专注于研发新技术和提高生产效率等问题。

我们以全市场的出行专车服务采用区块链技术为例来进一步说明上述模型。假设该市场总乘客数为 30 人,总司机数为 10 人,原本市场不存在提供出行服务的企业(或者由某一个中心化的平台承担服务职能,两者的曲线移动趋向类似,具体的微观变化会有所区别,为了说明简便,我们仅阐述不存在提供出行服务的企业的情况,见下图)。

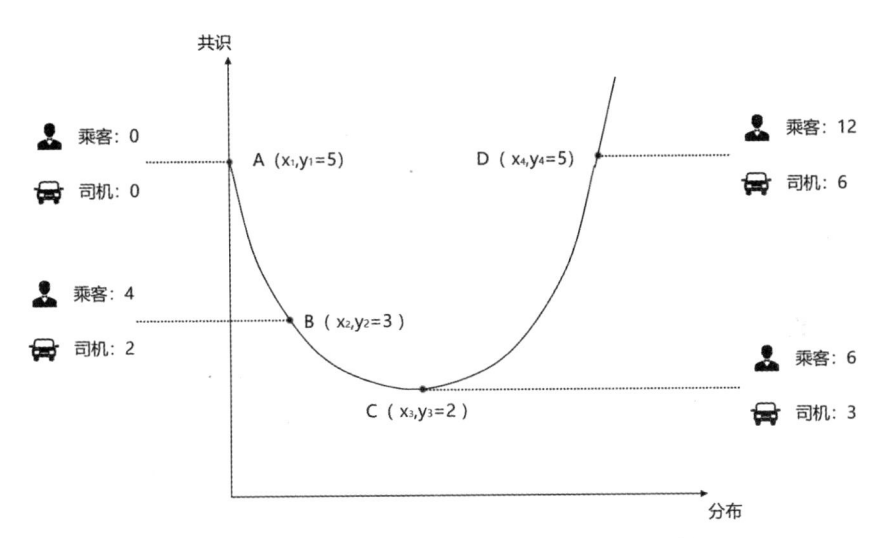

以城市出行市场为例的"U"形信任经济曲线

图中关键点:
- A $(x_1, y_1=5)$  乘客:0  司机:0
- B $(x_2, y_2=3)$  乘客:4  司机:2
- C $(x_3, y_3=2)$  乘客:6  司机:3
- D $(x_4, y_4=5)$  乘客:12  司机:6

在区块链经济体系应用之初,我们按照初设的共识规则指导整个体系的运转,此时的分布为 0,共识我们设置为 5(A 点)。第二个阶段开始，有乘客、司机加入该体系，渐渐地，发展到乘客为4，司机为2的状态（B点）。由于有6个人需要表达各自的利益，比如交易记账需要更多人共同确认才可以完成，新进的乘客、司机并不熟悉体系的服务规则，延缓了对接流程，或者有乘客提出希望在乘坐过程中能够免费提供矿泉水，而最初的机制设计并未考虑这一点。这个时候，系统共识达成的效率下降，共识也不能有效满足所有参与者合理的诉求。

接下来系统将继续运转，同时也会不断进行改进，以吸引更多的参与者愿意接受系统提供的出行服务。当达到乘客为6，司机为3的时候，共识达到最低点2（C点），这个时候虽然仍存在一些效率不高的情况，但是区块链出行体系给6名参与者带来的整体利益，比如相较自己在路边拦车耗费时间较短，和相对的损失，比如不通过区块链技术进行支付可以更快得到确认（目前区块链的技术阶段所致）将彼此抵消。因为预期区块链能够提供更多的激励，参与者会继续增加。当达到乘客为12，司机为6的时候，共识通过学习和协调各方诉求，将减少前期由于区块链去中心化导致的效率折损，并重新回到最初状态5的水平（D点）。这之后，参与者持续增加，经过一段时间的磨合，共识在此时已经能够比较有效地达成。比如增加矿泉水的诉求在经过多方确认后得到了执行，同时类似的增加附加服务的机制也已经梳理好，这将帮助系统在面临是否需要为顾客提供纸巾、手机充电服务的讨论时迅速达成共识。

我们可能会说，在中心化方案下增加矿泉水供应的提议可以更快达成，这样的话为什么还需要采纳耗时耗力的去中心化系统。这是因为中心化的平台往往会在把提供矿泉水服务的成本计入整体专车服务价格的时候，更多考虑平台方的收益——这也就是我们常说的羊毛出在羊身上,从而一定程度上损害用户的利益。此外,由于在去中心化的情形下,激励会直接提供给各参与方,这个时候,矿泉水是否有必要在行程中提供会被各参与方更加理性地讨论和决策(如果没有必要,不如不予提供以换取更低的服务支付价格),共识也将参照各方意见进行调整。

我们还需要清楚的是,这样的经济体系并不意味着没有领导者,也不是说所有意见的制定都需要每个用户参与。规则依旧可以由少数几个人发起,例如专车服务经济体的运营方,只不过他们在切了蛋糕之后,分蛋糕的权力则不在他们。我们可以这么理解,当运营方做出了每次出行增加矿泉水服务的决策后,需要接受整个经济体所有参与者的监督。用户们可能并不知道矿泉水服务的起因、经过,但是通过区块链,他们可以更多参与到后续这个服务是否保留或者更改的决策当中。并且最重要的是,由于在区块链当中信息公开透明,以及系统创造的利润在所有贡献者之间公平分配等原因,用户可以确认做出增加矿泉水服务决定的一方没有办法夹杂私利。或者说,当用户发现夹杂私利的行为之后,在区块链的帮助下,将拥有逼迫其修改的能力。之所以相比从前,用户可能获得更实际的对平台进行监督和修改不合理规则的能力,是因为通过区块链技术,组织会经历重构,原本的生产者、服务者、用户之间的边界会被打破,经济体系将从传统的平台和用户对立的情形中解放出来,变成各方享有利益和共同建设平台的情况,关于这一点我们会在后面详细地进行阐述。

通过出行的例子,我们可以观察到在区块链体系下,虽然早期共识的达成相对中心化较慢,但由于机制保证了对集体和个体利益动态和深入的考虑,长期将会得到更多的拥护。在经历一段缓慢的磨合期之后，经济体最终会取得相比中心化更快速的发展势能。接下来让我们进一步推导。最终，该市的全部乘客30人和司机10人都会加入新的体系，假设每个乘客每个月出行需求为10次，每个司机每个月能够提供的出行服务上限为35次，这个时候所有可能的参与者均已加入，全部的出行需求也能够得到满足（350次出行服务供给大于300次出行服务需求），共识在这个阶段达到峰值20。进一步的增长需要更多原本不需要出行服务的乘客加入，比如消费水平提高让之前选择公共交通出行的一部分乘客改乘专车；或者出行需求次数增加，比如城市面积扩大，增加了通勤的范围和频率。

另一种情况是在调动了该市现有的全部资源后，最终的出行服务供给小于出行服务需求，共识在这一状态下同样会阶段性达到峰值。这个时候就需要提升体系的技术能力——比如降低老年人、残疾人等调用区块链服务的技术难度，使得产品更为易用，或者从其他城市调入司机增加供给次数——比如制定更加优惠的用工、保险政策以吸引更多外来务工人员的进驻，才能够重新激活经济的增长。由于新经济体能够在创建更大公平的基础上，不断地进行效率的自我改进，我们将在未来观察到出行经济体的曲线向右上方移动。一些与出行紧密相关的服务，例如酒店和餐饮预订，也会因为机制的优越性被吸引到这个出行体系当中，这又将继续推动曲线进一步朝着右上方发展。许多商业的边界将会被打破，各类经济部门也将先后按照"U"形曲线进行信任机制的重构。

除了我们在前面阐述的区块链"U"形经济曲线之外，在实际生产和生活中还有很多类似"U"形曲线的例子，比如在对外贸易及外汇政策领域。在展开讨论之前，我们需要先知道一些必要的背景知识，即出口的主要目的是获得外国货币，而进口的目的则是获得外国商品。接下来让我们以中国和欧盟间的贸易为例来具体说明。根据一般的经验，本国货币贬值将促进出口，扩大对外的贸易顺差。但是要想达到这个目的就和区块链的情况一样，需要经历一个"J"形的发展过程（类似"U"形，只是曲线左边的下降过程相对较短），也即先会反向带来一段时间的逆差增加或者顺差减少，而后再获得贸易顺差的增加。

为什么会出现这种情况呢？这是因为在中国刚刚实行货币贬值政策的时候，对于先前已经签订的外贸合同，其中的以欧元计价的出口合同，以及用人民币计价的进口合同不会受到影响。比如某中国企业出口100件商品给欧盟客户获得1万欧元，在贬值前后，出口的商品数量和获得的欧元数额都不会产生变化。同理，某中国企业用3万元人民币购得的欧盟成员国200件进口商品，支付的人民币金额和进口的商品数量也不会有改变。但由于人民币的贬值效应，以它作为计价单位的出口合同，和以欧元作为计价的进口合同则会受到影响。前者例如某中国企业通过出口200件商品获得2万元人民币收入，由于出口最终的目的是兑换成外国货币，因而该企业较之前将兑换回更少的欧元；后者例如某中国企业需要用4万欧元进口300件外国商品，该企业需要支付相比贬值前更多金额的人民币，才能够购买到同等数量的欧盟商品。

综合来看，在上述四种情形下，前两种在人民币贬值前后都不会发生变化。后两种在贬值政策启动后，一个将导致中国企业在出口时收入更少，另一个则使得中国企业在进口时支出更多，两者相加，一开始中国对欧盟贸易的收支逆差反而会增加（或者顺差减少）。但与此同时，由人民币贬值带来的国际销售竞争的优势开始逐步显现。另外，比如人民币对欧元的汇率由1∶4跌至1∶3.5（为说明简便，实际值与此相去甚远），某中国生产的糖果售价为人民币1元，原本欧盟客户需要支付4欧元购买该糖果，此时降至只需要支付3.5欧元。对于欧盟成员国居民的感受是同样的中国糖果的价格降低了，这时候他们就会愿意购买更多的糖果，从而促进欧盟商家的进口意愿。同时，基于人民币贬值效应，中国国内的消费者会发现用人民币购买欧盟商品的价格上涨了，这将抑制中国消费者对于进口欧盟商品的需求。在二者的共同作用下，在经历一定的时间后，原来的不利情况将逐渐被抵消（我们也将这个称作汇率变化对贸易状况影响的"时滞效应"）。中国获得的贸易收入将会超过支出，并最终来到"J"形曲线的上升部分。在这个时候，人民币贬值政策的推行才会达到最初的目的，即获得贸易顺差的增加。

另一个例子来自我们的日常生活，这会比纯粹经济学的案例更容易理解。我们很多人都有打网球、羽毛球的经验。在没有专业教练进行指导，或者没有通过观看教学视频等方式进行专门学习的时候，我们往往不能养成最标准的挥拍击打的姿势。但由于长期锻炼的经验，多数时候我们也可以摸索出一套能够获得一定击打成功率的"专属"打法。这种打法我们用起来很顺手，但是也容易遭遇瓶颈。比如碰到顶尖的职业运动员，这类"野路子"的弊病就容易显现出来。虽然通过平时加强练习，或者多寻找一些小窍门是不错的改进方法，但其实并不稳定可靠。这个时候，如果我们想要较为长效地提升运动成绩，最本质的做法是需要针对"野路子"进行符合个人身体条件和运动规律的改良，比如可以请一个专业教练指导。

然而在训练的早期阶段，我们却经常发现如果按照教练要求的方法挥拍，不仅会感觉到别扭，甚至击打成功率还不如从前。这时候我们有些人可能会有所怀疑、沮丧，甚至一部分人在练习的过程中很快没了耐心，干脆又回到原来的打法。能够意识到错误，并且还能够坚持下来的经常都只是一小部分人。在经过一定的适应期之后，我们开始对科学的挥拍方式有了更深的理解，实际运用经验不断积累，渐渐地就会有得心应手的感觉。到达某个程度之后，如果我们遵照这个感觉再持续练习下去，运动成绩就能够取得很不错的飞跃。

上述两个例子和区块链出行的发展轨迹十分类似，其产生的现象都是在某种策略实施的初期，原来的境遇反倒会变得更加糟糕，这也很好地解释了现在区块链技术在普及过程中遇到的情况。由于往往可能带来逆向发展的早期效应，区块链很容易陷入被人质疑的局面。还有一部分人甚至干脆懒得经历这番"沉沦"，直接把曲线右边的故事拿出来售卖一番，然后干起发币、传销的勾当。一如既往地，这种混乱的市场状况将动摇很多人对于区块链未来发展的信心。

产生这种先抑后扬发展曲线最主要的原因在于，存量市场的运转有它自身存在的价值。好比中心化的出行服务市场虽然存在诸多不够完善的地方，比如平台权力过于集中导致的定价不合理，以及霸王条款等问题，但相比没有组织的出行服务提供商的情况，已经有了很大的改善。当然，这并不是说经济体一定要经历无服务——中心化服务——去中心化服务的过程，有些领域也可以直接进入去中心化的阶段。此外，我们还需要为改善和颠覆原本的市场规律支付初期成本。在外汇政策和打网球的例子中，由于已签订合同和业已形成的姿势的影响，这种改进效应就不能够马上凸显出来，而是需要在泥沼中摸索一段时间。这就好比我们希望将沼泽地垒高，但是最初投进去的石子会被淹没一样。尤其是需要对一个固有利益较为稳固的市场进行改造，而新模式本身具备的复杂性，自身的成熟进化，以及为人们所普遍认知和接受又难以一蹴而就的时候，这种"U"形的轨迹变化将更为缓慢。伴随着更加合理的区块链机制的引入，即使经济会经历一番低谷，但由于其真的能够带来服务的价格降低、参与者全部获益的结果，所以在未来的发展过程中只不过会出现曲线斜率的不同。我们只需要找准入口，持续努力和改进，拐点的出现对人类来说不过是个时间问题。

让我们再次回到区块链"信任经济"的模型。我们在模型中详细地描述了分布与共识的矛盾演进过程，也展示了对于其经济发展前景的一些分析。但截至目前，我们还没有重点讨论其中最为重要的"信任"二字的含义。我们曾经谈到，区块链经济带来的最核心的价值就是统一了个体分布和集体共识的利益，达到这一目的的过程将会导致中介机构的消除，使得参与者之间可以畅顺地直接进行信息沟通和展开交易，产品（服务）提供的成本和价格也将因此下降。让二者统一得以达成的背后的推手，在于信任经济环境的打造。通过区块链五项核心技术的共同作用，生产者不能再利用信息差去侵占消费者的利益，消费者也不能再进行无休止的索要。每个参与者的合理利益得到了较好的满足，整个经济体的效能也能得以更好地发挥。

在前面"U"形曲线的描述中，我们分别阐述了分布、共识的发展趋势。对于一个经济体系来说，更为重要的是通过二者的相互作用，产生了前所未有的"信任"的状态，我们将这种状态视为分布、共识共同编织出的一张"信任"网络。为了自身的利益，横轴的"分布"用力地向左右织网，试图不断地扩大自己的地盘。纵轴的共识则是站在集体决策的角度上下织网，却常常会忽视一部分个体的声音。两者各取所需、互不相让，然而让它们能够最终形成规整网格的是背后叫作"信任"的东西。信任这个物质看不见也摸不着，但它不是凭空产生的。两个家伙每一次朝自己方向的拖动都会给它提供材料，信任则好似一个睿智的老者，不紧不慢地记录下每一个横纵拉扯出来的方格，然后制定出合适的策略和规则，让双方都不至于过火到把整个网格编织得失去了形状。

这让我们想到了第一章中围棋的例子，361个交叉点的棋盘，黑白两方为了战胜对手展开对弈，"信任"就是围棋既定的规则，最终不管是平手，还是一方赢了另一方，通过将棋子布满棋盘，交战双方的智慧、情趣都将获得提升，并最终得以"悟道"。"信任经济"就是这个"道"，也是我们整个人类社会所要追求的终极经济目标。对于经济体而言，无论是集体还是个体一方有所偏颇的满足均不是我们的目的，正如"帕累托最优"中的描述，我们既要获得集体的繁荣，又不能建立在损害任何一个人的利益之上。反之，个体利益扩张的边界，也不能损害到其他人的权利，因为这也将随之带来整体利益的受损。个人和集体在漫长的岁月里展开了拉锯，利益随之此消彼长，但整个社会需要寻求的是"信任"的境界，以及由此带来的不偏不倚的状态。这就好似围棋的精髓在于让参与者都能够参悟个中之道，明礼而正视听，而并不在于强调一局间的胜败得失。

"信任经济"繁荣程度最终的衡量标准，既不是Y轴数值的无限上升，也不是X轴数值的持续增长，而是通过分布和共识的组合，推动信任的获取，又在不断创造的信任的基础上，为更大分布下的共识产生创造条件，并最终促进全体经济社会实现有序而健康的增长。区块链技术为催生更高层次的信任经济提供了强有力的保证。在沿着

"U"形曲线发展的区块链经济体中，信任是催化的关键力量，也是曲线最终得以协调分布和共识利益的内核。信任在这里代表良好的秩序和协作状态、可以是被广泛预期的公开透明的市场环境，或者是为人赞誉的声誉等。其中断乃至下降将会使得整个经济体系无从建立，从而失去区块链促进经济增长的动能和价值（另一项促进经济发展的重要动能是生产力的提升）。

当然，我们并不是说信任经济一定是"U"形曲线的呈现方式，但是鉴于到目前为止，区块链技术是我们知道的最接近促成信任经济的手段，所以我们暂时将以区块链为代表的信任经济的图形定义为"U"形曲线。或者说，我们目前讨论的信任经济的前提是建构在区块链技术之上的。又或许有一天，新的技术或者商业模式（也包括区块链本身技术的演进及改变）的出现，可以规避"U"形左边的下降曲线，从而在创设之初就能够直接呈现出右边曲线的上升逻辑。此外，由于区块链应用于经济体系的实践仍处于早期，缺乏足够多的实际案例作为证据，我们对于"U"形曲线也暂时不会做过多的数学模型的推导，而仅仅是根据一些概念的归纳和抽象，提出些许预见性的理论，我们也热切盼望有更多的落地应用帮助该模型持续完善和优化。

**需求—供给模型**

在"U"形曲线之外，针对区块链技术的推广，我们还有一个非常重要的模型需要说明。这个模型的基础来自信息经济学的著名学者，即谷歌首席经济学家范里安的《信息技术经济学导论》，原本是用来描述互联网经济情况的。我们这里将引用该模型的一些论点，来说明区块链经济的状况。

区块链诞生在互联网对全球经济产生了巨大冲击之后，其本身的特性在很大程度上与互联网建构的世界密不可分（这一点我们将在今后讨论区块链底层技术的章节中展开论述）。因而，我们认为从经济学的角度来看，区块链和互联网对于经济本质的很多追求是一致的，具备一些承前启后的关系。我们知道，网络经济同时存在供需双方的规模经济，其中供给方规模经济是指企业具备较大的固定成本和较小的甚至零边际成本的成本结构。比如我们使用的微软的Windows操作系统，前期微软公司投入了大量的研发成本，但是一旦研发成功后投入市场，因为软件非常容易无限复制，后期几乎不需要再增加多少成本投入。需求方规模经济也被称为"网络效应"，如果一种产品的需求依赖于其他购买者的数量，我们就说该产品的市场是一个具备网络效应或者需求方规模经济的市场。比如我是否愿意购买Windows操作系统，或者说我所在的企业是否愿意购买该系统，会依赖于你或者你所在的企业是否有购买意愿。这是因为只有你也用Windows操作系统，我们之间的沟通联络、软件应用互通才会变得更加便捷。在一个这样的市场环境中，需求—供给曲线可以用范里安教授的这张图来表示。

　　该图中的需求曲线（或者应该说是满足预期的需求曲线）用一条拱形的曲线表示，这意味着随着消费者人数的增加，因为正的网络效应，产品的边际支付意愿也会增加；最后，由于通常的边际效用递减效应，消费者的支付意愿逐渐下降，需求曲线开始下降。如图所示，供给曲线具有完全弹性，供给曲线与需求曲线会相交产生A、B、C三个均衡点。根据动态分析，当需求大于供给时，销售量增加；当需求小于供给时，销售量减少。所以A、C点是稳定的，中间的B点是

互联网市场的需求-供给曲线

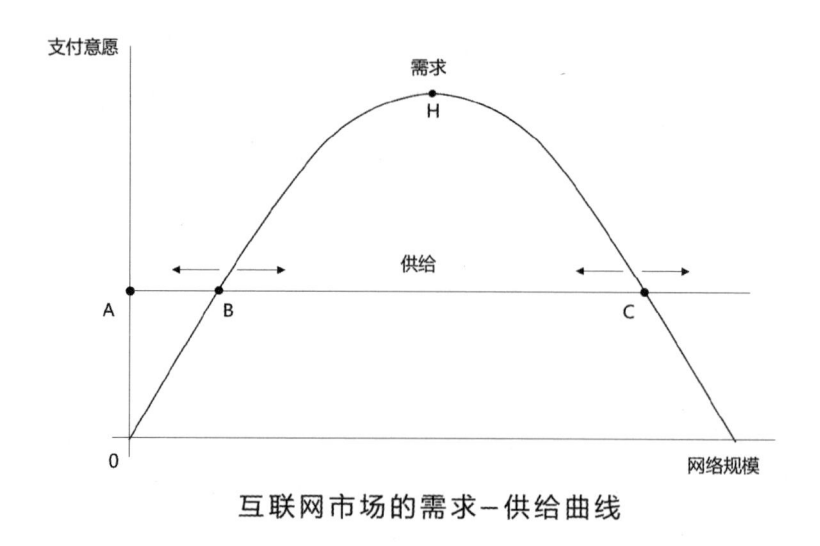

不稳定的。B点被称为"关键大多数"，如果产品市场能够使销售量超过这个关键大多数，那么就会产生正反馈，从而使得产品迅速走向成功。但如果产品销量从未到达该点，那么产品市场注定会回到A点，即零需求—零供给（虽然企业有能力无限产生供给，但由于不存在需求，供给也将不再提供）。

还是用Windows的案例来说明这个理论。先看供给端，由于规模经济的影响，微软提供该产品的价格可以保持一致（后期没有什么新的成本增加，假设是10美元），并且可以无限提供。在消费者需求端，当该产品刚刚投放市场的时候，人们的购买意愿较低，这个时候企业往往会采用某些促销甚至是免费的策略，比如将10美元的售价调整为1美元，从而使得关键大多数更容易达到，否则产品将会因为达不到关键的B点而推广失败。在采取一定的市场促销策略之后，产品销售到达B点。我们假设这是一个总共10个人的市场，有3个人各自拥有1个系统将可以达到关键大多数。经过B点之后，由于我们发现身

第四章　信任与网格

边的很多人都开始使用 Windows 系统中的程序给我们发送文档，因而会促使越来越多的人去购买 Windows 系统。人们的支付意愿将变得越来越高，需求曲线也迅速向右上方移动。

接下来，市场将在某个时刻到达需求的顶点（H 点）。我们假设每个人各自拥有 1 个系统可以基本满足市场的全部需求，这个 H 点描述的就是这个状态，此时消费者的支付意愿达到最高（Y 轴）。从 10 个人当中愿意再次购买系统的第 1 个人开始，支付意愿会开始下降（可以理解为已经有了 1 个系统满足基本需求了，再买第 2 个时已经不愿意付出跟之前一样的价格）。但由于这时支付意愿的价格仍然会高于产品的供给价格，所以产品销售仍然会继续（X 轴网络规模增加），直至到达 C 点。这种情况下，我们假设全部 10 个人当中，每个人都已经拥有了 2 个操作系统。如果当中有人愿意再买第 3 个系统，其支付意愿的价格将低于 10 美元（比如说是 9 美元）。由于低于生产成本，企业自此也就不愿意再出售商品了，整个市场会在 C 点到达最终的平衡。

事实上，区块链作为建立在互联网信息传递功能的基础之上，进一步提供价值传递的底层技术，其需求和供给的曲线也将符合上图的规律，同时进一步优化和提升之前在互联网中发生过的情况。我们认为在区块链的环境下，由于技术带来的成本下降等因素，将使得上图中的供给曲线向下平移。而在需求端，曲线也将整体外扩，这会使得 B 点在更低的条件下达成，产品或服务"关键大多数"的数值相比互联网会更小。这是因为在信息透明和存在良好激励的区块链环境下，每个用户贡献的单位价值将提高，所以即使在更少用户（网络规模）的情况下，系统也不至于回到 A 点的状态。也正是基于这一理由，相较互联网来说，区块链的网络效应也会更大，从而使得最终的市场均衡 C 点相较上图更为靠右。虽然在互联网上，我们也曾尝试采用更加透明的环境，以及增加激励措施等方式驱使曲线的移动，但由于没有区块链博弈机制带来的保障，价格优势会不稳定，激励的效果也得不到最好的协同。因而，只有基于区块链技术开展的公开透明和激励的措施，才会促成新的曲线的产生。据此，我们可以在上述图形的基础上进一步绘制出区块链经济体的需求—供给模型图。

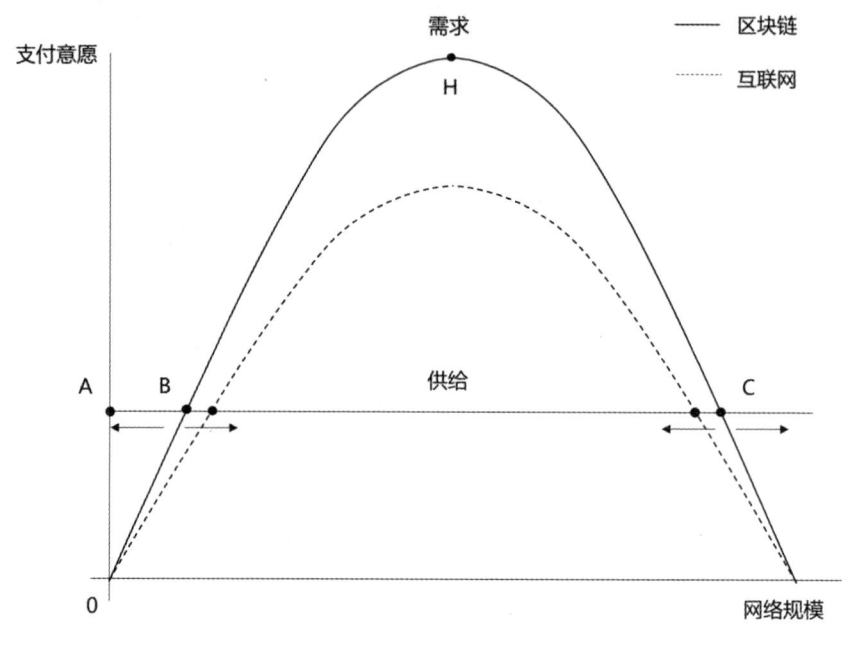

区块链市场的需求–供给曲线

在该图中，区块链经济的需求曲线对应的支付意愿（Y 轴）的最高点 H 点也将随着整个曲线一起外扩。为什么会这样？区块链作为一种信任经济的基础技术，其本身并不能直接影响到消费者的支付意愿。

这种情况下，按照经济学的理论，该点本来应该与互联网产品需求曲线的最高点重合。但是我们知道，由于区块链透明体系＋激励机制的应用，会激发更多的个体参与支付，本来1个人拥有2台Windows肯定已经饱和了，但由于供给价格相对较低，而且除购买之外还能够拥有该企业的其他权利（事实上，企业也将转型为具备一些非营利组织特性的新型组织），因而这个人可能会再购买一台，即使仅仅对于使用者来说可能已经没有太大的价值。经济学建立在理性人的假设之上，往往不会讨论购买第3台的这种情况。但考虑到一些社会心理学的因素，比如勒庞在《乌合之众：大众心理研究》中提到的数量增加对于个体不理性行动的激发，以及群体的情绪传染等，将可能让情况有所不同。区块链具备的可靠的开放、激励的属性和易传播的财富效应，可能导致整个产品市场需求端的支付意愿"不理性"的增长。基于这种考虑，我们这里也相应地提升了H点的Y轴数值。

我们之前谈到的"U"形信任曲线与这里的区块链需求—供给曲线也存在着内在的联系。上图中的关键大多数（B点）是一个区块链经济体得以存活的必要条件。让我们回忆一下，虽然"U"形曲线中的共识低点并不与B点重合，但是突破B点会是"U"形曲线在经历共识低点后重新拉升的重要前提。此外，"U"形曲线在发展的过程中，也需要很好地借鉴需求—供给曲线对于该市场环境的理解和描述，从而最终推动曲线得以良好地向右上方移动。

信任是人类社会最宝贵的东西，我们用尽各种手段，为此不断地努力和祈祷，但总是不能让它在我们呼吸的空气中完全散开。培根在《论真理》中阐述了对于宗教、哲学和世俗的看法，在他看来，现实世界是每个人都摆脱不掉的，它决定了我们的生活方式，为了摆脱它对于自身的禁锢，人们跻身于宗教或哲学中，以寻求解脱和帮助。在这里面，我们追寻的就是一种信念或者信仰。近代以来科学和技术的进步给了我们更多理解世界的视角，但无论其如何发达，人类也依然徘徊在信与不信之间。区块链技术创造的"信任"可能无法带领我们走向终极的对智慧和灵魂的拷问，但总归，我们在这个环境中体验到了信任的存在。虽说这种信任既不是宗教的崇拜，也不是什么高深的量子科学原理，但说不定人类能够从中汲取些什么，然后放进我们思想的档案馆里？又或者它从一开始就摆出数字公式，不执着于提升人类灵魂开化的冷漠的姿态，反倒可能会将我们带向平静和豁达？那些紧闭已久的困扰我们的问题，是否也会随着数字的运转，在区块链的世界向我们张开怀抱？

孔子曰："人而无信，不知其可也"；老子在《道德经》中也谈道，"信者吾信之，不信者吾亦信之"。中国古代的圣人在思考人与人关系的时候，无不将信任放置到一个极为重要的位置。整个人类的历史，也正是这样一边用公式和机器探知着浩瀚无垠的宇宙，一边又用力想去触及彼此信任的温度。前者让我们知道自己身在何处，后者则让我们这个具有情感的物种感觉不那么孤单。但人类从未曾想过，这些数字机器，是不是也有一天可以给我们带来温暖。

无论如何，区块链就这样从原本属于公式的一边钻出头来，并且奋力想去抓住我们的另一只手。接下来，让我们看看它会怎样在我们人类的组织里生根发芽，又将如何搅动我们长久以来建立的社会、政治和法律体系。它能够在我们积累了多年的藩篱中穿行吗？那些高墙和阻隔是否会被冲破？完美世界的模型是否真的会因它而建立？

## 一个账本引发的革命

不知道从什么时候开始，我们发现从事区块链业务的企业宣传资料上"公司"的称谓不见了，管理机构被代以基金会的名义（暂时我们将它们这样命名）。或者更确切地说，这些机构也不应该叫作企业，因为它们宣称自己根本就是"非营利"组织。而关于企业，我们知道其首要目的就是要获得利润。

在一堆莫名其妙的名词中，区块链这个东西在持续给我们带来各种焦虑。尤其在过去的两三年，我们看到这些基金会通过发行 token（数字货币的重要分支，国内普遍译作"通证"，最早由以太坊提出）募集了大量资金，可是这个时候往往项目还并没有真正开始，全部的资料不过是一个充斥着各类代码以及远大计划的白皮书。 此外，还有一个重要的发明叫作 ICO（Initial Coin Offering 的缩写，意为首次代币发行），对标的是我们在股票市场上熟悉的 IPO，也即首次公开募股。这个之后又陆续有 STO、IEO 等类似的形式，其核心就是将项目放到公众市场募集资金。这些区块链项目似乎等不及经历我们业已熟悉的，从刚成立到企业公开上市需要经历的数年的成长过程，而是将全部的财务周期高度浓缩。投资人也突然改变了仔细翻查企业各项财务细节和法律条款，精明地计算一番回报而后再谨慎投资的习惯。我们发现，区块链的野心不仅仅限于技术本身，而已经的的确确在传统金融交易所之外，快速开辟了一个投融资的新战场。

几年前，如果你听到有人跟你说起上面这些，你一定觉得这个人疯了。然而我们要告诉你的是，这个看上去可以简单到一本账簿，几个存储了数据的区块拼凑成的技术，已然把现今世界的规则搅得混乱不堪。过去被奉为精英的金融、互联网行业似乎刹那间就褪去了光环，被归类到古典和传统的一边。根据普华永道2018年上半年的报告，公链EOS和加密聊天应用Telegram已经分别通过ICO筹集了41亿美元和17亿美元，要知道EOS主网也不过在2018年6月15日才刚刚上线，而如此巨额的资金，甚至在6月之前就已经全部筹措完成。Telegram的爆发本身就在很大程度上得益于2016年以来区块链的繁荣，大量的区块链从业人士、普通投资者都会使用这款号称能够"保护个人隐私"的工具进行沟通。自2017年下半年多个国家陆续出台针对ICO募资的严厉政策以来，出于躲避监管的需要，平台开始爆发。在那段时间，Telegram每天新增注册用户近百万人，高峰时期的月活跃用户也迅速突破了两亿人大关。在这一轮财富盛宴中，比特币等数字货币的价格经历了一轮快速上涨。从2017年下半年以来，其价格从2420美元一度上涨至19210美元，虽然经历了2018年以来的下跌，但截至2019年三季度仍然高达8308美元左右。要知道在2010年，比特币初始的价格只有不到1美分。

与这些基金会们发行的token不同，比特币更多被当作一种纯粹数字世界的"货币"。通过挖矿不断获取的比特币，也常常被用作这些token发行方募集的"资金"去使用。作为比特币"扩展版"的以太坊也同样疯狂，在2017年年初，每个以太币（ETH）的价格仅为8.17美元，之后在2018年1月14日一度冲至1379.9美元。虽然到了2019年三季度已经回落至170美元左右，但相比2017年年初的涨幅仍然高达21倍。与比特币类似，通过发明智能合约机制大大降低了数字货币发行技术门槛的以太坊，其平台产生的以太币也被大量充当区块链项目ICO的筹资标的。而ICO在短期内的井喷，也成为其大幅上涨背后的主要原因。

第四章　信任与网格

让我们静下来理一理我们曾经熟悉的规则。如果我们需要从事某个新业务，一般会先去注册一家公司，之后我们会自己担任，或者聘请一名能干的 CEO。当公司正式开展经营的时候，我们往往还需要财务人员来记录公司日常的收支。如果这项业务的点子不错，并且据此开发了新产品，我们会得到一笔资金注入。在高科技领域，这往往来自某个天使或者风险投资人。我们会用这笔钱进行研发，开拓市场，以及招募更多的人加入。这之后，随着公司的壮大，我们会逐渐规范一些制度和章程，明确股东和雇员的权利和责任等，这也将成为未来公司盈利的时候进行利润分配的标准。如果创始团队聪明、勤奋，并且运气还不错，公司就有机会持续扩大规模。在发展到一定阶段之后，我们会准备一张上市申请的表格给股票交易所（当然也可以卖给其他公司套现走人）。公开上市的好处是可以募集到更多资金，同时还可以将公司变成知名度更高的公众企业，从而有利于优秀人才的加盟，以及帮助进行业务拓展。

在区块链出现之前几百年的经济活动中，公司都发挥了极为重要的力量。15 世纪末 16 世纪初，伴随着欧洲人的远洋航行，更为广阔的市场被逐步发现。出于开拓全球市场的需要，人类数千年来建立在亲友、乡邻关系中的传统商业组织，已无法提供足够的人力、资源支持。商业合作必须跨越血缘和地缘，超越人格和亲情，由此催生了公司的诞生。到了 19 世纪中期，英国《公司法》的颁布标志着人类第一次在法律意义上确认了股份公司的地位。股份公司的意义在于让陌生人之间的合作成为可能，从而真正推动了人类文明的现代化进程，也成为我们如今所熟知的公司的主要形式。

公司之所以能够发挥如此重要的力量，在于其有限责任、投资权益的自由转让以及法人地位三大特征。它们共同保证了经营者的收益和风险的匹配，并有可能获得发展中所需要的外部资金的投入。在公司出现之前，由于人们需要承担无限的债务和法律责任，并且难以清晰区分经营主体和个人之间的责任界限，非常不利于驱动人们对商业和冒险活动的投入热情。1937年，科斯在《企业的本质》这篇论文中，提出了经济里面的三种成本：搜索成本，寻找创造某种事物所需要的所有正确信息、人员和资源；协调成本，使得这些人进行高效的协作；签订合约，为生产中的每一个活动进行人力和物力成本的谈判，保管商业机密及监管、执行这些协议。

我们都目睹了公司在生产中发挥的巨大价值，它的存在让科斯提到的经济活动的成本大大降低。伴随着公司的不断发展和成熟，蒸汽机、电气设备和计算机网络等技术才得以发挥巨大的威力。

除了公司之外，人类另一个极为重要的发明是同样诞生在15世纪末期的复式记账法，它是由意大利数学家卢卡·帕乔利提出的。复式记账法的原理很简单，即将一家企业所发生的一切业务都双重记录下来。比如某企业售卖一箱苹果收入85美元，这时候我们就在账簿的库存一栏中记下：−85美元，并且同时在账簿的现金一栏中记下：+85美元。如果把所有企业的业务往来都用这种方法双重记录下来，那么就可以随时建立起企业的结算来。不同于以往流水账的方式（仅仅记录贸易的收入和支出，不会记负债），复式记账法使经营者有可能系统地了解企业经营情况，也可以更好地理解业务中发生的问题。通过采用这种记账方法，企业可以第一次精确地计算出盈利到底有多少。更为重要的是，通过制定一份别人也能看得懂的财务图表，企业可以和更多人一同分享业务信息，合作伙伴间有了彼此沟通的信息基础，企业也因此可以获得更快的发展动力。目前，我们在公司制度中采用的也都是这种记账方法。

复式记账法和公司制的出现，极大地促进了近代以来资本主义经济的高速发展。然而公司对经济的促进也是有边界的。科斯就曾经假设，一个公司的规模会不断扩大，直到在公司内执行某项交易的成本大于在公司外执行该项交易的成本。我们在日常生活中也能感受到这样的例子，往往一家优秀的公司在经历了多年的高速增长后，会在某个时点放慢扩张的脚步。这个时候，公司内部的管理开始臃肿起来，部门之间的协作变得很困难，商业决策以及对外的合作也会趋于保守，我们把这种情况叫作"大公司病"。此外还有一种有趣的现象，就是我们发现通过公司的方式紧密地组织某些领域的生产和服务，比如翻译外语文献，或者编写网络百科知识等，反倒会让事情的处理变得更为复杂。事实上，著名的"维基百科"最后就是通过松散的协作方式完成大部分内容的。而在其创设之初，全部采用公司雇佣机制的效果却并不理想，经常会出现词条错漏无人排查，或者内容阐述不够清晰等问题。

既然公司制度存在诸多不够完善之处，区块链创设的基金会组织是否有能力解决这些问题呢？在这一体制下，经营能够达到的规模会比在公司制下更大吗？区块链体系相比公司可以更好地解决人们之间的信任和协作吗？公司已经存在了五百多年，时至今日依然在为人类社会的发展贡献着重要力量。为什么区块链作为一门新兴的技术，却能够和耸立了数百年的人类组织发生如此重要的联系？它凭什么有可能取代公司制，为人类创造更为先进的组织形式？我们依然需要从技术的本质出发来回答上述问题。我们认为，区块链具备的技术属性，使得其具备搭建新型组织的要素,也正是因为这些特征,使得公司在未来不再是商业组织的必要条件。当然,正如现代社会除了公司之外,仍然有古老的合伙和私营作坊参与经济活动,将来也不仅仅只存在基于区块链形成的组织,公司制仍将在一些领域发挥重要的作用。

我们在前文已经提到,区块链是基于分布的博弈机制产生的共识系统。这个共识在技术上的具体表现形式,就是一套所有人维护的区块链账本。因而,我们的故事会从记账开始,这种记账方法与原来的复式记账不同,是通过竞争记账创建一个属于整个系统的公共账本。在这个账本当中,所有人对系统中发生的每一笔交易进行共同记录。每一个参与者共享全部的账目信息,并且一经写入不得篡改。这种方式与之前相比,有着巨大的进步。首先,它使得组织内的信息完全公开透明,因而具备了极大的真实性。又由于不可篡改的特性带来的稳定预期,使得算法的博弈能够产生最优的结果,整个组织运转的成本也会大大降低。在复式记账时代,虽然我们也拥有一整套核实公司财务真实性的方法,比如编制财务报表,以及调用大量的外部会计、审计工具等。但由于信息真实性最终是通过中介机构来保证的,因而难以避免地存在被篡改的可能,并且这样做也需要耗费大量不必要的成本。

其次,由于区块链采用一致的数据记账规则,账本的纪录和流转可以更高效地进行,这将我们原本按天结算的财务工作效率瞬间提升到秒级。在组织体内,以及组织与组织之间的交易、清算和结算几乎可以同步完成,这样做大大降低了原来公司制下的各项协作成本。最后,区块链系统利用加密的机制,保证了每个组织中用户账户的隐私性。比如在开户的时候,区块链组织的用户不需将申请资料提交平台,只需要运用非对称加密的方法生成一对公私钥,账户的开通就快速完成。在后续，唯一能够证明用户在组织中对应资产权属的，就是其自己持有的私钥。当进行资产交易和流转的时候，用户也不需要区块链组织或者任何第三方中介机构协助确认。组织的功能由替代用户进行交易，同时收取高额的手续费收入，转变为为其提供交易的决策辅助，以及与其共同制定流转规则等。

看上去，区块链技术不过是简单地改变了一些记账的方法，然而将催生整个人类组织形式产生巨变的奥妙就源于此处。我们知道，交易是人和人之间最核心的经济关系，区块链通过我们前面提过的五大技术的组合所产生的共识账本，将彻底改变这种交易关系的实质——从彼此阻隔、信息不完全的各自记账，转变为全部连接、透明共享的全账本交易记录。这还仅仅是开始，区块链账本更大的价值在于，它不只是记载了企业经营活动的财务结果（这一点复式记账也可以做到，只是成本更高），而且通过数字化账本的引擎作用，还可以驱动整个组织将各项生产和服务过程中的信息流、物流，乃至社交信息等一一记录上来。

各式各样类似的信息同样遵循严格的记账规定，这样做的意义就非同寻常。我们可以设想，之前人类通过互联网积累了非常多的数据，也给经济带来了诸多的便利，比如年龄、身份、性别爱好，以及疾病的诊疗经验、建筑师考试的习题总结，借贷服务商过往的信用记录等。但随着时间的推移，越来越多的虚假、诈骗信息开始充斥我们的网络，而我们却往往很难分辨。区块链全新的"记账"方式，让我们得以通过技术手段，结合激励的运用，对信息进行去伪存真，达到良币驱逐劣币的目的，实现从信息互联向价值互联的飞跃。

事实上，在最基础的收付记账功能之外，比特币系统就可以包含很多附加的信息。比如我们试图运用矿工投票的方式，创建更可信的去中心化预测应用。这在世界杯足球赛和美国NFL（职业橄榄球大联盟）超级碗比赛的预测中就有过实例。此外，我们还可以通过将特定的比特币"染色"（指在交易数据中嵌入一些特殊的标记，并不是真正的染色），用以代表现实世界的一些资产，比如房产、汽车、厂房等，以此促进资产在数字世界的确权和交易。然而，由于比特币脚本语言设计最主要目的是产生数字世界的价值货币，因而在执行这些多维度信息的确认指令的时候，常常会显得兼容性不足。虽然后来我们又针对它发明了侧链（顾名思义，指在比特币主链之外开发的通路，可以先独立执行一些复杂的交易，最后再将数据链接回主链），以及分叉扩容（可以简单理解为主链分成了两条独立的链，分叉的目的是解决比特币交易确认速度慢的问题）等技术，但都无法完美地应对比特币功能扩展的难题。

以太坊的出现主要针对的就是比特币处理复杂信息的瓶颈，其通过创造性的智能合约的设计，大大增强了区块链与现实世界的信息连接能力。按照以太坊白皮书的解释，这种合约指"拥有以太坊地址以及账户金额的自动代理人，它可以发送和接收交易，每当有人向合约发送交易后，它就被激活了，然后就开始运行它自己的程序，例如改变它自己的内部状态或者甚至发送一些交易，完成后它又休息了"。简单来说，这种合约机制的价值就是进一步提升了比特币的记账功能，使得记账信息的丰富程度、可编辑性和交易速度都大大提升。这种变化带来的价值是革命性的，它使我们对区块链的认知从仅仅代表着数字货币的涨跌，变成可以涵盖现实世界需求的一切交易和信息。如果能够将我们所生活世界的林林总总全部转化成数据，并写入自动执行的合约当中，将极大地改变整个商业交易乃至人类社会的面貌。或许有一天，一切皆会是数字，世界也将变成一套自动执行的程序。代码即我们所有人的共识，经济和社会也会低摩擦和无障碍地运转，而人类追寻了良久的完美世界的模型，或许就真的可以实现。

还是让我们先暂时平复一下激动的情绪，继续整理这些还未解答的疑问。人类想要完成完美世界最后一块拼图的前提是，区块链能够很好地协调好数据的交换和流动。数据即使本身含苞欲放，但如果彼此间阻隔重重，依然会让我们无法驶向繁荣的彼岸。在这个过程中，组织的问题我们肯定是绕不过去的。如果说比特币账本是区块链技术带给人类的第一丝光亮，那么以太坊提出的智能合约（即便现在还很不完善）就可能成为一道通向现实世界的大门，使得去中心化的账本可以和现实的商业、社会成为一体，而不仅仅是囿于技术冰冷的代码之中。接下来，我们在传统公司体系中的财务和会计制度将受到冲击。由于区块链账本能够提供完全的交易信息，以及极大地降低沟通和交易成本，公司的边界会变得越来越模糊。由于公司存在的核心价值就是内部成本低于外部成本，在各个公司的信息都公开透明之后，内部运营的成本首先会降低，进而使得彼此间的协作也变得越来越简单、高效，最终的结果是不存在内部和外部成本的差别（见下页图）。

在过去，公司作为经济运行中的主要实体，它代替我们进行生产和投资的决策，同时享有利润的优先占有权和分配权。作为记账的主体，公司也会按照现有的制度要求提供有关自身经营状况的信息，同时接受社会和公众的监督。由于新的组织机构会采用共享的账本记录收支，这将导致经营的收益不再归属于原有的中心化的公司。既然所有人都参与了贡献和记账，自然利润所得也就应该让全体参与者共享。

在这个过程中，公司的围墙也会被拆除，我们将不再需要以公司的形式帮助整个社会掌管资产和财富，而是直接将财产的所有权和收益权划归对应的个体。为了让组织账本记录的结果真实可靠，将区块链的激励机制引入就会变得十分必要。我们会通过token（暂时以token来指代，本质上就是一种数字化的资产）的发放奖励组织中参与记账的主体，比如以太坊中通过挖矿获得的以太币就是为了激励矿工诚实记账。

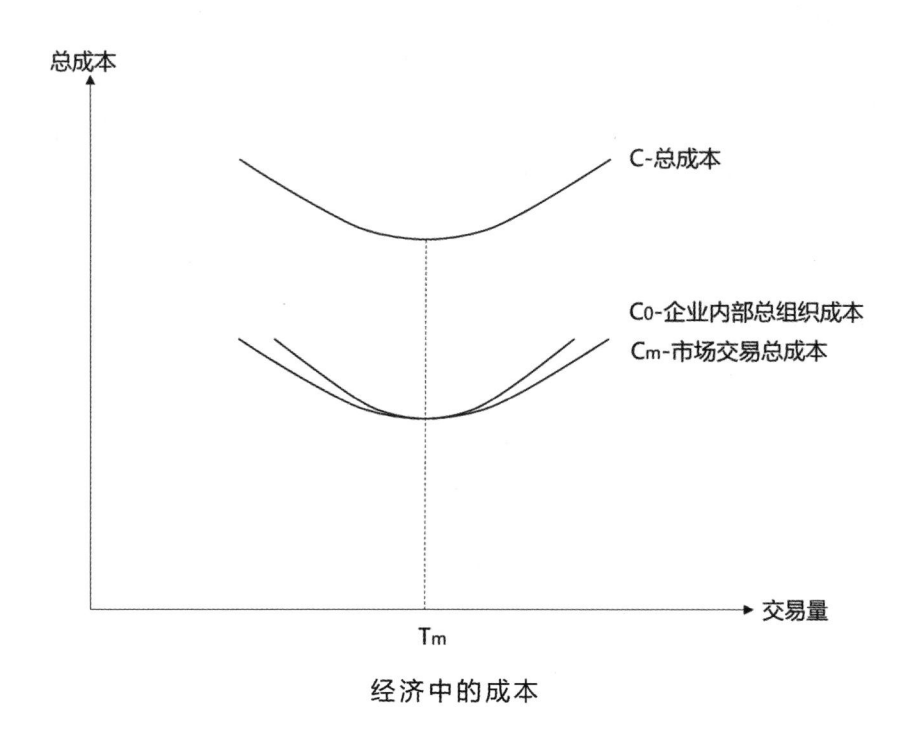

经济中的成本

图中标注：总成本、C-总成本、$C_o$-企业内部总组织成本、$C_m$-市场交易总成本、交易量、$T_m$

与此同时，组织的管理者们也会通过我们之前提到的基金会的方式，在创设之初即为自己预留一部分token，并将之售卖以筹得运营发展所需的资金。由于这些组织已经不再以公司的形式存在，我们现在所有基于公司创设的法律定义，例如董事、监事等也都会发生改变。Token在未来将扮演权利凭证的角色，可以代表对于区块链经济实体的所有权，或者未来一系列收益权的权利。投资人通过对基金会运营理念及其前景的判断，决定是否将资金投入该组织中，以换取未来的利益。这和传统的金融投资依赖于公司法人承担相关责任，以及通过股权、债权等方式享有收益的索取权利会有很大的不同。也正是因为区块链带来了诸多的变化，也就推动了一个全新的融资模式ICO的诞生。

这便是由一个小小的账本引发的组织革命。目前，这个变化只是刚刚开始，因而我们看到更多的不过是混乱不堪，当然这也再次印证了混沌—矛盾—演化的事物发展规律。比如现在很多情况下，仍然是中心化的公司在扮演着token发放的角色，并没有真正采纳区块链博弈和信任的技术。这样做事实上是通过炒作新概念躲避应当承担的经营责任，将无法保证用户的合法权益。一些区块链项目，它们的账目没有采用共同记账，甚至将原来最基本的复式账本也抛到后面，这必然会滋生大量的资金滥用和腐败。还有一些项目，任意夸大区块链未来的故事，或者有意复杂化各项技术，以此混淆逻辑和事实，致使大量不明真相的投资者财产受损。

在ICO出现以来，由于缺乏清晰的交易规则和制度保障，各种人为操纵的暴涨暴跌不断地打击市场的信心。我们希望提醒大家的是，这些并不是区块链技术本身的问题。技术是中立的，它可以为我们带来美好，也可以被一部分人利用为作恶的工具。

我们需要做的，应该是轻轻地拨开云雾，耐心思考其背后的本质，同时也注意保护好自身的权益。我们也应该坚信，总有一些人会穿越暂时的不堪，带领人类朝着未来继续前行。

伴随着时间的推移,基于区块链构建的经济体将能够有效地降低科斯总结的公司组织形式的三种成本:首先是搜索的成本。想象一下一个存储了世界上大部分结构化信息的区块链账本的搜索能力,将可以帮助我们很快地寻找到所需的人才和新的顾客,而且其可以提供的搜索信息的维度(比如包含了时间戳)和可信度(不可篡改)也将大大提升。其次是内部组织的协调成本。区块链不仅可以帮助我们解决外部信息搜寻的问题,还可以减少现有公司组织内的层级制所带来的沟通不畅和决策失灵,促进形成具备持续和稳定特性的机构管理模式。最后是在缔约成本方面。通过数字化的自动执行合约的方式,区块链组织可以在价格商议、确定功能、描述供应商和客户的服务条件,以及监管并执行条款等方面降低现有缔约形式的成本,以此促成人类社会迈向一个更高的文明阶段。

让我们来整体看一下在区块链技术的冲击下,组织将会发生哪些具体的改变。和我们前面谈到的企业成本结构的降低紧密相关,这些变化也可以被归纳为如下三点:一是组织内部的管理结构的变化。传统的管理学者诸如彼得·德鲁克、杰克·韦尔奇等人重在强调管理者需要加强自我修炼,以及学会领导和制定弹性适度的组织绩效原则。目前多数的现代企业管理理论都产生于进入 20 世纪后的工业时期。在当时,由于决策者掌握着绝大多数的资源和信息,因而这些理论多偏重于强调集中化的高效决策,以及强大的团队执行力的建立方法等。进入 20 世纪 90 年代后,在互联网的冲击下,信息开始被大量解构,并呈现出快速迭代的特征。从这个时期开始,打造扁平化的组织,探索自下而上的沟通机制等主张开始兴起,管理者也被要求掌握以此为基础的战略和决策推行的技巧。在未来的区块链时代,伴随着价值激励的引入，信息流转效率和参与者的积极性会进一步提高。在去中心化的组织形态下，管理者本身的定义也将发生根本性的改变。对于这些经营计划的制订者来说，如何能够在大量信息中快速捕捉到核心的价值，并通过协作机制的打造，有效地传递其中的价值内核，将成为组织管理成败的关键。

二是组织与外部交换方式的变化。由于区块链通过去中心化的技术和激励机制消除了组织与外部供应商、消费群体之间的矛盾，交易壁垒将逐渐消失。在克莱·舍基的《未来是湿的》一书中，描述了在互联网时代，社群通过一个值得相信的承诺、一个有效的工具和一个用户可接受的协议的成功融合，促进人们实现沟通协作，并为群体提供进步动力。舍基将这一情景的核心要素定义为湿件，指的是由互联网技术催生的信息高效互联和群体协作生机勃勃的一种状态。然而事实证明，仅仅依靠信息的传递并不能将人类带到这样的理想社会。区块链在互联网的基础上，通过进一步增加组织的开源属性，能够衍生出一整套更加符合人类交往及合作规律的发展模式，从而有可能带来真正意义上的，具备广泛和深刻价值认同的大规模社群系统。

三是企业所有者与代理人之间关系的变化。现代社会的分工体系导致了公司所有权和经营权的分离，由于所有者和经营者（代理人）之间的目标诉求不完全一致，以及存在高企的信息和沟通成本，在公司的日常经营中，常常会出现策略上的分歧和矛盾。2016年的诺贝尔经济学奖得主奥利弗·哈特在《企业、合同与财务结构》一书中，曾讨论了由于信息不完全、交易费用的存在导致的代理人契约不完全，进而引发的各种代理经营问题的情况。在该书的论述中，哈特认为如果不存在代理问题，公司治理将变得不再重要。在理想的区块链系统中，基于各项信息公开，所有权属于全体参与者，以及代理人的报酬可以精确地与其贡献挂钩等原因，将有机会解决公司机制下长久以来存在的利益冲突。在这之后，人类也将大大降低现有的通过公司组织生产经营的治理成本，减少沟通协调和交易达成过程中的摩擦，提升整个社会的经济运转效能。

现代社会的每个人都生活在各式各样的组织当中。我们是自己工作的政府、学校或者公司的成员，即使是自由职业者，我们也常常会参加各类体育、艺术及兴趣小组。我们多数人都出席过曾经就读中小学的校友聚会，也会和三五个好友组成临时团体，一起背包外出旅行。这些或固定或松散，基于各式各样的原因聚拢起来的组织，一点点塞满了我们的生活。我们将大量的信息和决策交付这些组织来打理，而在商业竞争中，最为常见的组织形式就是我们熟悉的公司。我们在之前的文章中曾经提到，作为促进人类商业协作的产物，公司的建立使得组织内部的交易成本小于外部，从而极大地推动了经济生产的进步。

相比公司制度，区块链组织发挥其价值的焦点在于能够很好地平衡分布和共识间的矛盾。也就是，它既能够最大限度地让分布的组织成员的想法得以清晰表达，并筛选出其中优秀的建议进行高效传递，同时又能够维护管理层决策共识的制定，让其无障碍地在整个体系内贯彻执行。我们或许很难理解，在区块链出现之前，这二者是不可能统一起来的。在不同的公司内部，总是需要在多元化的小团队作战和垂直型的中央管控之间做出平衡和选择。让我们回忆一下，在讨论信任经济的时候，我们曾经提到了区块链经济体发展中类似棋盘纵横交错的状态。通过技术底层提供的激励和协调机制，分布和共识可以无碍地各自延伸，最后又能够一一被连接和对应起来。

组织内部高度的互通是极大地促进生产力的重要前提。互联网虽然有力地推动了商业组织的发展，但由于本身并不具备有效的价值激励属性，使得其最终只能完成信息层面的连接，组织内的协作依然遵循原来公司的形式，对人类组织变革的促进作用也比较有限。事实上，我们在互联网诞生之初所热切期盼的分布式的组织并没有出现。现在的各类公司在展开经营活动的时候，还会遵循某些工业时代的特点：层级结构依旧大量存在、大型组织体的创新动能不足、部门之间的信息传递失真、管理层决策失灵，以及外部合作推进困难的情况还是时常会发生。

改变必须从组织内部开始着手，只有将基层分布诉求与决策层共识之间的利益完全打通，组织才有可能取得持续且高速的发展。区块链技术的出现，让分布与共识间实现网格式的联通成为可能。如果说信任经济是在具体的生产过程中帮助我们降低了损耗，同时实现了个体的普惠和集体的边际扩张，其催生的网格型组织则将成为以上行动的载体，进一步巩固和确保了组织生产效能的发挥。

### "自主分布＋协同共识"的网格组织

而让这一切成为可能的关键载体就是token，也是我们激励和协调组织成员的关键方法。在区块链信任经济体下诞生的激励工具token，将会打破分布与共识间矛盾的状态，成为彼此具备高度价值认同的网格型组织的核心基础。在网格组织时代，token将可以充当诸多的角色，比如传统公司中的所有权、经营权、营业利润分红的索取权，投资中的股权、债权等。通过将数字化的token作为价值尺度的记载和呈现手段，分布与共识各自的贡献将拥有公开且明确一致的存储区域，并且传递起来也更为高效。也正是因为token的公开流转，使得各类分歧和意见能够得到充分的讨论及修改（见下图）。

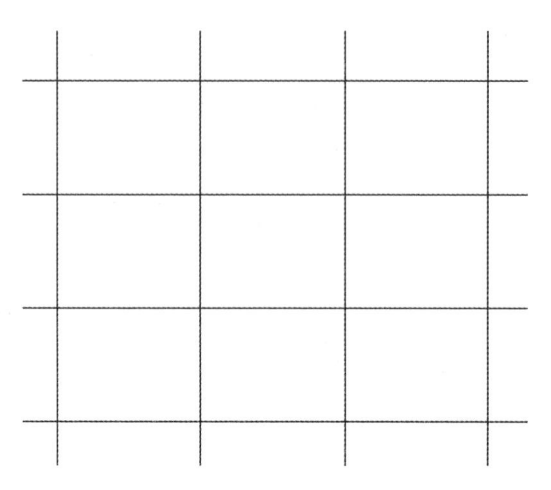

"自主分布+协同共识"的网格组织

此外，由于区块链去中心化的属性，组织将不再属于少数人所有，因而决策者即便基于私利推行的方案也不能够为其带来经济上的收益。在这种情况下，有远见和能够带来组织收益的方案，将更加容易得到全体成员的认同和执行。同时，组织成员也更愿意在经营中贡献自己的能力，因为与传统的公司制相比，这种贡献能够被真实反映，而且不至于在过程中被埋没。这些决策和建议创造的实际价值，将会通过组织发行的token传递给每一个成员。我们可以理解为在网格组织体内，每一个雇员都是该组织的"股份"持有者。在工作的时候，他们将自己视为组织的拥有者，这将大大减少公司制容易出现的由于激励不足所导致的基层员工不作为的情况，也将敦促管理层（有时候是代理人）认真和切实地进行发展战略的思考。

由于公司的消失，我们现在看到的企业与市场之间信息的区隔也将不存在，这将改变现有公司形态下商业社会分工协作的方式。经营的优劣与否会被 token 的价值反映出来，兼具才能和优良品德的团队会更容易吸引高质量的人才加盟，赢得更多的用户口碑，以及更丰富的资金参与。这会让组织内外的社群协作真正建立起来，也进一步使得 token 的价值得到提升。因而我们认为，在区块链组织的统领下，人类更有可能创造出现在公司所无法企及的经济体量。由于内外部的围墙被推倒，组织的核心构成人数相比如今将大大减少，网格式的协作将跨越组织内外，人类将在商业和社会实践中实现更大范围的社群合作。

我们的读者可能会问，这样的话不会带来垄断吗？但是我们要知道，网格组织属于所有员工，甚至是全体用户及投资者所共有，因而也就不存在某一个中心的所有者。从这个角度来讲，即使基于区块链在未来形成了庞大的组织体，也很难说会构成我们现在理解的垄断以及对市场竞争的阻碍。

人类历经数百万年的发展，逐渐形成了各种类型的组织，我们将这些组织分为国家（政府）、公共组织以及商业组织等。组织的创设帮助人类社会达成了一个又一个的共识，但是我们却始终没有办法达到古老的人类命运共同体的梦想。通过前面对于网格型组织的描述，我们可以发现，这种基于区块链技术内涵组建的新型组织，将具备诸多非营利和公共组织的属性。当然，这并不是说网格型组织不追求利润，而是将参与者劳动资本投入所创造的利润，直接发放给做出这些贡献的相关方。既然经济活动的目的就是让社会中每一个人的物质生活更加充盈，那么如果有了更为直接高效的组织工具，人类显然应该选择中间耗费成本更低的那个。

在区块链的帮助下，人类将拥有穿越小范围的、狭隘自利的低阶层共识的能力，朝着同呼吸、共命运的目标进发。作为数字化资产的token，将在这一过程中肩负传递价值信息的职能。由于token具备了某些存储和交换的价值，有人会认为在未来的经济社会，这些token可以在商业领域充当类似"法定货币"的职能。关于这一点，哈耶克在《货币的非国家化》一书中就描述了不通过中央银行，由市场直接主导发行竞争货币的情况。哈耶克不支持由国家发行货币的主要理论依据在于，现有的以国家作为信用主体发行货币的机制，将可能因为国际竞争，或者政府的一些不当政策，出现脱离实体经济需求的滥发，从而催生恶性通货膨胀等现象的出现等。

由于没有对于这种自由发行机制的严谨推导，哈耶克的理论更多是针对某些政府出台的糟糕的货币政策的感性判断。然而到目前为止，并无任何证据能够证明由市场主导发行货币的机制会优于现行央行的模式。诚然，央行体系也存在诸多问题，但是这种共识是我们目前的最优配置，它本身也是历经了无数次博弈斗争的结果。token不会替代现有的法币，但它的出现将为央行提供一种新的工具和思路，也将极大地改变未来若干年全球金融政策的走向。而对区块链技术来说，其未来的主要价值在于帮助商业组织更高效地运行，促进金融自由流动，以及协助政府提升相关行业监管机制的精细化和透明度等。

但目前在全球市场上流行的许多token，在其所处的大量场景的发行和使用过程中，借用了不少含混不清的所谓货币自由发行的思想，并造成了区块链技术的大量滥用。这些宣传的背后往往并无正直的价值观支撑，也没有多少真正落地的用处，更多是脱离了实体经济的挑唆，并通过人为制造的涨跌收获不法利益，这也导致很多国家都对token发行和流通予以限制或者禁止。我们还有一种观点认为，token并不是区块链技术的必备组成部分，离开了token，这项技术照样也可以发挥价值。这就回到了我们在讨论博弈论的时候涉及的激励与协调预期的话题。在存在某个中心组织统领的区块链经济体中，由于系统内交易的信用背书由这个组织来提供，因而各方之间并不存在利益上的多少分歧。为了达成交易，这个时候就仅仅需要协调预期即可，也就不需要token充当其中的激励工具。这一状态本质上并不符合区块链技术的内核，而只是将其用作一种新型的防篡改的数据库，或者现有技术的辅助和补充，对经济体的提升相比现有公司体系作用不大。

如果要真正实现组织的网格化，使得分布与共识的利益被统一起来，并在此基础上增进组织的沟通和信任，创造更大规模的利润和经济繁荣，则需要借助token（或者其他的不归属于任何中心方的资产工具）发挥激励的作用。在这个时候，token将作为网格组织的公开透明的价值承载者，可以驱动各方进行有序的博弈，并将人类的共识推进到新的高度。或许token本身并没有好坏，包括ICO也是，重要的是我们如何能够正确地利用。在技术给人类创造真正的价值之前，如何与这一新兴事物打交道，如何能够惩治这当中浑水摸鱼的不法行为，无不考验着各国政府和监管机构的判断和决心。毕竟与互联网的极大不同之处在于，区块链从创设伊始就和资金、财富具备高度紧密的联系，人性的卑劣、贪婪也就更容易快速地显露出来。

无论如何，token都为网格型组织的联通提供了前所未有的价值内涵。我们知道，不断追求更大的分布利益，是人类文明发展史中的永恒主题。由于分布和共识总是存在内在的矛盾，在区块链出现之前，我们看到的更多是分布和共识的交替出现。新的技术在文明长河中不断地涌现，并曾经帮助我们走向一轮又一轮更为普遍的繁荣。在历史的进程中，分布总会在某个阶段遭遇瓶颈，而后不可避免地走向了暂时的共识。互联网也是如此，它以分布之姿出现，在推动了几十年的高速发展，也惠及了更大多数的对象之后，终究还是逐渐失去了原有的创新动能，本身也变得更趋于封闭和集中起来。区块链系统中实现的分布和共识的统一，将打破人类在组织体制中形成的效用边界，有可能大规模地推动分布的发展，催生前所未有的规模巨大的经济实体。从这个意义来说，区块链的终极价值并不是对现有的互联网技术，以及各类银行中介进行的模式改良，而是在它们创造的文明基础之上，进一步降低经济运转的成本，以及增加每一个经济参与者的收益。

**五维空间**

人类在前行中创设了各种组织，它们好似一个又一个精致的堡垒，帮助我们抵御风沙，也给我们以携手向前的力量。随着堡垒越来越多，越来越牢固，这些组织自己又成为我们路途中的枷锁，冰冷而又互相缠绕，将我们困顿其中。《人类的荣耀》一书从认知神经科学领域出发，向我们展示了人类大脑一些独一无二的属性。诸如道德感、艺术鉴赏能力、直觉和意识解释功能等。如果说基因是人类遵循进化的规律自下而上演进的结果，那么由基因本身的传递所创造的大脑就是在先天遗传的基础上，帮助人类发挥主观驱动和改造世界的能力。借助大脑的思考，我们发明了复杂的智能机器人，并且通过人工智能的算法演算出各种客观规律。我们甚至还会针对基因本身进行改造，通过发起庞大的基因工程，人类正在改变塑造了我们自身的基础物质，以此探寻潜藏在我们体内的奥秘。

我们不愿意屈从于进化的规律，我们希望编写属于人类自己的生命方程式。伴随着文明的发展，越来越多的技术和制度被发明，生产中的组织和社会关系也变得十分复杂。和改造基因的初衷类似，为了寻找人类的未来，在物理世界之外，我们也致力于发展一套数字生态体系，这就需要搭建全新的组织和规则流程。相比文字的描述和主观定性的表达方式，算法和代码是最容易减少分歧和达成共识的。区块链是人类在通往数字世界征程中的一项核心技术，它能够进行数据和算法的有效组织，并为它们在网格中找寻到合理的位置，以及分配与之相对应的各项利益。

我们在第一章中知道人类大脑可以分为印象区（用以收集原始的感观数据）、记忆区（用以存储加工后的信息）和共通感（理智、直觉、意识和智力等）。数字世界中的数据可以对应为印象区，人工智能就是在存储数据的基础上进行加工和计算，即为记忆区，而区块链就类似大脑中的共通感。作为数据世界中最重要的分区之一，区块链将有效地串联起另外两个部分，最终让人类得以向完美数字世界的目标迈进。不过，正如我们对大脑的探寻仅仅是刚刚开始一样，区块链或许并不是数字社会信任机器的最后一项技术，而只不过是这个世界真正开始加速的起点。

回到最初对于组织形态的论述。我们在之前的章节中主要论述了区块链对商业组织的改造，一方面它冲击了现有的公司制度——新形成的网格组织可以说是现有的营利性机构和公共组织的某种结合形态；另一方面，在非商业类的政府、国际组织中，区块链技术也可以发挥很大的作用，比如涉及公共安全的证据上链和交换，以及国际条约的签订和执行等。区块链技术对商业和其他组织形态的改变目前仅仅是刚刚开始，我们也没有多少完整的理论和分析，所以让我们暂且通过将大脑分区中的"共通"引入来模糊地形容网格组织未来的状态。实现共通是人类社会追求更高文明的必然诉求，它可以让我们消除分歧，更为行之有效地进行信息交互和信任传递，而区块链网格组织的最终目的也是帮助人类实现这一梦想。

中国的医理哲学说"痛则不通"（源自《黄帝内经》），区块链的存在就是为了让不顺畅的协作重新顺畅起来，帮助机体的神经和血液流通，从而在更大范围内造福整个人类社会。站在今天，我们隐约可以瞥见区块链技术入口后面运转着的整个数据世界，而为了真正走入那个时代，现有的区块链组织还需要突破技术、商业和政策监管的三重壁垒。关于区块链的技术和商业生态我们会在后面的章节中详细论述。在政策监管方面，正如所有的技术出现之初的情景，其本身需要获得现有监管层的理解和信任，并在当中不断展开各种大胆的创新和摸索。对于区块链这项新技术来说，这个过程也是其日后能够肩负人类重担的必修功课。

实际上，无论是账本、智能合约的定义也好，token 和 ICO 也罢，都不过是区块链的早期表现形态，未来还会有很多的故事和演变，而现行的政策和法律本身也将伴随这个过程不断进化。我们或许无法准确把握网格组织在这些建立了数年的意识围墙中能够走多远，但其实最重要的是我们要保持自己的初心，并且记住人类真正将要去往的目的地。这使得我们在面对困难的时候，不会失掉继续向前的勇气。

互联网为我们连接了信息，让我们可以初尝遨游数据海洋的滋味；物联网技术进一步扩展了连接的范围，其利用芯片和传感器大大延伸了信息所及的区域；AR/VR（增强现实和虚拟现实）通过搭建三维动态视景和仿真模拟环境，将计算机虚拟世界套入现实世界以实现互动。这些都是我们通过技术发明促进人类共通的方式。我们一直在行走，虽然我们能够做的，常常不过是当中极其有限的部分。正如霍金在《时间简史》中所说："我们都在朝宇宙爆炸前的奇点处走着，只是或快或慢而已。"

在组织的建设过程中，人类也建立了大量的理论和数学模型，试图去理解我们身处的世界，然而我们真正了解吗？通过量子物理的"测不准"等一系列理论我们可以看到，从微观量子到宏观宇宙，人类虽然不断地在提高科技水平，但在宇宙面前我们仍然显得那么无力。我们无法观察最微小的粒子，也无法观察宇宙的宏观结构，我们就像是盲人摸象一样认识周围的一切。人类通过感官认识世界，感官是人类认知的基础，但对于客观世界的真相我们却往往只能通过抽象的概念来理解。这很像是一维世界不能认识二维世界的面，二维世界不能认识三维世界的立体空间，人类也不能认识更高维的世界一样。我们能看到的，仅仅是高维世界在我们世界的一点点投影，之后再竭力用数学去构建和描述。我们用全部的智慧和思考，照亮的只是柏拉图说的洞穴大小的范围，而对于洞穴外的一切，我们几乎一无所知。

电影《星际穿越》中有一段精彩的对白："他们是五维空间的生命体，对他们来说时间可能是另一种空间实体，过去可能就是一个可以爬进去的山谷，而未来，是一座可以爬上去的山。"借助科技的力量，我们或许可以不断到达更远的地方。然而无论网格如何延展，我们可能也难以超越人类固有的局限。很多事情我们终将无法理解，我们也就注定无法到达拯救的彼岸。或许人类永远不能实现终极的共通，我们在第一章中提到的"维特鲁威人"令人惊叹之处在于该画作在多处符合黄金分割的定律，我们也知道这一定律存在于我们生活世界的方方面面。但是，究竟为什么是黄金分割代表着美和生命的延续，我们虽然也给出过一系列的科学解释，但最终也只能将之归结为自然法则的作用。又或许，整个世界就是一套程序，它在冥冥之中编写了周遭的一切，随机的也好，一早就注定了结局的也罢。我们没有能力解释终局的终局，所以我们的世界才变得如此多样。所以，就算真的是奇点创设了全部的宇宙，那谁又创设了奇点呢？是上帝，还是一台计算机？

我们不知道，因而我们唯一能做的就是心存敬畏，但又是什么驱动了我们不断向前？即使我们的个体生命相比浩瀚宇宙显得如此渺小，而就算将整个人类的历史全部摊开，也不过只是漫长时空中的沧海一粟。我们为什么脚步如此踉跄，却依然愿意朝着完美的梦想不断前行？在电影《星际穿越》临近结尾的时候，宇航员库珀驾驶飞船只身穿越"黑洞"。在导演想象出来的"五维空间"里，他实现了与地球书房里的女儿的联通。通过传递给女儿关于未来的信息，成功地让人类社会躲过了灭绝之灾。电影中的库珀，作为一位父亲、一名担负拯救地球责任的战士，最终战胜了前面提到的不可能逾越的"时间"实体，完成了终极的共通。而让这一切发生的东西，被我们人类称为"爱"。在这里，我们并不是要大肆歌颂这种情感，或者去证明唯有"爱"能够救赎我们的灵魂。我们想说的是，正是人类一些特有的情感，其中当然包括爱也包括道德和正义、勇敢面对痛苦等，让人类在短暂的生命中创造了一个又一个奇迹。

伴随着网格的进化，区块链将会把更多现实的事物带入数字世界。

那些意识、思维和情感呢？是否也可以用数字来精确计算？当越来越多的物质被数据记录之后，当新材料驱动的 3D 打印、机器人以及智能的工业设备被一一连接起来，意识又会以什么样的形式存在？是数字记录的大脑神经元形成的突触，还是超越我们目前碳基生命体的强人工智能？前路一切未知，然而我们当中那些坚信未来的人仍在继续前行。会有诸多的不理解，并且由于这时的他们已经积攒了一定的力量，会开始遭遇到旧势力的围追堵截。好在经历过之前的重重考验，他们的四肢已经越来越强壮。随着激情的退却，他们的思考也会变得更加理性。他们会组成一个小型而颇具战斗力的组织，坚持行走，眼神坚毅而淡然。

  说到这里，我们终于将区块链的里里外外全部翻了一番。我们知道了它的由来、机制特点和它将在未来给我们带来的变化。接下来，是时候回过头去悉心梳理一下里面核心的技术细节了。毕竟区块链首先是作为一项技术出现在我们面前的，那么纵使它未来飞得再高再远，我们也应该仔细地去了解一下那些密码学、哈希算法、共识机制、TPS、公链和协议、Dapp 技术等。我们将尽量用连贯而简洁的文字进行讲述，并希望借此能够与您一起领略其中的匠心和美妙。当然，由于技术仍处于发展的早期，我们并不能保证面面俱到和完整无误。我们会尽量用谨慎、勤勉和开放的心态去解开区块链技术背后的密码，在这之后，我们会再次审视它将对我们现有的金融、商业和社会生态带来的冲击。如果您准备好了，那么请系好安全带，和我们一起飞向区块链的技术空间去一探究竟吧。

# 第五章　五角技术

## 风险状态机

我们的很多朋友读到现在，大概对区块链的印象还是有些模模糊糊。从协作开始，我们谈到了博弈论，并在此基础上阐明了我们对于未来经济和组织变化的一些观点。有关区块链技术的细节，我们仅仅是在分布与共识的章节中抽象出了其中最核心的五个要点。让我们一起来回忆一下，它们分别是代表群体达成决策（共识）端的开源和开放、不可篡改，和代表个体利益诉求（分布）端的加密、激励和协调预期，此外还有以上四个技术赖以发展的 P2P 传输网络。

这当中最为核心的两项是不可篡改和加密，也正因为它们的存在，令区块链变得有些与众不同。或者说，如果我们将区块链所构建的体系视为一幢精妙无比的大厦，那么让这座大厦得以在人类文明的历史上取得不朽地位的要义，就来自不可篡改和加密。我们经常会听到区块链将颠覆互联网这样的言论，然而事实上，除了这两项技术之外，其他三项在互联网的结构中早已存在。甚至这两项本身也并不是中本聪的独创，它们或多或少在互联网时代就曾有过与之相关的不少运用。此外，我们还应该了解到，目前几乎所有的区块链项目，其实均是搭建在我们已有的互联网之上。正如我们在前文提到的，区块链只是将原来的数据库转换成"方形"的格子存放,并且以链式的结构将其前后单向相连(DAG 即有向无环图的排列方式与此不同,也正被应用于希望运用区块链解决的类似问题的场景中,但其是否属于区块链的一支目前仍存争议)。互联网经过 50 年的发展,本身已经聚集了大量颇具价值的数据。区块链技术的初衷,是通过数据生产、存储和分发机制的重新排列,进一步释放这些数据的动能,同时解决现有网络体系下,数据安全性、真实性、可流动性、数据资产定价和个体数据所有权、隐私权等方面的问题。当然,如果设计得当,它还将进一步推动全部物理实体数字化的进程。

愈加强大的数字机器,正在吞噬着群体和个体之间原本清晰的边界,原来属于个体的利益也正在被这台巨型机器不断蚕食。而诞生于社区中的区块链,从一开始就包含了更多对于个体价值的关注,从这个角度来讲,其核心价值也即是为人类进一步迈向数字世界打造一台更为精确的风险配置状态机,以期更好地平衡二者的利益,同时降低整个系统的风险系数。

以中本聪为代表的区块链技术的先驱们早在互联网诞生不久就开始了上面的探索,并且终于在密码学中找到了这个武器(状态机)。不可篡改和加密技术最终也是源自密码学的相关理论。由于区块链和互联网之间存在莫大的联系,并且从某种程度上来说区块链是互联网的一种延续和升级,因而在正式谈论区块链技术之前,先让我们完整地了解一下互联网的发展历程。互联网最早源自美国的高级研究计划署(ARPA)。1969 年,两台分别交付给加州大学洛杉矶分校和斯坦福大学研究院的接口信息处理机,首次尝试使用超过 350 英里(约563 千米)长的租赁电话线路通信。这是由该机构主导研发的阿帕网

（APRANET）的第一次传输，阿帕网也就是我们今天所普遍使用的互联网的雏形。

互联网来自20世纪五六十年代美苏冷战时期，美国军方抗核打击通信体系的建设。在剑桥大学的乔尼·赖安撰写的互联网历史书籍《离心力》中，描述了兰德公司的巴兰对于避免传统中枢式网络可能遭遇的一次性毁灭打击的改造设想。在巴兰于1962年撰写的《论分布式通信网络》备忘录中，他描述了这种没有中心点，并有冗余可供使用的分布式网络的工作原理。有了这样的模型，哪怕敌军摧毁了大范围的通信设施，美军依然可以凭借剩余的节点可靠地指挥核力量。这在当时属于非常激进的设想，如果巴兰提及的理论得以实施，等于在上百年构建的强大的中心化范式的工业体系之外，重新建构出一套完全不同于以往的数字生态。为了实现以上想法，就要把两门八竿子打不着的学科——计算机和通信结合起来。这在今天的我们看来非常不可思议，我们很多从事金融和科技工作的朋友都知道TMT这个英文缩写（Technology, Media, Telecom, 是科技、传媒、通信行业的统称），但在几十年前，它们之间并不是我们现在日常观念中的那般密不可分。然而巴兰大胆的提议最终并没有在等级森严的军方内部得以实现。1966年，由美国国防部发起设立的研究机构ARPA，基于让其位于全国各地研究中心的大型计算机间方便沟通的目的，再次启动了分布式网络通信的项目，并最终促成了1969年阿帕网的诞生（后来被网速更快的NSFNET于1990年替代）。

伴随着计算机之间网络连接的不断成熟，通信媒介开始发生颠覆性的变化。在极客和草根精神的引领下，互联网进一步向着开放的道路前进。在从军用渐渐进入民用之后，它逐步打破了之前由AT&T等

第五章　五角技术

公司主导的封闭式的通信网络，促进了数据的自由流动，最终开创了一个前所未有的分布式的繁荣时代。我们在论述区块链框架的时候就曾经提到，整个人类社会的发展史，乃至宇宙的演化，都遵循发散与收敛、分布与共识交替的规律。其间的核心因素我们可以简单地用热力学第一定律来理解，即能量守恒。由于这一特性的存在，当支撑发散的能量不足的时候，物质就会逐渐收敛起来。相反，收敛的时间久了，能量又有往别处扩散的冲动，也便促成了新一轮的发散。人类历史上的兴衰更替也大抵如此，中国作家罗贯中就曾在《三国演义》中写道："天下大势，分久必合，合久必分。"

如果说人类历史的分分合合还显得过于宏大，不便于我们理解事物的细节和本质，那么就让我们将目光集中于互联网所属的现代通信媒介的变迁。哈佛大学的学者吴修铭在其著作《总开关》中，完整地梳理了美国通信业的发展历程——从电话、广播到电影，再到电视，直至最近的互联网，其间都经历了无数的分合交替。以电话业为例，1876年，初创公司贝尔通过专利诉讼，并借由当时以电报为主业的西部联盟公司身陷恶意收购泥沼的机会，一举从其手中抢下了电话市场的份额，打破了西部公司的垄断地位，成功实现了电话市场的"分布"。1907年，摩根控制了贝尔公司，驱赶了原来的管理层。借助资本的力量，贝尔公司掌握了西部联盟公司多数的股票，从此拥有了全国性的电话网络，完成了由新兴力量向垄断巨头的转变（共识）。同时期，AT&T从贝尔公司的子公司变为其控股的母公司，这一垄断周期一直持续到1984年。接下来，在美国联邦通信委员会、国家安全局等政府机构的干预下，AT&T经历了一次先分拆，而后再次合并的过程。在贝尔公司的第一个垄断周期当中，我们在上文中提到的阿帕网诞生了。

　　多个设备网络之间相互连接但又各自独立，这样的一种松散安排就是互联网。互联网中的每个设备（主机）都使用一套"协议"来和网络上的其他设备通信，这些协议对互联网的运行方式起到了基础性的支撑作用。阿帕网上最初的通信协议是由受资助的各高校研究所的研究生来完成的。一群年轻的协作者，在自由讨论、去权威化甚至有些桀骜不驯的氛围下，撰写了第一个实现阿帕网通信的协议，即网络控制协议（NCP）。这也使得互联网在随后的发展中逐渐摆脱了国防部肃穆的基因，开创了其特有的程序员、黑客等文化内涵。但是严格来说，阿帕网还不能算是真正的互联网。阿帕网虽然实现了最初的通信顺畅，但是距离实现无阻碍的多个设备之间的自由通信还存在很大的差距。为了实现更大范围设备之间的通信联络，到20世纪70年代中期，互联网越过了原有阿帕网的边界，将连接拓展到无线电和卫星领域。

　　想保证各种不同的线路间的顺畅连接，就需要一套新的标准协议了。延续了阿帕网NCP包容开放的风气，TCP协议于1974年发布。TCP协议的诞生使得不同的网络、使用不同技术的机器可以像在同一个网络上一样无缝地通信。真正意义上的互联网也从此时开始成长起来。

　　到了1978年，经过讨论，TCP协议的编写小组又将IP协议从中单独分离出来——TCP处理计算机间的通信，IP处理网际互联。沿用至今的互联网底层协议TCP/IP终于修订完毕，接下来的工作只剩下确保网络间的连接能够被应用到现实世界（见下图）。

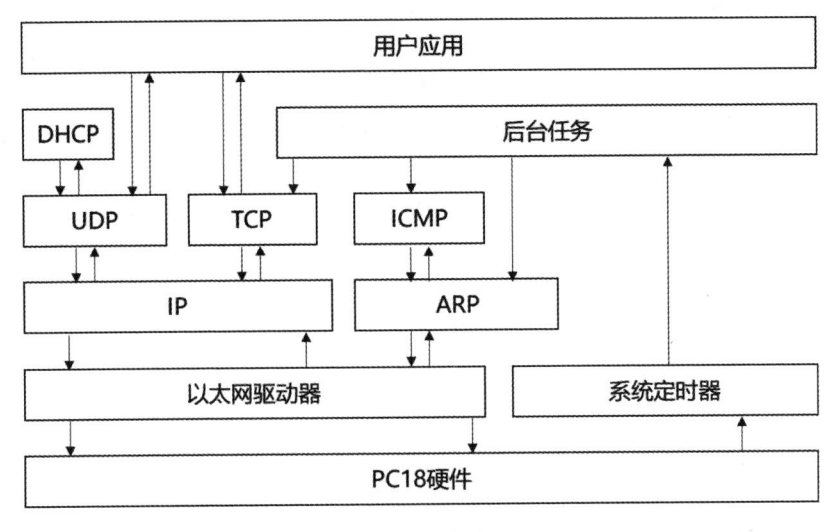

```
                    ┌─────────────────────────────┐
                    │         用户应用              │
                    └─────────────────────────────┘
         ┌────────┐      ┌─────────────────────────┐
         │  DHCP  │      │        后台任务          │
         └────────┘      └─────────────────────────┘
    ┌────────┐  ┌────────┐  ┌────────┐
    │  UDP   │  │  TCP   │  │  ICMP  │
    └────────┘  └────────┘  └────────┘
    ┌─────────────────────┐  ┌────────┐
    │         IP          │  │  ARP   │
    └─────────────────────┘  └────────┘
    ┌─────────────────────┐  ┌────────────┐
    │     以太网驱动器      │  │  系统定时器  │
    └─────────────────────┘  └────────────┘
    ┌─────────────────────────────────────┐
    │            PC18硬件                  │
    └─────────────────────────────────────┘
```

TCP/IP协议

细心的读者已经觉察到，我们在前文中谈及互联网在早期的快速发展得益于冲破了AT&T等公司的围堵，作为当时最大的电话公司，AT&T基于电话所搭建的长途通信系统和网络几乎覆盖了整个美国，如果有人要在异地间传达信息，就必须使用AT&T公司的系统。巴兰在最初就曾花费数年，希望说服AT&T接受自己的"分组网络"的理念，但并没有获得成功，核心原因在于其与电话公司多年坚守的一致、集中服务的运作模式存在根本性的冲突。但是随着互联网的迅速发展，在意识到它所蕴含的巨大潜力之后，包括AT&T在内的美国电报电话行业随后推出了与TCP/IP针锋相对的x.25协议，用来争夺对于互联网核心的主导权力。但由于依然没有能够改变其忽略分布，仅仅倚重共识的偏好，因此很快就在竞争中败下阵来。

在经历过这次标准战之后，互联网得以以更快的速度发展，并很快迎来了20世纪80年代末90年代初的一次大蹿升。又经过多年的发展，互联网最终以裹挟之势，对整个电话电报业产生了巨大的冲击。我们可以回忆一下 2000 年年初推出的 skype（网络电话）服务，或者当下你通过即时通信工具通话占用的原本用电话进行沟通的时间，就可以察觉出时代的巨大改变。现如今互联网已经伴随着移动智能设备的普及、网速快速提升等因素，彻底渗透到我们生活的方方面面。它对我们前面提到的广播、电影等信息行业，零售、金融、旅游等各个服务行业，甚至很多产品的生产制造环节，都产生了重大的影响。

但是正如我们之前谈论的电话业的例子，互联网从边缘开始，经过多年的发展，一些优秀的企业再次占据了绝对多数的用户份额。它并没有如一开始我们料想的那样，将人类带入一个分布的社会，反而是集中在几家我们耳熟能详的巨头的手中，并在近两年达到了高潮。亚马逊在 2015 年获得首次年度盈利后，就开始了收入的爆发式增长。2018 年公司净利润超过 100 亿美元，为前 20 年之和，市值也在 2018 年最高突破万亿美元。谷歌亦是于 2018 年在利润、市值上连创新高。与此相对应的是，整个世界以互联网为核心的发展动能在减弱，根据互联网女皇 Mary Meeker 的报告，2017 年全球新智能手机出货量同比增长率就已经从 2% 下滑到 0，2018 年该数字更是变为 −4%。此外，互联网用户同比增长率在 2016 年达到 12% 后，也于 2017 年开始掉头向下，放缓至 7%，并在 2018 年进一步下跌至 6%。作为拥有全球最大移动互联网群体的中国，其总用户规模在 2018 年才增长了 4600 万，而相比 2017 年全年少增长 1800 万。

每一次的火车头转向，总会有人能够继续前行，有新的人上车，同时也有人离场。问题的关键在于，你是否依然保有初心，并且仍有远行的勇气。每一次的分布，都会是又一次的经济和社会的重大进步。

第五章　五角技术

人类就是这样在无法捕捉的自然规律中求索，积攒起来一些微弱的力量。而后没过多久，就又会重新上路，再次向着无序进发。

我们如今的时代正处于这样的拐点之处，这其中的一些人已经模糊地从混沌中观察到了下一轮机遇，但是又因无法切实地触碰，所以时常会感到迷茫。然而人类就是这样在一次又一次的改造和演化当中，不断铸造出文明历程中新的丰碑。

让我们回想一下，历史上的分布都是从共识快到达顶峰的时候开始酝酿的。如果按照这个推测，接下来的故事又会如历史一般重演吗？自我革命是非常困难的，然而颠覆往往又不会是一蹴而就。假使我们再次开启分布的浪潮，是会有新的参与者在接下来的时代站上山巅，还是已有的巨头们通过迭代与改造继续屹立不倒？为了回答这些问题，我们需要先一起来分析一下互联网技术的细节。我们知道互联网之所以能扩展到今天的规模，内核就是TCP/IP协议，那么它扮演的具体角色是什么呢？我们用现实生活来举例，比如我们在进行货物配送的时候，都是把货物包装成一个个的纸箱或者是集装箱之后才进行运输的，而在网络世界中的各种信息，就是通过类似这种货物流转的方式来进行传输。

IP协议规定了数据传输时的基本单元和格式，就好比货物运输中规定了货物打包时的包装箱尺寸和包装的程序。除此之外，IP协议还定义了数据包的递交办法和路由选择，这就如同规定了货物的运输方法和运输路线。IP协议虽说已经明确了数据传输的主要内容，但在IP协议中定义的传输是单向的，也就是说发出去的货物对方有没有收到我们是不知道的，这就好像两块钱一份的平信一样。那对于重要的信件我们要寄挂号信怎么办呢？TCP协议的作用就是帮我们寄这封"挂

145

号信"。TCP协议提供了可靠的面向对象的数据流传输服务的规则和约定。简单地说，在TCP模式中，对方发一个数据包给你，你要发一个确认数据包给对方。通过这种确认规则，可以提高整个数据传输的可靠性。在TCP/IP协议奠定了底层的基础设施后，互联网最终在应用层实现了爆发。我们今天看到的绝大多数创造了辉煌业绩的公司也都来自应用层。TCP/IP实际上通过采用一套简洁实用的设计思路，让彼此阻隔的网络之间最为高效地达成简单共识。它的模式是先实现最基本的畅通，而后再将复杂、个性化的程式留待网站、App们自行解决。

这样的基础共识协议对信息传递来说意义非凡，在此之后所有的互联网应用基本都是基于其搭建的。而现在包括比特币在内的绝大多数区块链项目，也都将自己的代码附着于TCP/IP协议之上（少数layer0的项目除外，我们将在后文详细讲解）。正因为如此，我们现在有一部分人会认为区块链只是互联网的一个分支。我们且不对这种观点进行评价。在实际开发过程中，区块链的确甚少触及TCP/IP所处的互联网网络层、传输层的架构，而是从传输层顶部开始，重新搭建一系列的新型协议，以期实现现有应用层体系的进一步改善。

分布想要在接下来的数年内得以实现，关键之处就在于区块链能够提升现有的互联网应用层所拥有的能力，即为用户和整个经济体带来更低的成本和更高的效率。现有的互联网应用已经在信息送达、用户体验方面有了非常好的基础，但还远谈不上尽善尽美。事实上，互联网架构存在不小的缺陷，这个缺陷或者说不足是由其自身的技术内涵所导致的。

互联网最大的价值就是实现了陌生设备之间的连接，通过将信息转换成数字信号上网，实现跨地域、跨人群的远距离传输，增进各个主体之间的相互了解。在原有的电话、电报等沟通方式以外，互联网通过去中心化的协议安排，大大丰富了信息互联的维度，也因此彻底地改变了人类社会的信息交互形态。但是这种纯信息层面的连接是存在明显边界的。由于TCP/IP包括后来于1990年问世的HTTP协议[①]均没有辨别信息价值的技术安排，因而导致我们现在的互联网世界需要依赖网站自己来对信息进行筛选。

还是用前面的例子来阐述，这就好比我们在运送货物的时候，将关注力都集中在如何能够建立更为丰富的运送线路，以及确保货物能够有效送达这个层面，并没有深究这些货物本身是否真实，也不会花费精力讨论这些货物的运输是否具备价值等。

在连道路还未修建完善、运送效率都还无法保证的时代，这样做是非常合理的。但是随着HTTP等客户端和服务器端交互协议的成熟，人们对货物（信息）传送的质量开始有了更多要求，这个时候就需要有专门的公司去解决这类问题。谷歌、亚马逊等巨头的崛起，也是由互联网信息系统对于这类专门公司的需求所致。1997年1月，HTTP公布了它的1.1版本，也就是沿用至今的HTTP主流版本，它的诞生标志着网络基本框架的修订完毕。在这之后的任务，就是留待参与者快速搭建信息高速公路。事实上，除了微软、苹果等在计算机时代就开始了自己主营业务的公司之外，我们现在几乎所有市值排名靠前的网络公司，都是在这个时间前后陆续成立的。

互联网要真正为普通用户所熟知，就必须解决信息基本真实性的

---

[①] 即超文本传输协议，是TCP/IP协议应用层的一个子集，它构成我们今天使用的WWW网址浏览形式的底层数据基础，并推动了互联网真正走向千家万户。

问题。这就好比在20世纪80年代末期成立的电子商务网站，遇到的最令人头痛的问题就是没有用户愿意放心地在上面支付现金，因为完全不清楚现金会如何在网络系统内进行存储和传递。在网络世界的分布式节点中，一些勤奋的节点（网站）通过不断改进自身的服务开始壮大起来，并且渐渐地聚集了越来越多的用户和流量。它们借用这些流量，通过收取增值服务费用、售卖在线广告等方式获得现金，而后又进一步改善自身的服务——包括进行技术迭代、提升交易效率和用户体验等，以此扩充其在市场上的领先优势。当这些大型服务商崛起之后，人们开始慢慢地把鉴别真实信息的任务交由它们去完成。比如我们现在要外出旅游，或者购买网络教育课程，会更多地在知名的网站或App上查询酒店、行程等信息。虽然偶尔我们也会使用一些新兴机构的服务，但总的来说信任Booking、Tripadvisor等多数人使用的网站的成本会更低，这代表着互联网最初的长尾效应已经基本消失殆尽。

1998年成立的PayPal（包括后来中国的支付宝等）之所以能够成功，背后的原因也是这种信任。今天我们多数人依然没弄明白里面钱款往来的详细技术流程，但是通过银行风控系统+网络中介平台共同的信用背书，越来越多的用户可以放心地使用第三方支付，与之相关的电子商务交易也因此活跃起来。根据统计，截至2018年年底，全球最大的第三方支付服务商微信支付已经拥有了6亿用户。这就是我们在前文提及过的网络效应。一方面，互联网平台提供信息服务的边际成本几乎为零；另一方面，对于用户来说，从不同网站获得同类服务的差异又往往不大。因而一旦其中的少数机构建立起了早期的口碑和信誉，并适时创建了流量壁垒，后来者想要赶超就会非常困难——这一点在搜索、社交等领域尤为明显。这可以回答为什么互联网行业只有少数幸存者。虽然最初网络社区倡导的是平等协商的开放精神，但事情在接下来的发展却出乎我们的意料。互联网技术也和之前的技术一样，在惠及了更多的人群之后，不可避免地再次走向了共识，也就是由少数精英机构代替大众进行决策的阶段。

为了理解这一点，可以举一个很直观的例子。假设大学课堂上每一个学生都能够无差别地获得全部的考试资料和习题（我们认为在学生阶段竞争会相对公平），大家各自拥有的学习时间也是一样的。但是到了考试的时候，出于个人资质和努力程度的不同，总还是有人会考一百分，而有的人勉强挣扎在及格线边缘。毕业之后，这些科目成绩优秀的同学找到了更好的工作（事实情况不都如此），也在随后的人生中获得了更高的地位和更大的财富。这时候当再有人跟他们发起挑战的时候，显然多数情况下他们不会把所有竞争相关的信息、自己过往掌握的资源等都分享给对手了。所以我们在面临现实社会中竞争的时候，往往从一开始就是不公平的。整个互联网就经历了这个例子中所描述的过程——在网络尚未被大量开垦的时期，竞争者彼此之间是相对平等的，通过几轮的优胜劣汰，渐渐地发展到现在的少数几家独大。法律和社会规范能够保证的仅仅是程序上的正义，但它们并无义务，同时也没有可能去让每一个人都以优等的成绩毕业，或者强制领先者分享自己所拥有的信息。

让我们回顾一下整个人类社会，这样的故事在我们的狩猎和农业阶段、工业阶段都已经发生过无数次。在博弈和演化中不断涌现的竞争获胜者，最后也都会利用自己的市场地位牟取更多的利润。格雷厄姆在自己的价值投资理论中屡次提及的"护城河"概念，说的就是这样的情况。从某种意义上来说，这种超额利润也是对幸存者进行的奖赏。至于互联网由偏向分布走向共识的具体时间，我们并没有什么严格的定义。但有一点需要强调的是，即使在其早期的分布阶段，也并不是说没有共识存在。包括我们在之前提及分布的时候，都是以能够达成共识为前提的，只不过达成决策的流程与现在不同罢了。

早在制定阿帕网协议的时期，第一份互联网文档，也就是为未来半个多世纪互联网设定基调的 RFC 文档就发表了对共识的阐述。在其后发表的 RFC3（意在解释 RFC 文档）当中，更是明确规定了这样一种原则：我们拒绝国王、总统和选票，我们相信大致共识和运行代码。正是这种大致共识理念使得互联网能够从时代大潮中脱颖而出，但也是因为其技术本身并不具备达成更为精确和大范围共识的能力，逐渐地让位于少数者的替代性共识。互联网给人类带来了迄今为止最大的一次分布式体验，但是仍旧没有能够摆脱历史的发展规律。

**公钥与哈希函数**

为了获得更多用户的信任，也为了体验上更为高效，互联网采取的最合理的方式就是集成服务。然而当服务越来越集中之后就出现了一个问题，你如何相信它不会作恶？比如我们使用网络订餐服务，平台出于自身利益的考量，可能会为你大量推荐向其支付了更多广告费的商家，而这种推荐方式显然是与用户的利益相矛盾的。虽然现有法律规定可以部分地将广告推广和算法自然排名加以区分，但是这样的规范更多时候只被一些大型平台严格地执行（这往往也是我们更信任品牌服务商的原因），因为对它来说违规的成本是极高的。而对于一些中小型公司，则经常会对类似的规定置若罔闻——除非它们拥有很高的创新壁垒，或者经营团队本身能够非常自律。

说到这里，互联网技术存在的问题已经非常明显了。由于技术本身并不自带信息筛选的机制，这将客观上造成由应用层的中介商们来承担这一角色。问题再次回到以往我们曾提到过的协作和信任关系，互联网虽然让更多信息得以共享，但是由于信息的真实性没有办法通过技术公平地被解决，因而我们无法完全信任平台所产生的数据。另外，还有非常重要的一点，就是个体用户在参与数据建设过程中的权利保护问题。在互联网时代，用户的注册、数据的生成和转发行为都发生在平台上，平台利用这些数据（多数时候是使用脱敏了的数据，但也有一些违规采集和使用的情况）进行智能分析和推荐，以此产生相应的经济收入。在整个环节中，由于数据不被用户自己掌握，这就很难保证个人隐私不被侵犯。

在过去，面对可能的侵犯隐私的行为，用户往往无甚办法。即便在平台合规使用数据的情况下，用户也很难完整地参与收益的分配。虽然有的平台会尽量恪守隐私保护的规范和法规，还会时不时采取一些返利行为，但与用户的需求和贡献相比仍会显得不足。在互联网发展的早期，用户和平台之间的矛盾并不显著，但随着现在的机构越来越集中，这种不协调就开始逐渐凸显出来。我们说互联网的存在去掉了很多中介机构，比如之前买卖双方需要花很多精力确认彼此的背景和诚信，因而需要借助大量审计师、会计师等的帮助。信息在网上公开之后，双方可以更快地了解到彼此的情况，一些查询和信息调取手段也变得十分便捷，这都大大减少了达成交易的成本。

但这并不代表我们已经完全消灭了中介。由于互联网技术本身没有办法达成信任闭环，很多互联网企业自己逐步被附加上最终信任裁判方的职责。虽然在多数情况下，它们会秉承公正的原则做出裁决——这些机构也的确聚集了不少优秀而正直的人才，但是当组织庞大以后，我们并不能保证它们的每一次行动都能够尽全力维护个体应有的权利。此外，由于商业竞争的残酷性，一些片面追求经济利益的行为所招致的不良后果往往难以避免。比如我们曾经谈到价格战的例子，在耗费了巨额资金赢得市场之后，出于公司盈利的目的，接下来需要快速地收回成本，这个时候就很容易出现不合理的定价行为。与之相伴的还经常会有服务质量下降，甚至滥用用户数据牟利等情况，这些会伤害到用户的利益，最终也会影响到其继续使用平台服务的积极性。

我们在前文提到了区块链核心的两项技术：不可篡改与加密，同时也提到了互联网现在面临的困境。为了进一步创造更大的繁荣，就需要更多的个体参与其中，并且能够达成更为稳固和长效的共识。不可篡改与加密就是应对以上问题的关键所在，它们的核心能力是可以在现有信息网络的基础上，进一步传递经过价值筛选的信息。

接下来让我们正式进入区块链技术的讨论。首先解释一下系统层面的不可篡改，我们在前文中已经简单讨论过这项技术，大致意思就是区块链上的交易信息一经各方确认并打包入区块，后面很难再进行修改（如修改则会出现硬分叉或软分叉）。这样的技术配合上互联网原有的开源和开放，才能发挥出区块链的真正价值。为什么需要做这样的安排？我们可以这么理解，这就好比在货物运输的时候，为了保证运输货品的质量，我们之前的做法是设立一个中心化的检查站，这样虽然可以起到督促的作用，但是谁又来保证它的公正性呢？这个时候我们想到的方法就是让检查站的监管信息公开，互联网技术本身就具备这种开源的精神。

但是问题依然存在，虽然检查站把信息开放了，但是如果趁人不注意修改这些数据怎么办？毕竟信息数据在检查站手上，它是可以用很低的成本进行篡改删除的。比如用户在网站上留下了揭露平台方不作为的评论，这个时候谁能保证平台不会私下去对评论做些改动？我们的读者有些可能就经历过类似的情况。所以除了原来的开源和开放，不可篡改在这里就显得意义重大。在这一点上区块链相对互联网的改进在于将篡改的可能性做到最小，而不是依赖平台方去进行自我管束。上面的例子中，区块链环境下的检查站的每一次检查行为，都是在各方的共同监督确认下完成的，这样一来我们就可以达到获取高价值信息的目的。由于所有的数据是经过各方在上链后确认的，而且事后谁也无法私自抹掉，也就大大增加了信息的可信程度。

另一项技术就是加密，这个对应的是个人的层面。我们在前面提到平台可能存在不当收集用户数据，或者没有公正地分配用户贡献所得的行为，而加密技术就是为了解决这两个问题。其主要包含数字签名和公钥即身份两项，它们共同保证了数据归个人所有，并且每一次的数据交易和流动均需获得用户特别的授权。通过密码保护数据的安全性很好理解，又因为我们拥有数据的目的不是存放在保险柜里，而是将其放在网络上获取相应的价值，所以在隐私保护之外，还涉及收益的分配问题。在互联网的早期社区，极客们更多是在免费地分享自己的见解和一些代码方案，他们追求的更多是精神上的愉悦，获取新知识和探究未来是这个时候的主旋律。

随着时间的推移，我们的信息分享却越来越局限在必要的社交和商务场合。在网络购物的时候，我们迫不及待地希望实现一键下单，

153

也不愿意浪费时间在评论区。事实上，现在很多电子商务网站的留言板上大量充斥的不过是商家自吹自擂的信息，来自用户的数据则更多是一些不满的倾诉，或者没什么实质内容的评价。为什么会出现这种现象？除了现代社会的快节奏让大家空余时间甚少之外，本质上是因为花费时间留下的信息很少能够给用户自身带来价值。多数时候，敲打键盘或者输入语音的用户们，无法从自己的数据贡献中获得合理的回报。此外，随着数据量的爆炸式增长，有价值的评论声音也很容易被数据洪流淹没，这进一步抑制了高质量网络内容的产生。

加密的意义在此时就显现出来了。一方面，借助这项技术，用户可以更放心地进行数据分享和交换；另一方面，在区块链加密的环境下，每一份数据可以和用户一一对应，从而能够被更精准地进行价值衡量，并在生产者之间公平地进行分配。我们可以想象，这就相当于每个货品由用户自行打包（别人无法窥视），而后在运输和交换的过程中，上面的标签都确保它被调用获得的收益可以追溯到货品的所有者。我们知道现在互联网除了信息的真实性之外，存在一个很大的问题就是用户产生增量数据的动力不足，前文提到的留言板缺乏有效数据的情况就属于这种。

比如我们现在有很多网络借贷的平台，用户使用它们的服务时，在填写了必要的性别、年龄、收入等数据之外，如果平台还希望获得更多的辅助数据项进行信用评价，用户往往是不愿意提供的。有的平台会采用奖券、返点等激励的方式驱动这些额外数据的收集（激励），或者进行非常翔实的解释工作（协调预期），但这样做并不十分有效——部分对隐私不敏感或者价格优先型的客户除外。原因就在于没有可靠的加密技术的加持，用户并不能对平台完全信任，所以即使有了激励的承诺，出于安全的考虑，很多人也还是不愿意配合提供这些数据。在与加密技术结合之后，激励和协调预期的方法才可以真正促进数据的生产和流动。由于数据权属不会受到平台方的威胁，而且产生的贡献可以追踪到个人，用户就可以更放心地通过提供数据来获得激励。设想刚才网络借贷的场景，流程变更为产生的额外数据仅由用户单独保管，每一次用作借贷分析的需求都要用户提供特别的签名授权，而后再把数据使用产生的收益分成返还……

在这种情况下，数字世界的协作将更易达成。伴随个体加密技术的发展，将大大促进用户深度参与的热情，拓展我们现在社会的数据边界。而这种新型加密结构的搭建，也将帮助人类突破大数据、AI技术目前遇到的主要瓶颈，即多维度的真实可靠的数据源，成为其下一轮快速增长的必要条件。

不可篡改和加密技术的背后就是密码学，为了更清晰地说明这一点，让我们一起来了解一下这门学科。由于密码学的详细内容实在过于艰深复杂，涉及大量的数学公式和逻辑推导，尤其是在与现代社会的计算机网络、量子等技术结合后，愈加变得庞杂而隐晦。因而在这里，我们只能稍稍讨论一些它的基本原理，并重点说明它和区块链之间的联系。

我们很多人都在有关战争的史料里见过一些涉及密码的情形。比如在古希腊城邦间的战役中两个战场之间传递书信，因为担心被截获后被敌人了解到自己的战略意图，信的内容往往会用双方事先约定好的一套保密的规则来撰写。"二战"的时候，盟军也正是通过破译敌人的密码，实现了著名的诺曼底登陆。事实上，密码学很多技术的进步都是源自战争的推动。到了网络时代，出于信息安全保障的需求，密码学在商业实践中变得重要起来。在信息社会，即便别人复制了我们的秘密信息，我们也很难有所察觉，因为手上的信息并没有丢失。由于数字文档很容易被修改，所以我们的重要文件也存在被他人篡改的风险。此外，如果有人将我们的秘密信息通过邮件发送给第三者或者公开发布在社交网站上，也会给我们带来很大的麻烦。

为了解决上述问题，我们开发出形形色色的基于计算机网络的密码技术，这就是现代密码学存在的根源。本质上，它是我们为防止网络信息不受控地被窃取、修订或者扩散而开发的安全风控技术。为了大致了解密码学的全貌，我们需要知道一个叫作"密码学家的工具箱"的东西（见下图）。

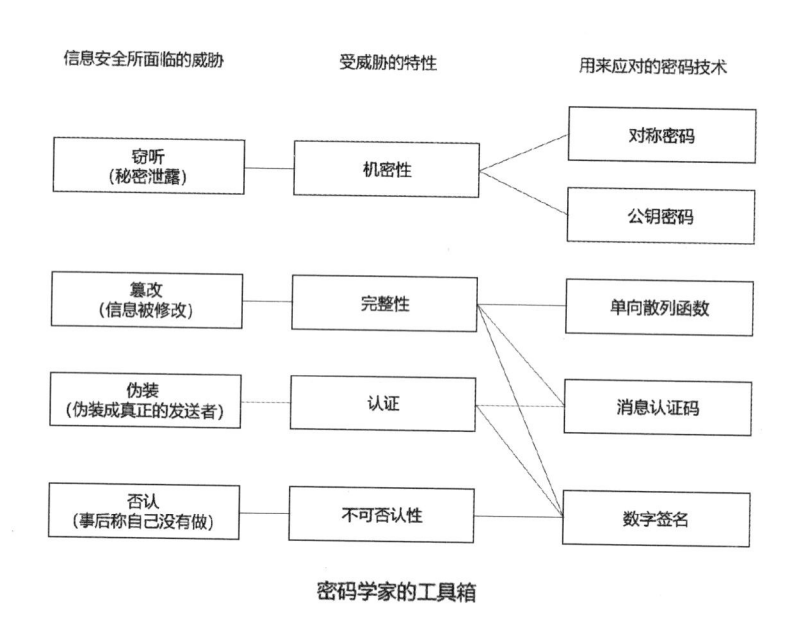

| 信息安全所面临的威胁 | 受威胁的特性 | 用来应对的密码技术 |
| --- | --- | --- |
| 窃听（秘密泄露） | 机密性 | 对称密码 / 公钥密码 |
| 篡改（信息被修改） | 完整性 | 单向散列函数 |
| 伪装（伪装成真正的发送者） | 认证 | 消息认证码 |
| 否认（事后称自己没有做） | 不可否认性 | 数字签名 |

**密码学家的工具箱**

在各个种类的密码技术中，有六种发挥着尤其重要的作用，这几类技术统称为密码学家的工具箱，它们分别是对称密码；公钥密码；

单向散列函数（常被音译为哈希函数）；消息认证码；数字签名；伪随机数生成器。

以上说法出自布鲁斯·施奈尔的《网络信息安全的真相》一书，我们可以用上面的图示来说明它们在信息世界中发挥的作用。讲到这里，对于区块链有所了解的人应该能够找到一些最近经常会遇到的词汇，接下来让我们分别来加以说明。

第一个工具是对称密码技术，简单来说就是共享密钥的密码，这时候加密方和解密方使用相同的密钥，采用这种方式的风险是需要解决密钥配送的问题。这就好比文件的加密密码是123456，解密者需要打开文件，也得需要知道这个信息，但是如何能够让解密者在绝对安全的状态下获知密码是123456呢？虽然可以通过事先了解的方式，比如二人约定个见面地点交换信息，或者指定一个密钥分配中心来分别告知双方，以及采用类似Diffie-Hellman密钥交换等更为复杂的方法，但都存在一定的问题。密码学的专家们因此发明了一种通过公钥密码来解决密钥配送问题的技术并广受欢迎，也就是我们常说的非对称密码。

这就是第二个工具公钥密码技术，这种技术将密钥分为加密密钥和解密密钥两种。其中加密密钥一般是公开的，因此该密钥被称为公钥；相对地，解密密钥是绝对不能公开的，只能由你自己来使用，因此被称为私钥。在公钥密码中，使用者需要生成一个包括公钥和私钥的密钥对，其中公钥会被发送给别人用于对信息加密，接收者仅需使用与之匹配的私钥就可以解密信息。由于配送给对方的公钥是公开的，这样即使在过程中被窃取也没有关系，这就解决了对称密码中的密钥配送的问题。在公钥密码出现之后，其被广泛应用于各类信息加密领域，我们还可以基于它构建很多对称密码技术无法实现的密码系统，比如生成去中心化的身份账户以及数字签名技术等，我们将在后文对此进行详细讨论。

第三个工具是单向散列函数，它有一个输入值和一个输出值，其中输入被称为消息，输出被称为散列值（音译为哈希值）。单向散列函数可以根据消息的内容计算出散列值，散列值也被用来检查消息的完整性。通过使用该函数，即便是确认几百 MB 大小的文件的完整性，也只要对比很短的散列值就可以了。在案件侦查中，办案人员会用到指纹。通过将某个特定人物的指纹与犯罪现场遗留的指纹进行对比，就能够知道该任务是否与案件存在关联。针对计算机网络上的信息，我们也可以运用到类似的"指纹"，当需要比较两条信息是否一致的时候，我们不必完整地对比消息本身的内容，只要对比它们的"指纹"就可以了。散列值就是能够反映这种信息关联性的指纹。

单向散列函数有四个主要的属性：首先是可以根据任意长度的消息计算出固定长度的散列值；其次是能够快速计算出散列值；再次是消息不同散列值也不同——两个不同的消息产生同一个散列值的情况称为碰撞，难以出现碰撞的性质被称为抗碰撞性，密码技术中所使用的单向散列函数，都需要具备抗碰撞性；最后是必须具备单向性，它指的是无法通过散列值反算出消息的性质。单向散列函数是密码学非常核心的组成部分，我们可以使用它来确认自己下载的软件是否被篡改。比如现在很多互联网软件会把通过单向散列函数计算出的散列值公布在官网上，用户在不同的渠道下载到软件之后，可以自行计算散列值，然后与官网上公布的散列值进行比对。

通过散列值用户可以确认自己所下载到的文件与软件作者所提供

的文件是否一致。此外，在构造消息认证码、数字签名和伪随机数生成器的过程中，也都需要用到该函数。通过在加密场景中使用单向散列函数，可以节约计算机处理的时间，也可以保证生成信息的不可预测性等。

第四个工具是消息认证码技术，它用来确认自己收到的信息是否就是发送者的本意，这里同样会存在对称密钥中遇到的密钥配送问题。因为和我们讨论的区块链技术关系不大，这里不再做具体展开。

第五个工具是数字签名技术，它是基于公钥密码的原理，将其反过来进行使用的。简单来说就是发送方可以利用自己的私钥为消息附加数字签名，消息发送后，接收方可以使用发送方的公钥来检查信息的真实性和完整性。通过数字签名技术，可以实现现实世界中的签字、盖章的功能。

最后一个工具是伪随机数生成器，它是通过密码学技术构造的生成随机数的软件。随机数的核心是不可预测性，因为依靠人为编程制作的软件无法生成真正的随机数，因此要加上一个"伪"字。

以上六种技术结合起来，共同构成了密码学所需要达成的信息安全保护的目标，即机密性、完整性、认证和不可否认性。那么，区块链的不可篡改和加密技术究竟吸取了其中的哪些部分呢？我们以区块链上第一个完整的应用，也是最具代表性的比特币为例来进行说明。

比特币最主要运用到了上述密码学工具箱中的三项，即公钥密码、单向散列函数及数字签名。为了实现交易的公开可验证，比特币上拥有众多的开放账户地址，每一笔交易被记录上链之前都需要进行有效性的检验，并且事后不得篡改。基于公钥密码技术，用户无须他人批准，就可以任意创建匿名比特币账户。这里公钥即用户的账户身份，在互联网中心化的环境下，账户的申请需要获得平台的授权，密码等信息资料也需要存放在平台的服务器上。在比特币系统中，账户可以任意生成，任何人均可查询，但必须通过用户本人的私钥才可以解密相关的信息。通过使用私钥对比特币交易进行数字签名，只需几分钟，就可以发送比特币给全球任何人。交易被签名后，有比特币矿工负责验证交易的有效性，并更新相关比特币账户的余额。数字签名的引入保证了用户的交易不能够被伪造，以此保障了个体在系统中的权利，也为比特币大规模真实可信地传递交易信息提供了技术支撑。

比特币使用的数字签名方案叫作椭圆曲线数字签名算法。这个算法经过了数年的细致密码分析，被普遍认为是安全的。在使用椭圆曲线生成交易数字签名的时候，确保随机性良好来源至关重要，这里就会涉及一些伪随机数生成器技术的应用。单向散列函数有很多，SHA-256是一个主要被比特币世界采用的，而且效果还很不错的哈希（单向散列）函数。哈希函数被称为密码学中的瑞士军刀，其被广泛应用在比特币的架构中。首先是信息的存储，在比特币中我们会遇到哈希指针，它指的是一个指向数据存储位置及其位置数据的哈希值的指针。除此之外，哈希指针还可以明晰某个时间戳下该数据的哈希值。

通过哈希指针构建一个链表，我们将这个数据结构称为区块链。比特币就是将信息打包进这样一个个前后单向连接的区块当中，其中每个区块既有数据又有一个指向上一个区块的哈希指针。这种情况下，每个区块不仅能告诉我们上一个区块的值在哪里，还包含了该值的哈希值摘要，使得我们能够验证那个值有没有改变。这种结构最大的好处就是防篡改，如果有人修改了区块链中的任意部位的数据，那么将会导致下一个区块的哈希指针不正确。如果他希望继续尝试，并通过篡改下一个区块的哈希值掩盖这次篡改，他就需要一直沿着区块改动下去。因而只要我们将链表头部的哈希指针（也被称为创世区块）存储在无法改动的地方，就没有人能够做到在不被检测到的前提下，篡改任何区块。通过公钥密码、哈希函数及数字签名三种技术，比特币呈现出了不可篡改和加密这两大属性：在涉及群体的不可篡改方面，基于哈希函数生成的哈希指针，确保了已经存储入区块的信息难以被篡改；在个体的加密方面，公钥密码实现了去中心化的身份认证，数字签名则保证了用户在交易中的权利义务与自己的承诺挂钩。

除了上述核心技术之外，在开源和开放、激励和协调预期两大技术中，比特币也通过应用密码学给原本的网络架构带来了新鲜的设计。在第一个方面，整个比特币系统是基于世界上广泛使用的密码技术以公开的方式设计的。密码学有一个非常反常识的原则就是不要使用保密的密码算法，这是因为使用一个公开数年的、经过无数破译者尝试仍无法破译的算法显然会更加安全。我们知道，比特币其实是在TCP/IP协议之上构建的。在继承了互联网开源和开放的代码精神的基础上，它进一步将一系列密码学的技术引入其中。事实上，除了采用上面三项密码学技术形成更加可信的、系统规则和用户个人信息均得到更好保障的状态之外，比特币本身并没有使用任何加密算法（此处加密和我们讨论的个体加密不同，泛指密码学的信息加密技术）。从这个角度来说，密码对于比特币更多是一种权利保护的手段，而不会与网络原本的开放精神背道而驰。

在另一个方面，让我们来关注一下比特币的激励设计。我们在之前谈到了通过将数据打包进区块形成链表结构，这保证了数据一旦生成，后面想要篡改是非常困难的。但是在这个过程中，如何保证节点诚实地提供数据呢？比特币采用了一个非常巧妙的设计，就是对哈希函数进行解谜运算。在这一运算过程中，节点们通过争相计算这个谜题获得一次交易记账的机会，并将该笔记录写入区块。一个区块是由若干条交易记录构成的，其中创建区块的节点可以在这个区块中加入一笔特别的交易，这笔交易就是一个造币的交易。由于向区块链中添加区块就好像从金矿中挖出比特币一样，因此被称为挖矿，而从事挖矿的人则被称作矿工。这个过程实际就是在暴力破解哈希函数。当然，这种破解只是为了证明某个矿工确实投入了大量的计算资源来完成工作，而不是说真正要去攻击哈希函数。通过这样的奖励机制，比特币保证了大多数节点诚实地去记录区块的信息。

上述这两个方面，严格来说并不仅是单纯运用密码学的技术，而是以密码学技术为基础做出的系统和制度层面的创新。比如各方竞相破解哈希函数的设计，就是我们在前文中谈到的博弈论的情形。从这个地方开始，比特币创设了之前的博弈论没有遇到过的基于密码学的、信息完全透明的环境。比如将多种密码技术置于拥有大规模数据样本的区块链系统后，将可能推动整个密码学的研究和发展，进而促进密码学和经济、社会等学科的交叉和结合。也正是在这样一系列类似的创新措施的帮助下，比特币才得以呈现出欣欣向荣的生长力量，由此揭开了整个区块链世界的序幕。

## 更精密的"轴心时代"

密码学是比特币乃至整个区块链世界得以顺利运转的技术核心。它的本质是在互联网的基础之上，进一步解决各参与方风险控制的问题。这样做使得在系统内信息公开透明的同时，也充分兼顾到用户应

## 第五章　五角技术

有的隐私和权益的保护。在这种新的结构之下，我们可以对平台沉淀的信息产生更多的认同，个体参与的积极性也会被更大程度地调动起来。

细心的读者可能已经注意到，我们在追求这样一个新的信任经济体的时候，首先发掘的却是比特币或者被称为数字货币的东西。事实上，现在绝大部分的公链及相关的应用程序都会发行类似的数字货币，而在目前已经存在的数字货币中，除了少数比特币的模仿币之外，80%以上都是通过被称为公链2.0的以太坊的ERC20协议发行的token。比特币设计的初衷是密码朋克们希望通过开发匿名现金技术和不可追踪的支付系统，躲避现有监管体系滥发货币和网络监视的行为。随着公钥密码，以及在此基础上开发的RSA算法等技术的发明，社区的创建者们拥有了通过加密的手段搭设安全信息传递系统、数字合同以及保护隐私身份认证系统的强有力工具。

数字货币就是承载密码朋克们匿名现金理想的关键载体，这可能会令我们费解，既然是要开发一套更透明的系统，为什么一定要涉及货币和现金呢？区块链信息和我们现有的金融体系又有什么关系？在后面涉及金融的章节中，我们会对此进行详细的说明。这里我们需要首先知道的是，既然程序开发者希望通过代码创设一套运送真实透明信息的机制，那么这些经过了各方筛选的信息，由于传递了全部参与方的共识，就可能与现实世界的货币、现金存在某种紧密的联系。毕竟无论是黄金、货币还是金融机构电子转账凭证的价值，本质上都是由广泛而坚固的共识所支撑的。只不过在我们日常生活的周围，这样的共识价值是由民众统一授权给政府和中央银行来进行支配。而在比特币的世界里，由于每一次价值的赋予都需要经过参与者的投票选择，在投票中生成的这些比特币，也从一开始就拥有了不少属于货币储存和交换价值的意味。

由公钥密码、数字签名和单向散列函数构筑的不可篡改、加密两大属性是比特币技术的内核，它们也进一步丰富了互联网时代的另外两项技术，即开源和开放、激励和协调预期的内涵。除此之外，在构成区块链的五大技术中，我们对P2P传输网络并没有详细说明，这里我们以比特币为例来进行讨论。我们曾经谈到，互联网的本质就是一个基于TCP/IP协议生成的P2P分布式网络，而比特币其实也是建设在TCP/IP协议之上的。但比特币使用的P2P网络和互联网早期的概念有所不同。起初，在互联网底层P2P网络的基础上，提供网络服务的公司们几乎都采用了"客户端—服务器端"的模式（两端计算机彼此并不对等）。其中服务器端由互联网公司掌握，上面运行着各种各样的计算机程序，用户则通过他们的客户端访问这些程序。在这样的模式中，信息流通常是单向地从服务器端流向客户端。服务器端可以与客户端共享资源，但客户端却通常不能与服务器端或使用该服务的其他客户端共享资源。这样的系统架构相对安全，但存在性能瓶颈，如果服务器收到太多的用户请求，就会容易因为超载而暂停服务。

21世纪初，新的在线服务模式开始涌现，开发者们开始尝试使用一种不再依赖中心化服务器的P2P网络。它们运行在去中心化的网络上，参与者既是信息资源的提供者，也是其消费者。这种全新的第二代P2P网络突破了原有的内容分发的模式，理论上也就不再需要一个强大的中介服务机构来提供技术支撑。比特币的底层就是类似这样一种分布式传输的网络，它也给比特币希望实现的技术初衷提供了架构上的保证。在第二代P2P网络的基础上，比特币又进一步通过运用密码学，以及博弈论和货币金融等学科的知识，创设出我们如今所熟知的区块链体系的网络结构。

在谈完了让比特币变得与众不同的密码学之后，我们接着来讨论博弈的问题。我们曾经以此为基础，推导了区块链接下来将会对我们所处的世界带来的冲击。这里我们将进一步详细说明，在以比特币为代表的区块链代码的世界中，会如何呈现我们在之前提到过的博弈的情形。这就涉及比特币为人类社会带来的最大的价值，即通过将博弈应用于分布与共识构成的技术组合，形成一个具备扩展性的分布式共识的数字世界。在这样一个系统内部，打破了经典博弈和社会协作理论中个体和群体此消彼长的理论，达成了分布与共识之间的统一状态。

这样的结论听上去令人难以相信，我们从本书一开头便阐明了宇宙发散与收敛的规律，人类历经几百万年发展至今，我们都没有办法摆脱分布与共识交替循环的周期，比特币为什么就能够实现二者的统一？这也是比特币在发展过程中令不少专家大惑不解的原因。因为在人类历史上，从未出现过一个在没有任何中心控制的情况下，仅通过大规模分布协作产生的共识，就能够维持如此长时间精确运转的系统。我们一直以来探寻的完美的世界：一个人人付出其力，能够不断促进集体的繁荣演进，并且人人因其贡献获得公平回报的世界，就这样诞生在我们眼前了吗？数字世界走到今天，比特币和它所代表的区块链，是不是就是我们所追寻的终极理想？行走了这么久的人类，是否真的找到了属于我们的信任之钥？

写到这里，可以郑重而不幸地告诉您答案，并不存在这样的完美世界。至少到目前为止，没有绝对意义上的完美。人类以完美为目标踏上征程，一次又一次地遇到各种艰难险阻。但所谓完美或许永远只在下一个路口的想象中，所有的事物，无论它多么辉煌灿烂，都没有办法称得上真正的完美。那比特币又是如何达到所谓完美的呢？背后的真正原因在于它的设计者很早就认识到了世界的不完美，因而在搭建它的时候，选择了某些工程意义上的妥协。通过接受这些小小的瑕疵，比特币前所未有地实现了一定的完美，也就达到了分布与共识在相当大程度上的统一。

让我们来具体看一下这些精妙的设计。我们首先需要知道的是，在比特币网络里，节点到底要达成什么样的完美共识呢？这个共识其实就是一个唯一的全球交易总账。然而在比特币协议达成这个共识之前，必须解决两大障碍：其一就是不完美的网络，例如信息延迟和节点死机。对比特币而言，并非所有对应的节点都是两两相连的，互联网连接的不良可能会造成大量网络通信不畅。此外由于交易信息是分布在整个互联网上的，信息传递会有严重延迟，有些节点甚至会死机，这就造成了共识达成的难题。

另外一个就是某些故意搞破坏的节点。这里面存在许多经典的假设，其中著名的就是"拜占庭将军"问题。它指的是在不同战场的军队间传递信息的过程中，如果叛徒（恶意节点）的数量超过1/3时，难题将无法克服，整个作战计划终会被叛徒们破坏。除此之外，还有一个更为微妙的关于分布式共识不可能达成的结论，这就是著名的"Fischer-Lynch-Paterson 不可能结果"。该理论证明，在一个多进程异步系统中，只要有一个进程不可靠，那么就不存在能保证所有进程在有限时间内达成一致的协议。

那么，比特币又是如何打破这些经典模型里的假设的呢？首先，比特币引入了工作量证明的机制，也就是我们说的矿工们参与的哈希解谜的过程。伴随着比特币系统的存续，比特币逐步具备了一些数字货币的交换价值，所以参与者自然而然地会为了金钱奖励而变得诚实起来。从这个层面来说，比特币并没有真正解决人类社会的分布式共识的问题，只不过是在特定的数字货币系统内解决了这个问题而已。在系统运行过程中，比特币还设置了诸多技术细节来保证这种共识的达成。比如我们在前面提到了挖矿的情况，比特币会根据参与的算力动态地调节谜题的难度系数，以此保证系统的平稳运转。此外，由于比特币的最终数量被设定为2100万个，并且每产生21万个区块（大约每四年），挖矿奖励将被减半，当这种激励方式逐渐减少之后，除了挖矿之外的第二种奖励机制即交易费所占据的比重将越来越大，这也将带来整个比特币系统的演变，使得我们需要持续调整分布式共识的各项参数。

　　根据博弈的理论，在各参与方之间利益不一致的情况下，需要通过激励的手段促进信息透明和达成交易。从比特币创建以来出现的各类模仿币，到公链、协议和Dapp等发行的各类token，本质上都是在数字环境下为促成分布式共识所采用的激励手段。目前，这些token的应用已经不仅仅局限在矿工奖励的层面，而成为联系生产者和消费者的纽带，由此可能带来金融和商业机制的重大转变，对此我们将在后文中展开深入探讨。

　　其次，比特币网络包含随机性这个重要的概念。这种随机性是指比特币不纠结于规定共识在时间上的起点与终点；相反，它容许共识经过一段较长的时间才去达成。在现在的比特币系统中，这种记账共识需要大约一个小时。由于处理效率不高，其在被应用到现实支付的过程中也经常被人诟病。但其实即使在一个小时以后，节点们也无法确定哪一个交易应该被写入总账本，然而这并不影响比特币的正常运行。因为随着时间的流逝，参与方对某一个区块的认识与最终总体达成共识吻合的概率将变得越来越大，与此同时观点出现分歧的概率则会指数级下降。这也是比特币支付往往需要经过6个区块才可以被确认的原因。这里"6"并不是一个精确值，只是一般来说在经过这样一段时间后，针对账本记录出现分歧的可能性将变得忽略不计。

比特币系统并不存在完美意义的共识，而只是在概率上做到了共识账本基本能够代表网络上真实诚信的交易情况（这与我们提到过的AlphaGo的最大概率决策机制有许多类似之处）。通过工作量证明和随机性这两项创新的工程设计，中本聪让比特币最终逾越了传统理论中关于分布式共识不可能达成的鸿沟，使得其可以在现实程序中运转。在比特币奠定了区块链的基础技术范式之后，其他的区块链项目开始大面积的爆发。它们或多或少都遵循着比特币设定的轨迹，只是在安全性、拓展性等方面有所侧重或改进。按照我们对历史规律的推测，在现在互联网呈现明显的集中化趋势之后，区块链技术引领的下一个信息时代，应该会重新走向分布阶段。

在前文中，我们曾经提及区块链会与之前的技术有些不同。除却技术之外，区块链甚至会在整个人类经济、社会的发展史上占据重要的转折性的位置。针对这一说法，我们当中的很多读者一定有很多疑惑，在经过上面对于比特币技术细节的介绍之后，我们终于可以完整地解答这些疑问。从本质上来说，区块链仍然是技术和经济发展史上一次大规模的分布式尝试，从这一点来看，它并没有改变人类多年来认知世界的规律。人类社会仍然是朝着分布的方向在发展，只是这一次的分布，由于一开始就充分考虑了其与共识之间的联系和协同发展，同时又设置了一整套策略上的保障，因而可以为最终能够达到的共识边界提供极大的想象空间。

当然，区块链所带来的分布社会并不会是一个纯粹只包含去中心的世界。从技术上来讲，例如比特币系统，以及以太坊上的服务是以完全自治的方式运作的，它们利用区块链的底层协议来存储数据，进行运算和交换价值。有些服务却仅仅采纳了区块链的部分功能，很多关键环节则仍然需要借助中介机构的信用来实现（例如联盟链）。还有另一些服务只是在必要时会与区块链进行交互，日常的操作过程则完全独立于区块链。

中心化与去中心化并非水火不容。事实上，没有一个系统是完全中心化的，或者完全去中心化的。包括比特币系统也从不同方面涉及中心化及去中心化。例如新一代的P2P网络是最接近去中心化的体系，而我们在前面提到的比特币挖矿，虽然其过程是向所有人开放的，但由于挖矿需要有大笔的资金和算力投入，现在整个行业已经呈现出一定的中心化倾向。此外，在比特币项目发生系统更新的时候，往往是由社区里被大家公认的有权威的资深开发者来进行主导，这显然也可能导致中心化。当然是否真正构成中心化的关键在于，这位权威人士的更新建议能否反映整个社区的共同利益，以及可以受到所有人的普遍监督和约束。

和中心化与去中心将在未来共存一样，在区块链出现之前的互联网发展史上，同一时期也存在不同风格的公司。比如我们所熟知的采纳开放式Android系统的谷歌，以及倾向于封闭式iOS系统的苹果，它们都各自获得了属于自己的庞大的用户群体。

人类的发展历程也同样如此。在社会学著作《经济与社会》中，

*169*

马克斯·韦伯探索了人治（更偏共识）和法治（更偏分布）交替出现的原因和本质，并从中抽象出了他认为的最为合适的社会治理方式。马克斯·韦伯并不认为这两种制度本身有褒贬之分，而是发现它们往往在同一时期相互补充，在不同的时期相互替代，交替出现在同一地区或者同一政权中。

无论去中心的程度如何，区块链都通过融合开源和开放、不可篡改、加密、激励和协调预期以及P2P传输网络五大技术，令我们有机会朝着数字世界进一步深入迈进。区块链和互联网有一个非常大的不同之处在于，其本身能够通过以上技术形成一个信任的闭环，因而区块链将成为未来信任社会的入口，也会是第一个以数字世界为始的技术。之所以这么说，是因为以互联网为代表的数字技术本质上是将物理世界的种种通过代码翻译到线上，并试图更为高效地解决我们在现实生活中遇到的各项问题。区块链则是先在比特世界构筑了一整套完整的数字规则，然后再去确认我们周边的哪些部分能够与它发生契合。这也是区块链显得和之前的技术有诸多不同的原因。

人类即使饱经苦难，依然没有停止对于完美世界的探寻——即便我们已经知道并没有绝对意义上的完美。我们在前文中曾多次提到了黄金分割的概念，在我们熟悉的图形五角星中，可以发现所有线段之间的长度比关系都是符合黄金分割定律的，五角星也被发现了黄金分割的古希腊著名学者毕达哥拉斯用作其学派的徽章。公元前500年左右是人类文明史上的"轴心时代"。这个时期的古希腊，几乎奠定了哲学、数学、天文、美学、戏剧等一系列西方主要学科的基础。而与它几乎同时期的东方中国，也正处在百家争鸣的春秋战国时代，此后华夏数千年的礼教人文、算数几何的源头，基本都出自这个阶段。在中国传统的阴阳五行学说中，五行相生相克的连线也刚好是五角星。

区块链的五项核心技术，除了我们前面谈到的群体的开源和开放、不可篡改，以及个体层面的加密、激励和协调预期的两两叠加关系之外（上述四项均搭载在P2P传输网络上运行），每一项技术都与其他技术之间存在非常紧密的联系。比如不可篡改和激励技术，以我们熟悉的网站返券为例，在中心化的激励机制下，用户对平台并不产生完全的信任。所以我们经常会遇到的情况就是某个网站声称要推行优惠折扣，并将整个活动细节都公布在网络上，但是我们还是怀疑它会在后台随意地做一些改动，最终影响到个体的利益。加上不可篡改技术之后，每一项信息的公示都是经过各个参与者审核发出的，而且一经发布后便没有中心化平台可以随意篡改，这样的环境下再进行激励就可以吸引到更多用户的参与，也能够更有效地扩大网站的网络效应。比如开源和开放与加密技术，区块链的整个系统是完全代码公开的，但是用户的个人数据又是在开源环境下，通过公钥密码技术自行存储和保管。只有在彼此交易的场合，这些数据才会被有限地推送到开放的系统环境中便于各方进行验证。这两项技术同时存在，赋予了系统和用户彼此更为明确的边界划分和交互规则。

区块链作为数字入口级的技术，将带领人类社会大步迈向我们现在不甚熟悉的数字世界。如果说2500年前的古希腊和古代中国奠定了过去整个人类文明的根基的话，以区块链为代表的新一代数字技术，很有可能将为我们未来马上要面对的数字世界确立一整套的文明程序和规则。在上述五项技术之间，我们也可以画出一个近似五角星的图形。它们在各个点之间彼此相连，共同构筑成一个通向完美的数字世界的技术模型，我们将之称为"不可篡改＋加密"的五角技术（见下图）。通过这个图形里的各项技术，我们希望能够创设出丰富的数字生态，并且最终推动整个人类社会的持续繁荣进步。

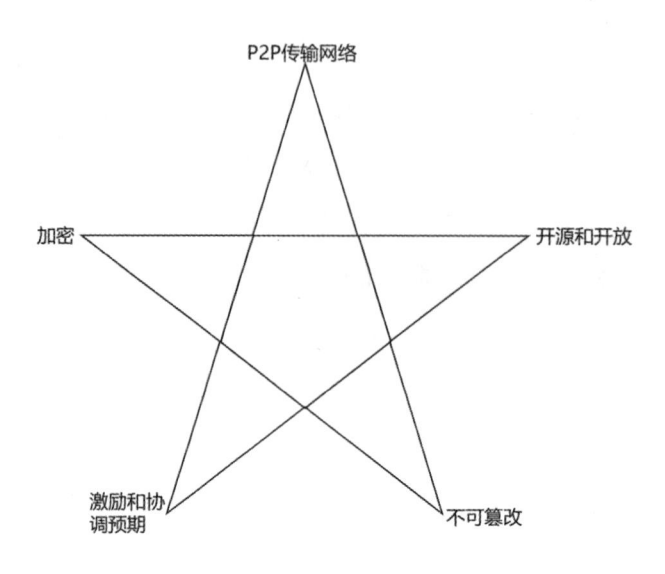

"不可篡改+加密"的五角技术

## 数字进化论

在找到这样的模型之后，我们需要继续向前了。比特币作为区块链的第一款应用，通过综合运用这五大技术实现了成功落地。但在达成分布式共识的同时，它也因为做出的各种妥协，以及设计上存在的一些缺陷，导致了扩展性上的相对不足。在未来，我们五角技术的各个部分需要通过大量的重新勾连和整合，为人类社会带来更为理想的区块链技术架构，而这个过程只不过刚刚开始。

如果我们将分布式、安全性和可扩展性作为衡量区块链技术的核心指标的话，比特币显然是以牺牲了一定的扩展性为代价换来了高度的分布和高可靠的安全属性，但这同时带来了协议更新和系统改进的推进缓慢。另外，由于每个区块仅能容纳 1MB 左右大小的数据，这个限制意味着比特币系统每秒只能处理约 7 笔交易——而我们熟知的 VISA 卡每秒能够处理的交易可达 65000 笔。由于比特币存在很多性能上的局限，以以太坊为代表的第二代区块链网络于 2014 年 2 月诞生了。与比特币不同的是，以太坊的交易速度更快。同时，它还在系统内部署了被称为 Solidity 的图灵完备的编程语言，开发者可以用它编写智能合约、部署各种区块链的应用程序。然而到目前为止，以太坊也并没有将区块链真正推向实体经济。由于交易速度依然存在瓶颈（1.0 版本每秒仅能处理 20 至 30 个交易），以及智能合约方面存在的安全漏洞等原因，大批的项目目前活跃度并不高，而且行业也多局限在赌博、游戏和纯粹的数字货币交易等领域。

以以太坊为代表的新一代公链们，在比特币确定的区块链基本技术框架的基础上，将主要精力放置在从各方面改进现有区块链技术在性能方面所面临的不足上，并积极探索如何能够既保证分布的协议结构，又能够高效地达成共识的方法。我们在论述信任经济的时候曾提出过"U"形曲线的预测模型，而使得整个行业现在处于曲线左侧下降周期的重要原因，就是现有区块链技术难以稳定地在应用中实现性能扩展。通过技术的迭代，区块链开发者们希望可以在未来将局限于数字货币领域的应用，真正扩展到工业生产和生活消费的方方面面。目前世界上有大量的技术团队，正在着力于解决区块链分布式共识在更大范围场景内的拓展和使用。总结来说，这些拓展技术主要分为 Layer0、Layer1、Llayer2 三大类。

Layer0 主要针对 TCP/IP 协议中最基础的传输层和网络层进行改

进。这样改造的成本很高，相当于需要触及整个互联网的底层协议设施，因而也并不是目前性能拓展方面的主流。当前，技术改进的主要方向包括BDN分发、组播锁定组和QUIC UDP协议等。

Layer1针对的主要对象是区块链架构本身。在Layer1的支持者看来，比特币包括以太坊的一些性能缺陷主要来自其原本的结构设计理念，而这些是可以通过研发新的链上技术直接进行改进的。这里面主要的方式包括以下几点。

1. 分片，比如以太坊Sharding，简单来说就是将以太坊分成多个平行并发的网络片区，每个片区能够独自处理交易，由此提升整个系统的交易效率。2. 扩块，比如比特币现金（BCH），这是一种将比特币进行分叉产生的新币。BCH把每个区块的存储量由原来的1MB扩充至8MB，此举旨在解决比特币区块存储量小导致的交易速度缓慢的问题。3. DAG，即有向无环图，一种新型的区块链数据结构。在DAG系统当中，哈希指针不再单向相连，而是组成一个任意一条边有方向且不存在环路的结构。通过这样的设计，能够解决现有区块链链式结构需要按顺序验证交易所导致的时间延迟问题，使得系统能够异步并发地写入很多交易，由此极大地提高扩展性。但DAG的问题是往往需要牺牲一定的分布利益，并且同时存在交易时长不可控、安全性没有得到过大规模验证等问题。4. 以POS、DPOS为代表的共识机制的改进。与要求账本证明人执行一定量的计算工作不同（工作量证明，POW），权益证明（POS）仅要求证明人提供一定量的数字货币的所有权凭证，以太坊目前就正在设计从POW共识转向POS共识。委托权益证明（DPOS）则是由每一位持币人根据手中持有的数字货币选票选出一定数量的代表，并由他们来负责生产区块。POS和

DPOS在POW的基础上，减少了共识达成的时间，促进了交易效率的提高，同时也减少了系统的能耗。但与此同时，这两种方式也牺牲了一定的去中心化，而且在安全稳定性上可能也存在一定的问题。不过严格来说，共识机制并不属于纯粹的技术范畴，而更多取决于系统开发者对于区块链技术要达成目标背后的哲学和架构层面的认知。

Layer2主要针对区块链的链下消息传递进行改进。这种解决方案的核心思路是将计算、交易等业务处理拿到主链之外来执行，只在主链上反映最终的结果，中间过程则不在主链上做记录。这种方法可以减轻主链的计算和存储负担，将一部分计算过程剥离到链下，仅让主链充当最终信任裁判的作用。目前比较成熟的技术方案包括状态通道和侧链两种。

1.状态通道，以比特币的闪电网络和以太坊的雷电网络为代表。状态通道是一个临时的点对点价值转移通道：在开启时，通常会在主链上分别锁定一定的余额，设定一个有效时间，并可以由任意参与方主动关闭。在特定的协议基础上，数据交互和价值转移不在主链上进行，当可以接入网络、到达某个约定的时间点或者某方主动向主链同步数据时，再将最终结果提交到主链。2.侧链，以以太坊的Plasma方案为代表。侧链是主链的分支，是可以独立记账、独立增长的子区块链。侧链方案是将主链上大量的交易和计算"下放"到侧链来实现。在侧链产生时，需要把主链的若干"状态"转移到侧链的"创世区块"中，以此作为侧链的"初始状态"；在侧链自己演进的过程中，需要定期把侧链的状态变动在主链进行记录，以便在发生争议或者有用户想"退出"侧链时可以恢复相应的状态。

以上技术方案中，分片、扩块、状态通道和侧链等技术在有效的提升区块链现有性能的同时，也都各自存在一些问题，比如状态通道是一个临时通路，数据不是在系统中永久存储，而是由参与双方自己在本地保存的。如果某个参与者使用的设备出现故障，损失将基本上无法避免。比如为了提升交易速度，侧链的安全性往往会相对主链更为薄弱，这就导致其更易遭受黑客的攻击。而且基于用户体验的流畅度的考虑，侧链有时候会打开一个快速流动的通道，这也可能带来过于中心化的问题。

总之，区块链的技术社区们正在积极开发各种拓展性能的技术，但到目前为止还没有较为完美的方案能够从中脱颖而出并有效地解决我们现在遇到的种种现实问题，这也是目前区块链颇受质疑的地方。后文我们将以五角技术为核心，对于区块链技术在分布与共识矛盾中的演进方向做一些推导。还是那句话，因为混沌理论的原因，我们无法精确地预测未来，但我们希望通过这些推导和演示，能够给您一些路径上的启发，我们认为这也将有助于您得出属于自己的独立判断。

区块链在比特币、以太坊等确认了最初的范式后，实际上并没有完全定型下来。区块链技术承继自之前包括互联网在内的一系列技术，并在此基础上不断地迭代和发展。五角技术代表的是我们针对这一技术的整体概括，以及对其未来演进的一些抽象理解。

没有一种技术是凭空产生的，都是在之前各项技术的基础上不断演化而来。好比生物学中新物种的出现也不是完全没有踪迹可循。这些新产生的种群，全部是遗传了以往存在的种群的某些基因，同时为了在新环境中取得生存空间，在逐渐变异的过程中形成。在《技术的本质》一书中，布莱恩·阿瑟提出的新技术就是由外界现象触发，并对原有技术元素不断进行重新组合的结果。比如喷气式发动机，它的原理是在稳定的压缩空气流中燃烧燃料，之后通过向后排放高速气体助推物体前进。这个构造中的进气道、压气机、燃烧室、涡轮和尾喷管等，大多是在喷气式发动机发明之前就已经成熟的技术。对于喷气式发动机来说，它需要做的就是结合新的需求，将这些已有的技术有机地组合起来。

这种组合的创新诱因主要来自提升飞行器的动力。和它类似的我们今天所熟知的电动汽车（比如Tesla）和智能手机（比如iPhone）也都是利用了前人发明的一系列技术，并在合适的时机推动它们彼此重新组合的结果。技术是驱动经济创新的核心要素。我们之所以生活在如今这个充斥着计算机、移动通信和抗生素医疗的时代，本质上都是由不断推陈出新的技术进化和组合产生的。我们现在经常谈及的数字经济的背后，也是来自这样一系列的数字技术的组合。比如互联网初步连接了信息，促成了跨地域的数字交换，大数据、AI由此迎来了爆发式的发展。在此基础上，区块链技术则希望通过新的拼装，再一次推动技术的演进，从而创造更加繁荣的数字经济体。此外，每项技术都有其自身所追求的核心目标，这和诱发其创造的外界现象有不少不谋而合之处。比如区块链技术追求的是信息的价值筛选、个体数字权利的明晰及平台的持续增长，这和现在全球信息泛滥、大企业权力集中的现象是高度相关的。

我们还需要知道，现实中技术的发展总是没有办法做到完美。当新的技术结构诞生后，原有的问题解决了，但马上又会有新的问题出现。我们在前文中谈到区块链性能存在的瓶颈，比如由中心化切换到去中心化过程中伴生的计算效率不高的情况，就属于这类新出现的问题。数字技术本身是一个非常宽泛的概念，正如我们曾经谈到的，数

*177*

字是人类社会目前所能掌握的最为精确的沟通方式。我们发明的一系列数字技术的本质都是为了解决沟通效率问题，提升经济体的计算和认知能力。如果将计算机的发明视为人类开始大规模步入数字世界的起点的话，经过几十年的发展，我们已经初步搭建了一个个散落着的数字孤岛。我们认为未来将在此基础上，形成一个完整的镜像中的数字世界，并与现在我们所身处的世界构成一个平行的状态。为了实现这个目标，就需要我们将这些彼此分割的数字孤岛无碍地连接起来。

人类社会走到今天，已经从数字技术中获得非常多前行的动能，但是想要长效地解决长久以来存在的分布与共识之间的协作和信任问题，就需要我们借用新技术的力量，实现数字之间的传递。而后再利用数字模型的精确性，反过来推动庞大而复杂的实体社会关系实现共通。区块链技术就是这个数字镜像世界完整性的保障。它已经被撒入数字大陆的土壤里，并正在一点点地和周围的环境融合，而后等待破土而出长成参天大树的一天。我们曾经学过的自然科学教会了我们发现和认知客观世界，人文科学让我们理解到社会运行和人类协作的方法。对应到新的数字世界，AI和算法就更多类似自然学科的延伸，而区块链则可以被视为针对这些数据模型的流转规则制定的人文操作手册。

五角星在西方可以代表耶稣的五种感觉，圣母玛利亚与耶稣在一起的欢喜五端等，是几何图形中完美的象征，是一种代表着神力的符号。如果说毕达哥拉斯等人所处的古希腊是宗教演变到哲学、数学的关键时期的话，那么现在以区块链五角技术所驱动的数字世界，则正处于人类社会进入全面的以数字为始的新纪元的转折阶段。2500多年前的古希腊和古代中国创造的各项伟大成就，为我们全面而深刻地认知自然世界和人类自身打开了一扇窗户。今天以区块链为代表的数字技术时代，是又一轮人类文明循环的开始，也将全面奠定未来数字社会的各项规则。借助五角技术的推演，我们可以依稀瞥见在不久的将来，人类社会中各种分布式共识难题被逐项解决的画面。

计算机和互联网作为数字世界的早期技术，脱胎于我们身处的现实社会，同时也和大量的物理实体有千丝万缕的联系。因而时至今日，在互联网的运转过程中，仍需要与现实社会频繁进行交互确认，通过彼此补充来解决我们所遇到的问题。比如我们在创建互联网在线地图应用的时候，需要通过测绘车、人造卫星的巡航来收集地球表面的位置和信息，并不断地输入给程序进行计算。而到了区块链技术主导的阶段，这些数据采集工作已经在相当大的程度上完成了，新技术只需要将精力更多放在数据的重新排列组合以及协同关系上。此外，区块链技术的推广还将进一步提升数据收集的深度和可信程度，比如激励用户上传真实拥堵的信息以及一些临时的天气因素引致的路况变化等。在互联网技术打下的坚固地基之上，区块链会进一步扩充人类数字世界的版图。

这一次技术甚至将进化到可以自己形成一个较为完善的闭环，这当中会包含整个人类社会博弈—共识—制度的完整演进层级，以此驱动更大规模、具有极高附加值的人类数字时代的到来。我们可以这样看待区块链的五角技术，它不同于以往任何单纯的技术，而是从一开始就浓缩了人类数千年于物理世界中建构的整套技术、经济和组织规则的智慧。技术在经过多年的变化后，已经自我演进成一个完善的数字机体，并可以直接作用于各种金融和商业活动。区块链技术背后代表的也正是这一整套的数字世界的治理和发展规则。

我们说的五角技术将肩负的是这样一个承上启下的使命：一方面，它的出现得益于之前人类在技术和文化制度领域的积累；另一方面，由于它位于能够真正强大到与现实社会构成平行关系（甚至在某些领域会超越我们的现实）的数字世界入口，自身也会与高速变化的数字环境一起不断地演变和迭代。换句话说，未来的区块链并不会是今天的区块链。今天的五角技术是人类以解决现实世界的矛盾为出发点拼装出的技术模块。在以后的数字世界，我们今天所习以为常的各项共识、制度，也都会面临新的变化和挑战。因而，我们提出的五角技术更多能代表的只是我们对于这个即将到来的数字机体的期盼，而对于大量未知的新的需求，我们仍需要在混沌中持续摸索。

我们按照目前已知的智慧，同时结合技术可能呈现出的各项要点，将区块链技术分为三层，它们分别是：1. 现有互联网传输层、网络层的TCP/IP协议及其下各个部分组成的区块链P2P传输层；2. 以比特币和以太坊为代表的公链及其上的基础技术、商业协议等共同组成的区块链基础协议层；3. 基于上述协议体系衍生的各项实际应用场景等组成的区块链协议应用层（见右图）。

类似宇宙的进化过程：大爆炸后生成了物理学意义上的物质，而后产生元素周期表上的各个化学元素，最后化学分子的组合形成了各类生命体（生物）。区块链技术从互联网传输层的顶部开始，暂时没有改变其底层的整体结构（未来也会发生改变），而是通过物理计算和交易过程的重新排列，开启了整个信任的数字世界的旅程。这个重新排列的过程就是希望借助技术产生新的共识。类似物理学中"熵"的概念，它指的是通过能量的耗费，让某一系统内的物质状态逐步走向有序。这一个过程会使得该系统内的熵不断减少（熵减），而与此同时它周围系统的熵会对应增加，也就是将更加无序。区块链技术也会涉及上述情况，通过物理学熵减机制的安排，区块链以周围世界的能量耗损为代价，希望以此获得数字世界的共识，这就可以解释为什么比特币系统的共识一般要通过耗费大量算力来达成。

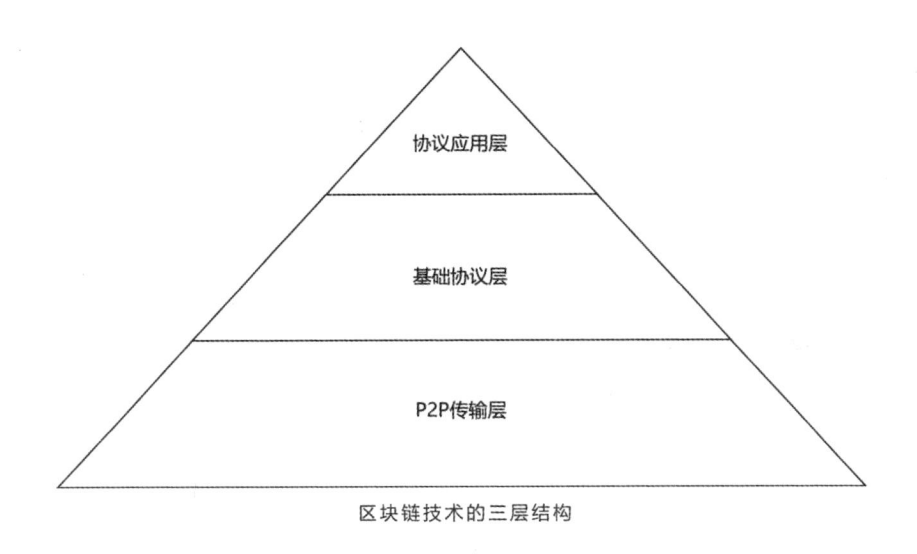

```
            /\
           /  \
          /协议\
         /应用层 \
        /--------\
       /          \
      / 基础协议层  \
     /--------------\
    /                \
   /   P2P传输层      \
  /_____\
```

区块链技术的三层结构

然而付出如此大的代价获得的共识是值得的，因为这种属于数字的共识相对现实世界来说成本是很低的。如果我们能进一步将之应用到实体经济，将会给全社会提供前所未有的发展动力。在有了这种共识的雏形之后，我们就可以来到化学分子的合成阶段。通过区块链技术沉淀下来的大量数据，将在这一过程中通过彼此的博弈、碰撞，组合成各种有价值的形态。比如比特币系统通过共识机制形成了具有颇高交易价值的"数字黄金"比特币，以太坊则为现在的区块链世界提供了底层的信任基础设施——智能合约。和互联网不同，区块链将在化学层沉淀绝大部分的数据，包括加密的用户基础信息、平台的核心规则也基本将在这一层完成。我们可以这么理解，化学层就类似TCP/IP协议的升级。在互联网技术的语境下，各方在协议层达成的仅仅是一个浅层的信息交互的共识，而更大范围的强共识则是在互联网应用体系内通过个别确认来完成的。因为区块链在代码上具备了更为强大的信任保障，进而就可以在化学分子阶段把深度共识确认下来。在包含了互联网TCP/IP协议的区块链P2P传输层提供的各项功能之上，区块链基础协议层的范围将包括改进TCP/IP协议功能的公链，以及进一步基于公链生成的基础技术和商业协议。这些公链和协议将成为未来区块链技术的核心组件，五角技术（P2P传输技术除外）也主要位于区块链的这个部分。

由于人类从未仅仅利用数字技术就能组合成如此复杂的结构，因而现在我们对于这个部分仍存在一些争论。比如技术能否具备迅速达成共识所需要的条件，以及作为数字世界的博弈底层设施，区块链在日后能否在实体经济中拓展等。我们无法精确预测这种协议结构在未来的具体形态，但是我们可以大致设想一下它将会达到的目标。我们知道区块链存在一个著名的不可能三角的假设，说的是无论采用哪种共识机制来决定新区块的生成方式，都无法同时兼顾扩展性、安全性、去中心这三项要求，至多只能三者取其二。

以图灵奖得主、MIT教授希尔维奥·米卡利主导的公链Algorand为代表，一些技术开发者宣称已经可以解决这一问题；而另一名图灵奖得主、清华教授姚期智所领导的公链Conflux，则正在利用DAG+拓扑排序算法突破上述瓶颈。比如Algorand创造性地采用隐秘自选技术来决定创建和验证区块的参与者，这样可以避免一些不必要的能源消耗；而Conflux选择的DAG结构则令系统规避了现有区块链形态对网络交易顺序的限制。在此我们并不会对两条公链的技术细节做过多讲解。其实无论采纳哪类技术，其核心都是借用密码学不可篡改、加密技术的原理，并综合考虑五角技术的不同组合方式，来不断推动和提升区块链的使用性能。还是那句话，世界上不存在完美的技术。比如目前Algorand并没有明确的激励机制，这是否会影响到系统的长期稳定运行将有待观察。比如Conflux中对重复交易行为做了较为乐观的假设，这也可能会影响到后续拓展中，外界对该系统真实交易量的合理估计。

  本质上，所有区块链新技术的研发目标都是为了突破不可能三角，但其实三角根本无法"突破"。我们知道，在一个面积值固定的平面中，三角形的各边总长是会受到面积限制的。但如果面积能够增加，我们在以前遇到的一些难题就会被新形成的三角形囊括进来，这个时候人类也就成功"跨越"了现阶段的不可能三角，而后将继续面对下一个。我们很多学习过金融的朋友都知道Alpha和Beta这两个系数，前者指投资组合的超额收益，用来反映管理者的真实能力，后者指市场的系统性风险或收益。换句话说，能够跑赢大盘的就是Alpha，跟着大盘趋势起伏的则是Beta。对于绝大部分的投资者来说，其一生的收益（损失）主要都来自Beta。从这个角度来讲，区块链协议层的目标在于帮助人类创造Alpha的利润。在五角技术的共同作用下，整个区块链系统的风险将得到更好的控制：通过提升交易安全性，以及对个人资产所有权的明确，数字世界的整体风险会显著降低。这也会有效促进数字流通和交换的繁荣，帮助人类进一步破除原有的边界，包括行业的、地理的甚至种族文化的等，最终达成一个共通的数字世界。

  在这个过程中，我们的技术又会遇到什么样的问题呢？我们在说用区块链替代或者部分替代传统体系，实际上是在讨论如何在现有的金融、法律监管体系下重新分配权力。去中心化是密码朋克们追求的理想，但是我们真的能够仅仅通过技术就全面达成去中心化的目标吗？或者说我们未来的数字社会一定会是一个去中心化主导的世界吗？以汽车销售为例，传统的中介机构比如销售代理、保险公司等的核心诉求是帮助车主解决两个问题：一个是保证车主的所有权，比如防止被偷盗；另一个是保证交易的安全进行，比如防止车主在交易中被欺骗。区块链通过调用智能合约，可以让上述两点都更为高效地被执行，同时由于自带信任机制，也就减少了中介机构参与的环节，降低了整个系统的人为风险。

让我们来谈一下防止车辆被偷盗的情况，所有的类似行为均包含预防、发现和纠正错误三个过程。预防机制在于阻止偷盗的发生；发现机制在于能够即时察觉到盗窃，以便于采取纠正错误的措施；纠正机制则是索回盗窃的损失并对盗窃行为予以惩罚。在原来的协作模式下，车锁和报警器是预防机制的主要部分，GPS跟踪装置用于发现环节，它的作用是帮助发现盗窃并有助于找回被偷的车辆。而警察、保险和法庭则被用于纠正机制部分，共同确保偷车罪犯能够得到应有的惩罚。智能合约的模式极大地提高了预防措施的效用，也能够将后面两个部分的很多环节放入数字代码当中自动化地去执行。这就是我们在前面提及的博弈论的威胁可置信的价值。通过事先约定的一套数字协议，区块链技术将更好地为个人的车辆做好加密保护，也因为将定位发现以及事后惩罚的措施写入了代码合约，理想状态下是可以仅通过技术就完成目前人类需要多方协作才可以完成的事项的。

然而真的如此吗？实际上只要涉及人，整个的风险措施就会存在漏洞。比如私钥的保管问题，加密系统的设计者几十年来一直在努力让非技术用户使用并管理密钥以防止偷盗，但是几乎毫无进展——比如经常会有很多用户遗忘数字货币交易钱包的口令密码。在这种情况下，我们的车就会变成一堆废铜烂铁。此外，即使采用区块链更具分布思想设计的密码体系，也同样面临非法软件或者钓鱼攻击的威胁。

我们也积极致力于将现实社会的法律和监管条文都一一编写上链，也确实有不少的规则正在经历这样的过程。然而我们知道，现实中的法律不但有冗长的条文和规定，当中更具价值的部分还包含立法、司法人员对于这些规定的理解和解读。这些解读距离程序代码严谨的逻辑和高确定性往往相去甚远，但这并不一定是法律的弱点。事实上，很多的案件都需要裁判人员具备这样的素质，这样可以从很大程度上帮助一些法律制定者解决在最初没有设想到的复杂案例中的场景。此外，在去中心化的模式下，匿名机制虽然有效地保护了个体的隐私，但也同时面临违法犯罪情况下责任追究困难的问题。这就需要我们在具体的技术实践中寻找到一个有效的平衡。

技术和政府之间的关系处理也面临同样的情况。当前国家和政府一直致力于解决的一个核心问题就是如何确保更多陌生人能够安心地进行交易。在过去，政府采用的方法和我们讨论的区块链技术也许不大相同，但目标是一致的。正是因为存在这种一致的目标，区块链技术背后所代表的去中心化也不是和政府对立，它们之间更多是可以相辅相成的。对于一些只需要双方验证即可以达成交易的情况，可以应用区块链技术自动化地去执行，也就是我们说的把权力交还给市场。通过将更多此类的环节写入合约，将有利于全社会交易成本的下降，经济的繁荣程度和政府治理水平也会相应地提高。而对于一些复杂的、存在争议的地方，则仍然应诉诸政府的行政监管，或者进行法律的评判裁定。当然，这些监管和裁定过程未来也将与区块链技术结合起来使用。信任经济和网格组织正是在五角技术的演变过程中逐渐形成的。通过技术模型的作用，未来的世界会一点点发生变化。而在将技术的力量反馈给现实世界的过程中，会形成一个错落有致的链接状态：一部分数据会先行上链，有的数据会停留在互联网上，其余的部分仍将暂时处于和数字世界相对隔绝的状态下。

之所以会出现这种情况，是因为虽然区块链技术会让共识的成本下降，帮助经济社会获得更大的收益，但正如我们在"信任经济"模型中所谈到的，这一过程需要经历一个缓慢的"U"形发展阶段。对于一些成熟的企业来说，由于获取早期共识的性价比不高，因而它们更多只会将区块链视为一种工具型的技术。另一些对协作和共识要求较低的商业场景，它自身在未来发展中也不用嵌入区块链技术，只需要在必要时和区块链系统进行一下交互即可。

我们当中一部分勇敢地去拥抱未来的人会获得共识的先机，也会最早收获到熵减。但这个过程是缓慢而艰辛的，应该从哪里先开始，如何与现在的格局保持相对的协调，又应该在哪些部分重点突破，一切都将考验先行者们的智慧和耐心。去中心化的理想仍在持续，正如凯文·凯利核心的失控理论谈到的，数字世界也正在朝着这个方向进发。技术本身是中性的，它既可以促成社会的进步，也可以成为少数人为恶的工具。在演化的过程中，我们需要时刻保持清晰思考，哪些部分是需要去中心化的，比如是否存在经济资源的利用效率不高，或者政府的监管流程过于繁杂，抑或权力的失衡导致的政策被滥用的情况等。而哪些部分其实是为了去中心化而去中心，其本身并没有什么实际的应用价值，甚至只不过被当作诈骗者美丽的谎言而已。我们还需要保持敬畏和开放的心态，因为从更长远的人类发展来看，我们现在仅仅处于数字社会的初级阶段，我们过往形成的大量经验也势必在未来数年内遇到很大的挑战。

　　过去对的未来不一定对，过去错的是否又将面临新的审视？甚至我们现在很多习以为常的社会习俗、伦理道德，在数字生态中会否出现新的争辩？我们唯一能做的是常怀谦虚和悲悯之心，在越来越高速运转的经济和社会齿轮当中，牢记自己身处的位置和将要去的远方。未来的竞争必将是异常残酷的，我们已经在区块链协议创建过程所导致的剧烈化学反应中嗅到了这其间甚至略带一丝血腥的气味。而一旦进入协议落地的阶段，可以想见在纷繁复杂的生物群体之间必将展开一轮激烈的角逐。在新的战场，参赛者之间本来的界限将进一步消除，崛起和衰败的过程也将随着计算的提速而发生在转瞬之间。

　　站在人类的十字路口，五角技术只是用铅笔轻轻勾勒了些许未来的轮廓。在这个无界的数字社会，人类站在新技术的肩膀上再次出发了。这次我们怀揣着的是区块链，这个指引着人类社会迈向工具信任和共通前景的数字罗盘。荆棘随处密布，战火纷纷、硝烟四起，好在有歌声，有远处期盼的清风树林、花香漫天，我们并不孤独。

　　数字无界，英雄梦，戎马天涯。

# 第六章　开放金融

## 金钱不眠

在对技术的讨论中，我们提到了区块链世界创造的核心价值是无须经过中介机构的背书或干预就能够筛选出真实的信息。这些信息背后代表着的是人们之间的共识，又由于信息的筛选是通过充分的博弈产生的，同时还采用密码技术给予了个体更多权利上的保护，因而会进一步扩展我们所处的信息世界的范围。让我们回忆一下，在之前的章节中，我们讨论了货币作为一种人们相互间达成的高度共识产物的发展历史。区块链技术的运用使得借助数据就能够完成共识的闭环，在这些数据当中，有一部分记录了对信息贡献者的奖励。这类作为劳动所得的奖励，可以在数字世界充当购买物品和保存财富的媒介，因而被称作数字货币，它与我们在现实社会使用的货币的功能非常相似。

信息业的发展经历了从计算机采用数字的方式提供信息到互联网通过连接促进信息的流动，直至区块链进一步确保这些信息真实性的发展过程。与这一进程同步，以货币为基础的金融行业也在积极地利用信息技术的成果：在个人 PC 时代，金融企业就开始运用计算机进行交易处理，互联网和大数据则彻底引爆了行业的变革，并已经在金融产品的销售管理和一些风险控制领域初具成效。然而互联网并没有能够彻底打通数据传递和交易确认的整个流程。在具体的应用当中，互联网更多充当的是渠道铺设、信用和安全辅助评估的角色。因为没有办法仅仅依靠互联网技术就确认信息的真实性，银行等中介机构依然在资金流动的各项环节中发挥着核心的作用。

进入区块链阶段，随着对于数据本身的信任审核机制的逐步建立，将加速金融与信息业的深度融合。我们知道，金融的本质就是对资产进行分析，并以此为基础展开风险评估，促进交易资金的流动。在这一过程中产生的数据，如能借助区块链来进行可信传递，将有机会降低信息的判断和传输成本，提升整个金融环境的效率。

如果仅仅从技术的正常发展轨迹来看，区块链和之前的技术相比对金融行业来说无甚特殊之处，只不过是进一步增加了信息的流动性，提高了它们的透明和真实程度，由此可能会为行业赢得更大的利润空间而已。但因为在我们使用区块链的过程中，还附带产生了数字货币，这一点将会给整个金融业带来极大的不同。密码朋克们最初的理念是希望借助技术脱离现有的中心式的监管体系。在这些人看来，发明可以用作支付交易的数字货币就是规避这些审查机构的最佳手段。在此驱动下，数字货币领域的从业者们经历了多年的探索，并最终在比特币系统中实现了这一理想。

这也是我们往往要给这类"货币"打引号的原因。由于数字货币并非由国家主导发行，其是否能够被定义为真正的货币目前仍然存在很大的争论。虽然它的出现可以成为我们应对某些国家滥发货币（比如委内瑞拉）的有效手段，也拥有一些其他方面的好处，但是因为和现有的货币制度以及我们很多业已形成的支付方式之间差异过大，决定了它们在短时间内难以被现实世界完全理解和接受。

事实上，由于具有加密和躲避监管的属性，比特币等数字货币还经常被用于洗钱、赌博以及军火、非法跨境支付等领域。即便在合法商业场景的使用中，出于支撑其价值的区块链技术目前仍不成熟等原因，数字货币在支付、储存过程中的便捷性也大大受到影响。此外，目前与之相关的各种配套规则还很不完善，数字货币的价值极不稳定，常常还会出现暴涨暴跌的情况，这些都导致其在目前难以充当价值货币的角色。但无论如何，信息技术已经发展到可以与货币产生强耦合的阶段。

从一方面来看，数字货币产生的共识已经具有了价值交换的雏形。在区块链技术构筑的场景中，通过使用系统基于激励模型发放的数字货币进行结算，将可以一次性实现信息和交易的双重确认，从而减少大量的中间环节成本。虽然目前针对数字货币还存在很多认同和使用上的困难，但因为前景颇具吸引力，区块链甚至是行业外的一些从业者都在积极摸索方向。为了能够赋予数字货币支付和使用的价值，2019年以来，美国的科技、金融巨头Facebook和摩根大通分别在自己的商业体系内推出了基于加密算法的稳定币——价格与某个国家的信用货币保持锚定。此外，针对规避现有以太币等数字货币的波动性推出的各类不依赖于机构信用的稳定币应用也在蓬勃发展。

从另一方面来看，现有货币体系也将借用区块链的技术思想，从而丰富其自身的内涵。在舍恩伯格的《数据资本时代》一书里，描述了在未来数据结构中潜藏的这一特性，即当数据获得了大范围的牢固共识之后，将兼具现在资本的一些特征。舍恩伯格谈到，现有的货币承载了商品的各类信息，并通过最简单的价格方式呈现给市场参与者。比如我们一双鞋子的价格为300元人民币，这代表的是对它的质量、产地、品牌等信息的整体评价。由于对信息的描述被集中到用简单的金钱来衡量，有时容易让人产生误解，而且不利于我们做出合理的交易决策。在能够生成大量的真实信息之前，通过价格来承载信息显得非常合乎情理，因为这种情况下我们很容易被各类繁杂而质量参差不齐的信息淹没。在区块链对于信息的提取能力产生了质的改变之后，我们将有能力在避免冗余的情况下，通过多维度信息的呈现来展现鞋子的价值。这个时候我们对于商品和资本进行价值判断的能力将得到增强，这也将是数字货币相比目前货币形式的改进之处。此外，我们还可以进一步基于这些丰富的信息，借助智能推荐的算法来满足不同群体个性化的需求，从而促进交易的繁荣。

在清楚了技术和货币发生的交会之后，我们将正式进入金融的世界。让我们首先来简单回顾一下这个古老行业的发展，而后再谈一谈区块链可能会给货币和金融业带来的冲击。马克思曾说，货币对于历史进程的决定作用最大，从某种程度来说，人类文明史就是伴随着货币的演变不断推进的。从马尔代夫的贝壳到太平洋雅普岛的圆盘巨石，从黄金、纸币到近年来兴起的电子货币，乃至区块链催生的数字货币等，很多东西都曾在历史上被当作货币使用。货币对于金融活动来说，实际上就是一个彼此信任问题。在货币的基础上，人类发明了借贷，即以借款人的信誉作为背书，贷款人将手头的货币借给其使用——银行就是为大规模承担这一角色而出现的。借贷让经济的发展从一手交钱、一手交货的1∶1的简单关系中挣脱出来，促成货币进入更为广泛的货物和服务的流转当中。可以说，没有借贷的帮助，我们这个世界的经济就几乎不可能腾飞，没有日益扩大的债权人和债务人关系网，我们的整个金融体系就会停滞不前。

在借贷发展了一段时间后，人类又发明了债券。债券最初起源于战争，古希腊哲学家赫拉克利特就曾说过，"战争，是一切缘由之父"。实际上，计算机、互联网的出现以及产生加密货币的关键技术——密码技术，也都是源自战争的需求。通过聚集民间的闲散资金，金融机构协助政府发行了各式各样的债券，以此资助战争的进行。在战争结束后，通过这些债券筹得的资金，又被政府用于国内生产和经济的恢复。到了今天，金融债券的发行已经非常普遍，除了政府之外，很多企业都会将它作为重要的融资手段。

现在各国普遍采用的中央银行制度也在这个过程中诞生，其主要功能有两个：一个是追求经济稳定增长，并维持稳定的低通胀，这方面使用的主要是货币政策工具，例如通过货币的投放和回收调节市场利率；另一个是金融稳定职能，主要手段是充当最后贷款人的角色，在金融恐慌或危机时期向金融机构提供短期信贷以平息市场情绪。

货币为人类走向繁荣的未来提供了良好的工具，然而我们在这条路上并不那么一帆风顺，整个货币的发展史也充斥着血腥和残杀。在《货币崛起》一书中，作者弗格森描述了西班牙殖民者为掠夺黄金和白银，在印加帝国展开屠戮之旅的情景。在盛产贵金属的赛罗里科山的竖井和隧道中，众多当地的矿工因岩石坠落、毒废气泄漏而致残或丧生。在货币之外，各种各样基于货币创设的金融工具也同样在贪婪和欲望中前行。兴起于战争的债券在后来意大利的城邦战争、法国的滑铁卢战役和美国内战中扮演过至关重要的角色；股票是伴随着股份公司的兴起出现的，之后在人类无休止地追求财富的过程中，相继产生了密西西比公司泡沫、南海泡沫直至20世纪末的网络公司泡沫。在概率、确定性、正态分布等数学和逻辑理论的支撑下，金融机构推出了保险产品帮助我们应对生活的不确定。此后，人类借助这些理论进一步设计了用来预测未来市场价格的各类期货和衍生品，并希望借此获得成倍的高额收益，而很多原理都和赌博并无二致。

卑劣和善良、丑恶和美好，人类在追求财富的同时，总是会时不时身处泥泞。我们的人性在其间挣扎，要么挣脱束缚探寻理想，要么沉沦其中沦为欲望的奴隶。最令人沮丧的是，我们常常没有办法清晰地辨别善恶，除了少数人人皆知的公理之外，我们身处的世界存在大量的模糊地带，对于这些部分，我们往往很难简单地用单一的价值观进行衡量和判断。在通往数字世界的路上，越来越多的人开始离去，伴随着岁月的流逝，健硕的肌肉已经有些萎缩，眼角的皱纹渐渐密布起来，眼神也不再清澈和坚毅。有的人开始想念家乡的爱人，有的人开始怀疑和失去希望，有的人很满足已获得的财富，有的人完全厌倦了厮杀和征伐。在无数次的折磨和打击之后，最初的激情有些退却了，而那些出征时的豪情壮志，也只会在日后的某一次梦中偶尔被唤起。

货币倒是不顾人类的各种情绪，从未停止过它翻滚的脚步。作为经济周期的核心推动力，货币在每一轮的增长和衰退中发挥着关键的影响力。如果将全球经济和金融体系视为一台蒸汽机的话，货币就是为这台机器提供动力的蒸汽，而资产、房地产建造、资本性支出和存货就是将蒸汽转化为实际活动的活塞和零件。在货币的驱动下，其他四个因素的共同作用决定了整个经济的运转，而它们的升降也总是呈现出一定的周期特征。在巴布森《逃不开的经济周期》一书中，曾对经济周期有过完整的阐述：第一个是存货，它主要造成了所谓的基钦周期，时长大约为4.5年；第二个是资本性支出，它似乎造成了所谓的朱格拉周期，平均时长约9年；第三个是财产，它导致了库兹涅茨周期，平均时长约为18年，这里所说的财产包括资产和房地产建造两个方面。

包括货币在内，这几个组件的运动速度是不同的，它们之间的共振决定着经济运行的方向。比如每两个基钦周期的低谷与朱格拉周期的低谷相一致，每四个基钦周期的低谷与库兹涅茨周期的低谷相一致。偶尔，当所有的周期同时到达最低点位置的时候，就会产生足够大的撞击力量，从而造成重大的经济衰退。1990年，巴布森又分析了历史上遇到过的经济危机，他认为过度投资与增加货币供给一定会导致负面的反应，同时他还给出了一个"十阶段经济周期模型"，依照顺序依次是：1.提高货币利率，2.债券价格下跌，3.股票价格下跌，4.商品价格下跌，5.房产价格下跌，6.货币利率降低，7.债券价格上涨，8.股票价格上涨，9.商品价格上涨，10.房产价格上涨。

1911年，费雪论述了通货膨胀与货币供给波动所造成的不稳定效应，并阐述了他的货币经济周期理论。该理论认为，货币供给的增加首先会导致经通货膨胀调整的实际利率下降，由此刺激商品产量的增长，而后将会出现通货膨胀率与实际利率的上升。换句话说，如果大量增加货币供给，首先会带来正面效应，而后则会发生糟糕的情况。费雪的上述观点被表达为著名的费雪方程式：即 $MV=PQ$。这里的M是货币供给，V是货币流通速度，P为物价水平，Q则是商品数量。费雪经济理论的核心是认为经济周期的关键在于银行信贷，因为银行不仅从事货币的交易，而且还能够通过刺激货币的流通速度来创造货币供给（某些行为甚至超过了央行的控制范围，在这之前，经济学家仅仅把货币研究的重心放在央行）。

我们不打算对上述这些周期理论做复杂的推导，这恐怕也不是简单几句就能够讲清楚的。我们需要关注的核心在于，货币极大地推动了人类文明的演进，但同时也成为经济出现周期性的波动的主要因素。在周期的作用下，人类的经济活动不断地在高潮和低谷中穿梭交错。迄今为止，货币这个一半是天使，一半是魔鬼的东西，在人类历史上铸造了无数的丰碑，也带给我们太多的罪恶和凶残。既然我们不得不拥有它，那么是否有一种新的方式，能够涤清一些污垢，或者将当中那些邪恶的幽灵装进盒子里？

### 美索不达米亚星球

数字货币代表的可能就是这种全新的方式。虽然目前整个行业仍处于混沌当中，我们也无法清晰预测它的演化结果，但我们依然可以先尝试找出矛盾的核心，然后再来推测一下它可能发生的运动轨迹。经济活动最为理想的状况是能够持续保持增长，或者至少能够减小周期转换过程中不必要的波动。对现代国家来说，达到这个目标的重要手段就是通过央行进行货币供应的调节。然而这当中会遇到非常多的实际问题，首先是货币的定义。在 2000 年，时任美联储主席格林斯潘就曾明确表示，虽然美国一直努力对货币进行准确的定义，但问题在于现行的货币定义并不能为美联储控制货币供给提供有效的方法。

其次是统计的难度。比如制定货币政策需要先了解利息支付的情况，但在现实中这个数字是最难统计的。此外，在进行全球经济数据统计的时候，我们不得不将单个国家在某个时点上的数据作为计算对象——先去查看该国的国民收入表，然后把个人、公司与政府三部分的数字进行加总。由于各国的政府财政状况、社会繁荣程度、信用文化与制度，以及合适的利率水平不同，导致经济数据在不同国家之间的统计口径差别实际上非常大，因而通过这种方法得出的结论也会很不精确。最后就是战略选择。基于以上两点原因，经济问题常常表现得像一个难以完全厘清的毛线团，我们也就没有一条放之四海皆准的处理原则。对于央行来说，最为关键的部分就是要决定在什么时候增加或者减少货币供给，以及变动多大的幅度。

对于这个问题，不同国家央行的政策风格也是有差异的。比如美联储的目标就是维持2%的目标通货膨胀率与4%的"中性"短期利率，而英国央行的重心则是关注识别充分就业增长率或者经济增长速度的极限。说到这里，现行货币制度下的矛盾已经比较清楚了。为了维持经济的发展，我们需要合理地决定货币发行的数量，但由于实体经济的复杂性——这往往来自我们无法获知货币的全部使用情况，也就无法清晰计算实际所需的货币总量，使得二者之间很容易出现错配，最终导致经济不可避免地出现周期性的波动，并在这个过程中产生金融恐慌甚至危机。

数字的意义在于提升透明性，让过程变得清晰可见，而将之与货币结合，就有可能在相当程度上解决货币的分类定义和统计，货币政策的战略选择等的难题。在这个过程中，朋克社区中产生的加密货币会变得更加成熟，也将逐渐充当一部分场景的支付凭证；现有的货币体系同样也会不断学习和掌握新的数字化技术，并借此提高对整体经济运行情况的跟踪能力。无论是哪种情况，货币数字化都是不可逆转的趋势，这也和全社会的数字化是息息相关的。

在货币和金融的力量之外，技术创新也在周期的转化中扮演着重要的角色。德国教授斯皮索夫就提出了新技术是经济繁荣触发器的理论，在此基础上，奥地利经济学家熊彼特认为，每当经历经济萧条时期（这个时候原材料、机器设备和劳动力的价格均较低），就会有企业家借助新的组合方式——技术创新将上述生产要素进行重新组合。所以更多的创新往往发生在困难时期，一旦有企业家开辟出新路子，就会有新兴的产业发展起来，并最终提升商业活动的总体水平。这种新兴产业的发展意味着对各项配套产品需求的增加，因此这种派生的需求会逐渐溢出到其他产业之中。

最终，由于创新带来的拉动效应的逐渐枯竭以及老企业因成本上升与竞争加剧的退出，又会让经济出现过度投资的情况，从而埋下再次衰败的种子。熊彼特用"创造性的毁灭"来描述这一项更有效率的新生产结构释放资源，同时也必须摧毁老的生产结构的过程。在他看来，如果这种创造性的毁灭过程没有发生，那么经济就难以快速增长，或者根本就不会增长。

既然伴随着货币的增减、技术的变迁出现了经济周期，而货币又是我们通过金融的手段平抑周期带给我们不良影响的最重要的工具，那么当区块链这门技术能够直接创造出数字货币的时候，事情就开始变得复杂而有趣了。海量的数据与货币的结合，将会有效降低市场失灵的频率。区块链上的可信数据将帮助货币政策制定者更好地理解现实情况，比如更准确地计算国际经济活动中利息支付的数据，或者在无法明确地对M1、M2、M3进行分类的情况下，将彼此间存在交叉的区域直接用数字标示出来。这将使得央行在应对经济问题的时候拥有精确而强大的调节工具，从而让调控政策的出台更加有的放矢。除了对宏观经济的影响之外，货币的数字化也将对金融行业，以及一些企业和个人的经济活动施加如下影响。

一是数据将会是金融资本（如债券、股票等）运转的新型润滑剂。

和我们前面谈到的数据将具有资本的属性相对应，伴随着货币的数字化，金融资本背后所包含信息的价值维度也将更为丰富，这样可以降低结算、交易等环节的成本。此外，数字化金融产品的流动性和可拆分性相较之前也会大大加强，这将提高资本运转的效率，有助于对金融产品做出更为合理的价值评估和买卖决策。二是仅仅通过简单的价格信息来操纵市场，从而引导客户做出购买的方式将日益变得不再有效。比如我们在购买电子产品的时候，在现有的货币体系之下，我们往往会习惯于关注价格，却很少关注甚至不去关注这些不同类型的产品之间的潜在差异。而当货币本身所蕴含的信息更为丰富之后，我们的经济决策也将拥有更多真实的依据。

在互联网时代，技术和金融就曾发生了深度的交互，但技术并没有创设出完善的数字货币体系，而是通过在网络应用层与金融机构合作的方式，共同组成了资金和信息流转的闭环。与之相比，区块链技术的核心差异在于，其在自身的基础协议层就已经完整地构建了数据和资本的可信机制。这是因为互联网并没有办法满足自证的信用完备要求，比如我们通过第三方支付工具获得某个用户网络购物行为的数据，这些数据可以作为评价其信用的参考，也可以在该支付工具的使用范围内作为向其授信和提供贷款的某种依据。但由于这些数据仅能代表一家中心机构的数据判断，而且资金的往来仍由银行进行记录，因而也就无法获得整个金融领域的普遍认同和共识。而区块链在基础协议层即沉淀了大量数据和资本，使得我们可以通过技术的手段产生数字化的共识。借助这些共识，区块链网络可以传递数据的价值，并进一步扩充交易的范围。这也就是比特币等数字货币具备一定价值货币属性的原因。

诚然，现在对这种数字价值体的定义还存在太多不清晰的地方，未来真正走进现实金融体系的过程也必将充满艰辛，但它的发展轨迹的确为我们解决现在的诸多困境提供了一项有力的工具。现在金融体系存在的最大问题就是信息的不透明，例如2008年的次贷危机就是这种不透明的产物。不道德的银行家与腐败的评级机构勾结起来，将高风险的次级抵押贷款与其他普通抵押贷款打包到一起，由于这些证券衍生品过于复杂，因而大量的风险信息没有被充分地反映在证券的价格上。当经济周期开始掉头下降，越来越多的房主开始拖延还款时，市场就如多米诺骨牌一样在短时间内崩塌了。随着金融产品变得日益复杂，传统的货币价格体系已经很难完整地捕捉到它们背后的真实信息，这就造成了投资者无法辨明实际情况，同时也大大增加了监管的难度。

5000多年前，伴随人类历史上第一批城市的兴起，金融诞生了。金融促进了城市的发展，也将人类带向了很高的繁荣阶段。从德莱海姆泥板上的铭文记载，到彭博终端的数字交易数据，金融从边缘出发，现在已经大量嵌入我们的生活中。金融就像一台巨型的计算机，和人类的各种活动都进行着联络。经过数千年的发展，金融体系已经变得无比庞杂，甚至经常会跳脱我们能够理解和掌控的范围。而如今的区块链技术，正是用一种全新的数字化的方式提升信息透明度和流动性，进而推动和发展未来金融的尝试。2009年比特币的诞生，是我们在数字世界留下的类似当年美索不达米亚文明时期的一张金融契约，它宣告着更加开放、普惠的金融运转机制的开启，又一轮伟大的征程将自此展现在人类的面前。

## 炼金术和反身周期

　　金融的本质是什么，我们为什么需要金融？在如今金融的发展过程中，我们又遇到了哪些障碍？回答了上述的问题之后，我们才能够更好地弄清楚以区块链为代表的数字技术将给金融领域带来具体什么样的变化。我们多数人都接触过各式各样的金融产品，比如活期、定期存款，银行理财，股票，基金等。企业和政府也都一样，企业要发展往往就需要融资，银行贷款、债券和股票是企业融资的重要手段。对于未上市的企业，则经常会通过风险投资（私募股权）市场筹得资金。在政府层面，出于支持公共事业的发展等原因，也会发行一些国债、地方政府债券等。

　　金融就是在为有钱人理财（投资），为需要钱的人融资的行业。我们在银行存入的资金，会被用于支持企业的发展，而我们也将在这些资金被使用的过程中获得利息收益。在金融不断演变的过程中，出现了很多服务理财和融资的金融机构。对所有这类机构来说，需要处理的核心就是三个问题：信用、杠杆和风险，让我们来分别解释一下。

　　首先是信用。没有信用就没有金融，信用是金融的立身之本，是金融的生命线。老子曾云，"人无信不立，业无信不兴，国无信则衰"。信用对于个人、企业和国家来说都是极其重要的事情，把信用放在金融上，就是你能够借到钱的保障。例如金融机构在某些企业提出融资申请的时候，会全面了解它的现金流、利润、抵押担保和管理人员、品牌等的信息，对其在过去的经营状况和未来发展进行一个综合的评估，然后得出关于它信用方面的评价。而其他有钱的机构或个人，就会根据这个评价来决定是否借钱给这家企业。

　　其次是杠杆。金融的特点就是杠杆，没有杠杆就没有金融的发展。

信用是杠杆的基础,一个主体在具备基本信用的基础上,大家才愿意考虑借多少钱给它。金融让我们有能力借明天的钱做今天的事,而杠杆就是透支未来的方式。如我们之前所说,如果什么事都是1:1,一手交钱一手交货,就不需要杠杆,也就不需要金融了。杠杆就是根据一个企业或者个人的信用,去决定将透支做到什么程度。透支在这里是一个中性的词汇,如果透支过分了,也就是杠杆超过了一个合理的范围,就会有坏账。金融说到底就是运用杠杆支持经济发展的行业,没有杠杆企业会缺少增长动能,杠杆过高就容易出现坏账,这是一切风险的根源。

所以最后一个是风险。当杠杆比没有控制好,坏账率过高,企业或者个人的还款能力下降,就会导致经济的风险开始上升。当越来越多类似的坏账问题出现,风险就会逐渐传导到一个地区、一个国家甚至整个世界,这个时候就容易发生金融危机。

解决金融恐慌或者危机的全部方法就是去杠杆,将经济发展的风险系数稳定在一个合适的区间。不管是国家的去杠杆,还是某个行业、企业的去杠杆,最后都是围绕着风险控制做文章。

金融的关键任务,也可以根据这几个问题总结成三点:一是信用问题,即如何建立科学的信用评价体系,筛选出最需要资金的主体予以支持;二是效率问题,即如何通过有规划的透支,保证经济这台机器高效运转;三是风险和安全问题,即如何保证工具运用中的风险可控,维护金融乃至整个社会大环境的安全与稳定。金融是由信息组成的,对信息的理解和把控构建了整个金融的世界。尤其是计算机和网络出现之后,大量的价格、交易信息都是通过网络上的数字来呈现的,而对于信用、杠杆和风险的判断准确与否,核心也在于能够掌握多少有效的信息。我们目前的金融体系面临的最大发展障碍是什么呢？正是出在信息本身，如我们在之前谈到的，我们现在诸多危机的根源都是由信息的不透明或者不真实造成的。

我们知道，货币是我们整个金融体系存在的基础。在数字世界中，以比特币为代表的数字货币希望能够从这个最底层开始，通过提升信息的透明度和真实性，为交易双方提供更为安全的交易保障，同时约束市场参与者的作恶行为，进而重构整个金融的生态。在很多区块链的技术人员看来，现在的金融体系充斥着欺骗和利益勾连。比如次贷危机中的分析师们出于贪婪，并没有向投资者清晰地展现复杂的衍生品背后所蕴含的风险；比如美联储采取的QE（量化宽松）政策带来的一系列后遗症，使得包括美国在内的各国不去正视经济的结构性问题，这也变相鼓励了过度投机，并造成随后几年在全球出现的巨大资产价格泡沫。

虽然比特币诞生至今已超过十年，各国也都还没有承认私人部门发行的数字货币具备类似法定货币的法律地位。如前文所说，基于这打破了长期以来由中央银行主导货币发行的惯例，以及这些数字货币容易被犯罪利用，而且波动性极大的特性不利于保护普通投资人的利益等原因，各国目前普遍将比特币等数字货币定义为特殊商品、支付工具、证券或者数字资产等。为什么一种被称为"货币"的标的可以被解读为如此多种类的资产？我们知道现在的整个金融体系都是在货币的基础上逐渐衍生出来的，如果我们未来的数字世界和物理世界之间是镜像和映射关系的话，那么目前通过区块链技术开发的这种暂且被称作"货币"的东西，也会在新的世界逐渐演变出一系列类似我们所熟知的债券、股票、保险等产品形态。

因为数字货币自一开始就是以现有金融世界积累的大量智慧为依托，所以我们也很自然会迫不及待地给这些羽翼未丰的数字货币们冠上诸多熟悉的概念。因而无论从货币、债券、股票甚至衍生品哪个角度来讲，我们都可以看到一系列相关的解读，对应的估值方式也五花八门。比如传统的金融衍生品是自布雷顿森林体系解体后才开始盛行的，此时的金融业已经发展了多年。然而仅仅经过数年的发展，基于数字货币研发的衍生工具却早已品类繁多，而很多主流金融机构运作了多年的量化策略，在一些数字货币上市后不久就被应用到投资体系当中。可以预料到，这将会造成基于数字货币组合成的资产在流通中出现很多我们之前难以预料的情况，同时也会大大加速整个数字资产行业的发展进程。这一系列因素的叠加，将进一步导致数字货币市场的价格波动频繁。加上整个监管机制和投资者教育都尚待完善，因而关于它价值的定义也存在众多不同的理论。在这里，我们可以简单罗列一下目前主流的几类数字货币的估值模型，这也生动地反映了现阶段我们对这类新兴的资产难以达成共识的情况。

1. 货币定价模型。假设将数字货币视为一种类似我们现在使用的法定货币的资产，可以用货币经济学的购买力平价理论或者前面谈到的费雪方程式来进行估值。2. 证券定价模型。对于业界的ICO、STO、IEO等行为，各国目前倾向于按实质重于形式的监管原则，判定其是一种证券行为。这时候就可以借用传统的股票市盈率法、现金流折现法等方式进行估值。3. 期权定价模型。如果将数字货币的经济价值看作以项目未来价值为标的资产的看涨期权，则可以采用现行的期权定价法确认数字货币的价值。

由于数字货币在本身还没有被很好地嵌入各类实际场景使用的情

况下，就已经被快速赋予了不同类型资产的属性，因而目前这种相对混乱的估值状况还将持续一段时间。此外，现在的估值更多是沿用已有的判断模式，未来伴随着数字世界内容的逐渐丰富，对不同类型资产的理解也将发生很大的变化，清晰的定价和估值也只有在那个过程中才能够被逐渐界定下来。

和现有的金融市场相比，目前数字货币的总价值仍然非常小，大多数人群也还没有真正介入。因此无论再怎么快速发展，想要成为主流资产品种仍有一段较长的道路需要走。根据统计，截至2018年年底，全球数字货币的总市值仅约1300亿美元，而其中比特币就占去几乎一半。然而据同时期国际金融协会（The Institute of International Finance）的数据显示，2018年全球金融债务总数已达244万亿美元，为全球GDP总量的318%。此外，根据美国期货业协会（FIA）的统计，2018年全球期货及期权的总成交量已达到创纪录的302.8亿手，总价值约为600万亿美元。

在数字世界逐渐涌现的金融工具中，会有很多是从我们目前的金融市场迁移过来的。比如现在已经有多家金融机构借助区块链技术进行跨境支付、证券产品的登记、入账和结算，还有一些正尝试将自己发行的全部金融资产都记录到链上，从而彻底实现相关资产的数字化。上面这些部分的变化并没有挑战现有中心化管理的框架，与技术极客们去中心化的初衷也相去甚远。但由于和现行体制的冲突较小，改变起来也会相对容易。另一些则会由现在的数字世界自发创设出来。比如瑞波币，作为一种跨境支付的数字货币系统，截至2018年年底流通市值已经达到147亿美元，机构客户数量超过200家，未来将有望成为现在全球转账采用的主流系统SWIFT（环球同业银行金融电信协会）

的替代者。此外最值得关注的还有基于公链研发的各类智能合约与商业协议，它们将会从创设全新的交易流程开始，逐步寻找到更为公平、透明的资产价值交换的方式。由于处在现实的金融、商业世界和底层公链技术的交会处，这类协议也最有可能诞生未来的超级经济体。

和其他几大类资产一样，数字货币将经历好几轮泡沫，并在最终逐步稳定下来，收益率随后也会回归到一个较为合理的水平。只有在这个时候，作为资产标的的数字货币才能够真正大范围地进入经济实体，并成为主流人群的投资对象。此外，因为具备极强的金融属性，区块链技术的发展过程也会和互联网很不一样，势必经历更多的曲折以及更大泡沫的洗礼。

事实上，过去的数据已经多次向我们证明了这一点。以比特币为例，历史上就曾经出现多次的暴涨暴跌，而且幅度都非常惊人。比如从 2013 年 1 月到 11 月底，11 个月内比特币从 13 美元涨到了 1149 美元，涨幅达到 87 倍，但是在随后的 12 月至次年年初，比特币又在 83 天内缩水了一半。在 2017 年的一年间，比特币从 998 美元一度涨到了 20089 美元，涨幅为 19 倍。而后从 2017 年 12 月开始到 2018 年年底，行情却开始急转直下，贬值为原来的 20%，交易量也随之大幅萎缩。

但无论如何，从一开始就将数据和资本强力黏合在一起的区块链技术，就这样在争议中跌跌撞撞地出发了。我们人类社会发展至今的整个商业和社会模式，原有的政府、企业和个人之间边界的划分，也都将在这一轮技术和金融的浪潮中发生重大的变革。区块链技术对于金融的核心价值，就是在信息透明带来的信用评估能力提升的基础上，通过实现分布与共识的统一，有效解决效率与安全之间的平衡问题。最终我们相信，我们的监管机构将找到更多有效应对未来变化的金融监管方式，行业也将在新的信任经济与网格组织的体系下，更好地处理好个体之间的分工协同。

在新金融的世界，一方面主体信用度将更为清晰可见，各类造假和不道德的金融行为将更难持续；另一方面，分布的增加可以提高杠杆的利用效率，使得更多的个体受惠，整个体系也将变得更加开放。与此同时，由于实现了与共识的同步发展，这种效率的增加也并不会以系统的安全性下降为代价。整个过程的结论会被最终达成的共识记录在链上，资产也会因为数字化的进程进行更广泛的拆分和组合，以此促进全球交易的流动和共通，并提升整个金融体系的繁荣程度。在数字货币深刻地解决了资产信息和价格的问题之后，将会以破竹之势，进一步带动其他行业冲破现在人类社会发展中的一些桎梏。我们在未来可以期待的，是一个无界的数字世界。

和互联网一样，区块链带来的创新也会更多从现有体系的边缘开始，这将伴生大量现有资产品种以外的产品。会有新的参与者，也会有人离场，对于全人类来说，这是又一场意义重大的远航。新旧观点会不断缠绕到一起，我们该保留些什么？哪些又应该摒弃和挣脱？我们的灵魂需要时常经受这样的考验。而纵使会经历离去，我们依然会有坚持走下去的那群人。接下来就让我们一起聊一聊这个在人类历史进入21世纪后诞生的数字精灵，它将在未来的数字时空中勾画出怎样的资产世界呢？

在政府机构方面，随着私人数字货币和法币体系的交互，未来由央行主导的货币机制会发生变革。国家依然会作为货币发行的主体，但是其监管的职能和策略会伴随着数字化的深入进行调整。一些国家会发行法定的数字货币，这将有利于提升货币政策的运用效率和影响范围，同时也会是新一轮国际竞争和抢夺资产定价权的核心武器。此外，对于采纳法定数字货币的好处，我们认为主要体现在以下三点。

首先，目前的现金机制存在着诸多的缺陷，它使得非常规货币政策无法顺畅地将经济调节到负利率的区间。此外，由于存储、发行和处理的成本较高，以及匿名性等因素的影响，现金还容易被用于非法经济活动。如果采用法定数字货币，就可以酌情收取"保管费"，这实际等同于负利率，也就避免了货币政策"零利率下限"的困扰。而法定数字货币的可追踪性，将为监控不法金融活动提供工具，使得我们能够更有效地对抗洗钱、逃税漏税等违法犯罪行为。

其次，通过法定数字货币，可以进一步疏通货币政策的传导渠道。我们在论述费雪货币周期理论的时候就曾谈到，除了央行发行货币之外，商业银行可以刺激货币的流通速度，所以也会在货币供应中扮演重要的角色。由于商业银行总会有一些基于自身利益的考量，而且现实中还存在大量更难监管的表外、通道、同业等影子银行业务，这会使得央行通过货币供应调节利率的行为受到一定程度的影响。而法定数字货币因其具有的透明性特征，将有利于央行更好地通过利率手段对资金价格进行配置引导。由私人部门发行的数字货币则会以实质上更类似于目前债券、股票等资产的形式在特定的企业组织或个人之间进行流通。其中一些信誉和风险管理良好的数字资产，将会逐渐获得社会的认同，并可以和法定数字货币进行自由兑换。由央行发行的法定货币依然会作为整个金融体系的标准管理工具，并对全市场的资金利率起着决定性的引导作用。

最后，从央行的存款准备金账户、银行账户到近年来的第三方支付账户，社会支付链条有不断延长的趋势，也越来越不利于政府对货币金融全局进行把握。随着未来法定数字货币发行和各类私人数字资产的上市，一方面我们可以顺应整个商业支付场景日益复杂和多样化的趋势，将一些需要高流动性、即时性交易的环节交给社会主体自行发展；另一方面，由于数字程序具有高度的开源和流动性，使得央行可以借用这一趋势实现与各类支付环境的直接联通，从而掌握更为准确的资金流动信息，并对整个金融与经济活动实施穿透式监管。

在企业融资领域，经济学的MM定理曾经指出，在资本市场足够完善的情况下，给企业一定的资产和发展机会，企业的价值与融资结构没有关系。也就是说，在信息透明的环境下，不管企业是发行债券、股票还是向银行进行贷款，都不会影响企业的融资成本。基于该定理的相关理论，张维迎教授在《公司的本质》一书中就企业治理模式、代理结构和理想的融资安排之间的关系进行了详细的论述。在信息完全的情况下，张教授认为企业的价值就会等于投资者的平均期望汇报，而不会存在贱买贵卖的机会。

我们曾经谈到，伴随着区块链的发展，网格型的经济组织将会崛起。网格组织的特点是信息透明且真实，而这背后的基础除了更紧密的协作关系之外，就是组织内各项资产的数字化。由于数字和资本的交会，这些数字资产会成为连接整个组织运行的节点，集中反映其全部的服务提供和资金运转状况，同时也将作为组织募集资金的底层标的，为更好地运用各项融资工具提供价值支撑。由于资产信息本身是代码开源和可编程的，在企业进行融资的时候，其背后的信息公开和可信程度也会随之大大提高。在这种情况下，我们的经济社会更加接近MM定理中的假设，也即无须计算融资结构配比，而是将更多精力投入创新研发和业务规划中去。与此同时，一些资本市场的恶意炒作、投机等行为也会慢慢失去空间。针对未来企业（或个人）的金融需求，数字化也将通过让产权和契约进一步明晰，减缓企业经营过程中债权人、股东、企业家或者说职业经理人、一般雇员之间的利益冲突，促进企业治理水平的改善，降低代理成本，使得企业的运作效率得到提高，从而可能吸引到更多低成本的运营资金。

对于具体的金融投资市场，我们以现有的债券和股票投资为例来说明区块链技术将会给市场带来的冲击。著名的投资家达利欧著有《穿越债务危机》一书，他在书中以大富翁游戏为例描述了其对于债务周期的看法。在游戏初期，人们持有大量现金，只有少量房产，因此将现金转换为房产是有利可图的。随着游戏的进行，玩家持有越来越多的房屋和酒店，也就需要越来越多的现金来支付租金。从此时开始，有一些玩家出于现金匮乏的原因，将被迫折价出售他们的房产来筹措资金。在游戏的前半段，"房产为王"；在游戏的后半段，"现金为王"。如果在游戏规则中加入银行贷款和存款的设置，那么玩家就可以借钱购买房产（也就是使用杠杆），并且可以把钱存入银行赚取利息而不是闲置，这反过来会为银行提供更多的贷款资金。随着这个过程的延续，房产的债务融资规模将迅速增长到数倍于存量的现金，直至有一天，持有房产的债务人将缺少足够的现金来支付租金和偿还债务。

由于出现债务违约，银行也会陷入困境，听到消息的存款人这时候会火上浇油，提现需求也会在短时间内快速增加。这就形成了一个恶性的循环，如果不采取有效的干预措施，银行和债务人都将破产，经济将会收缩，由此引发债务危机，并最终导致经济的波动。借贷会自然地产生自我强化的向上动力，最终反转再产生自我强化的向下动力。为了率先捕获债券投资的机会，就需要清晰地监控整个上下链条波动的变化过程，事实上，达利欧本人管理的庞大的桥水基金就拥有这样一整套智能的数据监测系统。

区块链技术将为整个债券市场插上一双翅膀。如同我们在前面提到的，现在金融市场上的产品（例如债券）会加速数字化的进程，在区块链世界也会出现新的债券投资品种，二者都将打破现有的信息均衡。对于投资者来说，这同时意味着机遇与挑战。好消息是及时改进和利用新技术的一方会率先获得投资收益；坏消息是机会对每一个人都是均等的，这也就意味着没能快速迭代的机构将可能面临淘汰。

而在股权（或股票）投资市场，我们重点要谈的是区块链技术对于现有一、二级市场机制将可能带来的结构性改变。我们都知道在数字货币领域，过去几年出现了一种新型融资手段ICO（首次代币发行）。数据显示，截至2018年年底全球ICO数量为1181个，共筹集资金73亿美元。虽然目前的融资金额不大，但是作为一种完全脱离了现行股票发行和监管机制的募资方式，ICO的确已经吸引了一大批机构和个人投资者的参与。我们在此并不准备对ICO做道德层面的批判，而是希望深入探讨，为什么区块链技术能够在短时间之内，催生出一个如此完整的"股权"投资市场。

最核心的原因依然是信息开放性在短时间内的飙升。在传统的企业股权市场，由于存在大量的信息不公开，因而即使在每一个环节都使用费用高昂的中介机构，相比事实本身，投资者能够获知的有价值的信息依然很少。尤其对于处在一级市场（未公开上市）阶段的企业，基本没有什么成形的信息披露机制，所以即便是专业的投资者也很难获得多少企业真实运营的数据。借用区块链技术（至少是借着区块链的名义）兴起的ICO市场，则从一开始就将企业在接下来全部发展阶段中数据公开的预期打开,这完全打破了原有的一步一检验的投资信息获取机制,使得投资者有信心能够全面而完整地掌握企业的经营情况。这也就是为什么我们会看到很多区块链项目在市场中会出现开业即融资,融资即上市情形的原因。

虽说从实践来看,这种完全去中心的方式也会引发诸多的风险。比如企业长期经营业绩仍然主要取决于市场趋势、管理层能力等因素,并不会因为信息完全公开就一定能够实现良好的发展。而且在新的信息市场中,由于各项规则都还很不成熟,导致浑水摸鱼的现象盛行。所以我们看到许多不清楚实际情况,或者受短时间市场情绪影响的投资者,多数都在上一轮的ICO大潮中遭遇了投资损失。

基于区块链带来的信息透明的预期,使得我们在未来可能不再需要区分一级和二级市场。这是因为二者区分的主要理由在于一级市场的企业处于早期,各种信息不完善,经营风险也较高,所以限定了不允许普通投资者参与投资。而当企业经过了早期的发展进入公众投资的二级市场之后,出于投资安全性的考虑,则会被要求进行更为严格的信息发布。目前ICO市场的泡沫已经逐渐退去,也仍旧有类似STO这种主动拥抱监管的方式在持续尝试中。总的来说,区块链技术在短时间内是难以建立一个大规模独立的交易市场的,未来更大可能会是和传统的股权市场彼此借鉴与融合,并最终形成一个全新的、多层次的融资体系。这个体系的划分标准,也不会按照现有一、二级市场的粗略分级方式,而是将以可获知数据的维度、企业所处的增长阶段以及用户覆盖范围等进行区分。

数字技术对于整个金融世界的冲击仅仅可以说是刚刚开始。虽然无法精准预测未来,但我们仍然可以通过思考提出一些模糊的设想。

在接下来的几年内，我们认为区块链给现在金融世界带来的变化将主要包括如下九条。

1.部分国家会发行数字货币，合规的数字资产交易所将建立，数字资产仍将比一般投资品的波动性大，但已经开始逐步稳定下来。2.将有数十种主流的数字资产成为与债券、股票、房产等并列的主流投资品，并可以达到全球经济总量的5%左右。3.更多的现实资产会上链，登记服务也会伴生地在区块链上展开，分布式的转账和结算网络将部分替代现有的中介机构。4.数字资产会逐渐成为会计处理的方式，多数银行将拥有相关服务，一些行业的销售和流转也将接受数字货币进行支付。5.部分企业的所有权、使用权等信息会采用数字方式记录，现有的估值体系将有重大变化，新型的、合规化的融资市场开始兴起。6.采用区块链技术的个人数字钱包会逐渐流行，人们之间的日常信息交流将和微型资产发行及交易联系在一起。7.区块链技术推动的行业发展会以加速泡沫化的节奏前进，并在更大的泡沫结束后迎来新生。8.普惠金融的影响范围将显著扩大，一些之前无法参与金融化进程的国家和地区、中小企业和低收入人群，将有机会获得保障他们生存的资金资助。9.经济周期的迭代开始进入加速通道，每一个组织和个人既是信息传递的节点，又是资产定价的中心。

我们有些人读过投资大鳄索罗斯的《金融炼金术》，也知道里面谈到的反身理论。在索罗斯看来，金融市场与投资者的关系是：投资者根据掌握的资讯和对市场的了解，来预期市场走势并据此行动；这些行动事实上也会反过来影响、改变市场原来可能出现的走势，二者会不断地相互影响。因此，根本不可能有人能掌握完整的资讯。区块链将缩短金融市场中反身周期的反射弧长，同时会推动整个市场朝着更为开放和协同的方向发展。经济周期仍将继续存在，因为我们面临的核心并不是技术的问题，而是人性的贪念和恐惧——技术在短时间内并不能够帮助我们完美地解决这一点。从整个人类社会来说，金融业本身的套利空间将减少，头部效应也更加集中，我们会有更多的时间和精力去解决两个核心问题——浩瀚的宇宙，人类的命运。

# 第七章 数字商业

### 隐秘的伤口

从记账和交易开始,区块链开始了自己在商业世界的旅程。和我们熟悉的会计账本不同,区块链记录的不仅仅是有关资金的往来,还有大量的业务沟通和发展的信息。从这个角度来说,我们可以将区块链账本类比作公司的年报发布,除了财务之外,公司的管理层还需要向市场说明在经营中遇到的各种情况。

我们现在主要采用互联网来记载各种信息,通过银行来管理和确认其中涉及金钱部分信息的往来。随着人类向信息社会的进化,这两个行业也催生了我们当今炙手可热的巨头们。从纽约、旧金山、伦敦到上海、深圳、新加坡,这些巨型机器不断创造着高额的利润,并因此吸引着最为优秀人才的加盟。由它们编织成的网络几乎塞满了我们的全部生活,从通信、社交到网上购物,从日常支付到投资理财,我们将自己的数据和资产交给它们打理,并从中享受便捷的服务。我们早已熟悉了眼前的这一切——这些企业生机勃勃,管理起来也井井有条,看上去,这个世界并不会发生什么改变。

果真如此吗?克莱顿·克里斯坦森有一本著作叫作《创新者的窘境》,讲的是一些优秀企业的管理者做出了合理的决策,但仍然导致了企业失败。比如零售业的领先企业西尔斯公司曾长期被认为是世界上管理最为灵活的企业,并一度占据全美零售市场 2% 以上的份额(这对高度分散的零售业来说是相当优异的成绩)。但正是在西尔斯受到潮水般赞誉的时期,它却完全忽视了折扣零售和家居中心的出现,并直接导致了其后来的衰败。几乎在同一时期,西尔斯还让维萨卡(Visa)和万事达卡(MasterCard)抢占了其率先通过零售业支付发展起来的信用卡业务。

同样的例子也发生在制造业、计算机等多个行业的顶尖企业身上。很多时候,产生这些问题的原因正是因为这些企业良好的管理。由于它们倾听了客户的意见,积极推动新技术的研发,以期向客户提供更完善的产品;由于它们认真研究了市场趋势,并将投资分配给能够带来最佳收益率的创新领域,最终使得它们丧失了其领先的市场地位。事实上,这些企业得到广泛认可的良好的管理原则可能只适用于某些情况。当市场处在重大转折的前夜,不采纳客户的意见,投资利润率较低、性能较差的产品,并且大举进军非主流市场反倒是明智之举。克莱顿·克里斯坦森将这种状况称为"破坏性创新",他通过分析指出,当开启这种创新窗口的时候,企业的管理者们遭遇失败的原因在于要么忽略了这些问题,要么选择抗拒它们。

区块链就是这样的一种破坏性创新,为什么这么说?通过将博弈论和密码学应用于计算机网络,区块链创造了更为信任的经济结构,进而推动组织实现网格化,这就在相当程度上解决了分布与共识间的矛盾。区块链是一种经济+组织+技术的综合体,它的出现有可能缝合我们生活的这个世界上的两道隐秘却致命的伤口。

第一道是互联网架构的风险。根据统计,针对现有的网络系统,仅 2018 年就有创纪录的 10 亿次破解。这里面有很多专门从事网络盗窃、诈骗的团伙和黑客组织，其目标就是通过攻击网络脆弱的环节窃得数据，或者利用网络世界身份识别的模糊骗得信任，并从中获得一些不法的利益。而基于一些政治、军事上的考量发动的网络攻击，更是严重威胁到主权国家的数据安全和核心机密。此外，我们还经常会听说各种各样的大公司窃取用户机密的问题，并将之归咎于这些公司的道德败坏或者唯利是图。然而事实上，一些初创企业对于用户隐私的漠视则更为严重，只不过因为大公司掌握了更多的用户数据，因而对它们的指责也更为集中。诚然，督促这些巨头采用更为公平的运营策略，以及教育用户在使用过程中对一些操作更为谨慎等方式势在必行。但我们需要认真思索的是出现这些问题的根源是什么？本质上其实是互联网在设计之初就存在的缺陷。正如我们在前文中谈到的，由于互联网的 TCP/IP 协议只是保证了数据的畅通，并没有过多地考虑使用者和平台之间数据所有权分配的问题，从而为其后来的发展埋下了风险隐患。

在互联网的早期，由于用户和流量分散在各个网站，这种隐患并不明显。在流量越来越集中的过程中，少数几家网站崛起，尤其是伴随着近几年这些大型网站向多个领域的全面扩张——当它们开始掌握用户衣食住行等各方面数据的时候，这种矛盾就变得尖锐起来。区块链的核心技术目标就是通过加密将数据所有权交还给用户：只有当你愿意主动拿出来分享的时候，平台才能够收集这些数据，而当数据发挥了价值之后，平台也将更公平地与用户进行收益分享。此外，通过博弈机制计入区块链的各项信息，一经写入即不得篡改，这也就规避了现有互联网体系下一些平台随意篡改信息的问题。相比集中式的网络服务，在区块链环境下发起DDOS攻击（将多个计算机的算力联合起来）等行为的成本也会升高。随着数据在未来社会中变得越来越重要，采纳这种更为分散的安全技术架构的性价比将逐渐超越现有中心化的技术管控方式（技术系统的采购同样符合信任经济的"U"形曲线）。当曲线呈现出右边部分的上升态势时，基于区块链技术的架构会在经济体中逐渐替代一部分互联网。在这个时候，由于数据更为分布并由每个个体自己掌控，攻击者们在区块链不断变换的五角技术中能够实施作为的空间会被极大地压缩，整个系统的风险系数也将会降低。

第二道就是整个金融体系的安全。我们可以看这样一组数据，同样是截至2018年年底，全球拥有超过244万亿美元的债务（在上一章也曾谈到）。面对这样巨额的债务，各国采取的方法就是争相发行货币，所以现在人类拥有的货币总量已经高达全球GDP的25倍。这就类似军备竞赛的情形，出于保护本国利益的目的，谁也难以主动停止这场战争。这种情况同时也加剧了各国之间的贸易摩擦，比如我们看到的中美贸易战的情况，其背后的核心原因之一就是货币冲突。在2008年席卷全球的金融危机爆发之后，时任中国人民银行行长的周小川曾经力促实践当年凯恩斯提出的想法，重建具有稳定的定值基准并为各国所接受的新储备货币。事实上，从1971年布雷顿森林体系瓦解至今，全球货币就一直处于没有黄金等贵金属支撑的状态。在这个风险更为可控的数字世界，区块链通过加密算法的形式，将为各国的稳定计划贡献一种新形式的"数字黄金"。假以时日这些数字代码甚至可以被用作未来全球通行的结算货币，用以长期维护国际货币金融体系的安全和稳定。当然，在货币数字化的过程中，还会出现大量其他种类的数字化资产，它能够更好地平衡金融行业效率与安全的矛盾，也可以帮助我们对一些金融巨鳄的高风险行为实施更有效的监督。我们在上一章中曾经重点讨论了这个部分。

在现行的体系下，网络公司通过分析用户的数据售卖广告，以此支撑起自己庞大的商业帝国。2018年，谷歌美国的网络广告收入达到创纪录的399.2亿美元，占据全美网络广告份额的37.2%，而广告营收的占比超过了谷歌公司整体营收的86%以上。事实上，撇开欧洲和其他地区，仅论在美国占有的网络广告市场，谷歌就已经超过了中国整个国家网络广告市场的总规模。即使谷歌一直以"不做恶"为价值导向，但是谁也不能保证一家私营机构在拥有了如此多难以被管束的权力之后会发生什么。计算机科学家施密特曾经在2018年8月发表了有关谷歌收集用户隐私信息的研究报告，该报告称，谷歌采用了各种手段，采集那些使用网页搜索、网络浏览器、手机操作系统以及各种谷歌产品和服务（比如YouTube、Gmail、Nest智能家居硬件）的民众的信息。在《后谷歌时代》一书中，作者乔治·吉尔德指出，现在的互联网充满了假新闻和网络欺诈，是时候跨越互联网的滑坡，为用户提供一个稳定的区块链数据库，并在这个数据库上建立新的信任和真理结构了。

如果说广告是网络巨头的金矿，金融业的暴利地带则主要来自盘根错节的衍生品市场。在现金、债券、股票和外汇产品的基础上，通过设置买空卖空等杠杆条款，全球衍生品市场吸引了大量的高净值人群，并在近二十年取得了爆炸式的增长。根据统计，截至2018年年底，全球对冲基金规模已经达到3.2万亿美元。巴菲特曾称衍生品为"大规模杀伤性武器"，正是这些无节制的衍生品交易，直接导致了2008年的AIG危机和雷曼兄弟的破产。然而华尔街的银行家们显然并没有从2008年的金融危机中吸取多少教训，在危机爆发十年之后，美国前25大银行的衍生品合约敞口创纪录的达到了美国GDP的12倍，数额巨大的衍生品也成为这些银行家们获取利润的主要来源。

关于这些衍生品背后所代表的具体资产，恐怕没有几个人能够完全说得清楚。这些银行之所以能够设计如此大规模的衍生品，是因为它们既了解资产的实际状况，同时又拥有非凡的推销和募集资金的能力。利用人性渴望赚取高额回报的心理，银行从中赚取了不菲的信任中介费用。未来只要美国经济保持稳定，这些极具风险的大规模杀伤性金融武器可能不会摧毁整个金融系统。但总有一天，如2008年一般的重大危机将不可避免地发生，当那一天到来时，这些金融工具很可能造成比之前更为严重的破坏。

如果说衍生品还是在金融市场飞速发展后，属于极少数富人的游戏。那么银行自15世纪在意大利威尼斯诞生以来，就是通过类似的信息差来获得盈利的。由于民众无法掌握全部资产的情况，就会将自己的资金委托给银行进行放款，同时获得低于银行放贷利率的存款利息收入。二者之间的差值就是银行业几百年以来赚取的主要利润。如果我们能够获知资产的真实信息，而资产的拥有者又能够顺利地和资金出让方连接的话，我们是否还需要银行？英国的银行业改革推动者西蒙·迪克森曾经有一本书叫作《没有银行的世界》，书中就描述了这种不需要银行中介的"众融"的情形。在他看来，包括数字货币在内的七大颠覆性技术，将有可能不断解构现有的以银行为中心的资产世界。

总而言之，区块链的出现就是来缝合上述两道伤口的，新的技术也将冲击现有巨头的私人领地。欧洲有一句谚语，叫作"面对变革之风，有人砌围墙，有人转风车"。新事物出现的时候，总会面临着一半的关注，一半的冷漠，区块链也是如此。由于涉及对传统体系的重大冲击，在获得合法性和普遍认知的过程中，区块链势必会遭遇到各种忽视和低估。不过现在的这些科技和金融的大鳄们肯定是读过《创新者的窘境》的，当面对区块链技术的时候，新时期的巨头相比工业时代的步履显然要轻盈得多。与此同时，在舞台边缘的初创企业们则似乎显得有些青涩和稚嫩，在本就不够整齐的队伍中，还夹杂着大量的传销分子、诈骗犯和投机者。看上去，这一次留给创始人们的机会不会太多了。在区块链即将编织成的硕大的巨网中，数据和信息将更加无碍地流动，新兴企业需要在翻滚的洪流缝隙中，找到某一个进入这个世界的小的切入口，从踉跄中出发，并不断避开现有巨头们的围追堵截。

除了商界以外，同样早早登场的还有各国政府，学术圈的热潮也是一浪高过一浪。观点很纷扰，岔路口也很多，在这样一个混乱的战场，很容易令人迷失，找不到未来的方向。在厮杀和叫喊中，我们已经历了过去的几次投机和泡沫，并且显然，我们还将继续经历这些。有的人会在浮沉中留下来，不会是在喧嚣和聚光灯停驻之处，而是坚韧地穿过一个又一个艰难的那些人。他们也许现在正籍籍无名，一如从前的，他们也会遭遇不少的误解、冷眼甚至嘲讽和奚落。数字世界道阻且艰难，行走得久了，岁月也在渐渐流逝。但总有人会从中蹚出一条路来，专注且坚定，正如电影《无问西东》中片尾的旁白：如果有机会提前了解你们的人生，知道青春也不过只有这些日子，不知你们是否还会在意那些世俗希望你们在意的事情……愿你在被打击时，记起你的珍贵，抵抗恶意；愿你在迷茫时，坚信你的珍贵，爱你所爱，行你所行，听从你心，无问西东。

就这样，在血腥与恐惧、光荣与梦想的号角声中，人类继续行走。我们将迎来波澜壮阔的一次对决，而在此之后，我们必将翻越到未来的数字世界。在商业的厮杀中，并不会有多少的完美，我们将面临的更多不过是妥协、蓄势，而后再次妥协，并等待下一次机会的出现。但或许这就是生命的意义——在川流不息的竞争和演化中，我们才可以真正找到通向未来的真理。

### 人人都有一个钱包

未来也许会是这样，当我们驾驶电动汽车（也可能是无人驾驶）去一个陌生的地方旅游，我们可以将车开到任何一个对外提供充电接口的房子门口去充电。在充电完成后，数字货币会自动从关联了车辆的数字钱包中扣除，并转移到该房子的电表所配置的钱包上。我们也许根本不知道这个房子的主人是谁，也不知道他们会不会对我们使诈，更不知道他们会不会将某些恶意的软件安装到车载计算机上以试图窃取我们的数字钱包。当然，除了不确定我们是否有能力付款之外，该房屋的主人也会对我们存在类似的担忧。

在过去的共享经济模式当中（房屋租赁的情况与此类似），我们没有办法完全解决彼此信任的问题。在区块链赋能的场景下，就可以通过一个不可篡改且被双方信任的记录，去确保这些设备之间发生的交易的诚实性。在区块链的信任体系下，哪怕交易双方互不认识，甚至彼此完全不信任，也不影响交易的进行。在属于新技术的大陆中，我们每个人都可以创建自己的虚拟银行，先进的数字钱包将变成这个世界的入口。监管层需要做的将主要是确保用户没有恶意的交易行为，并且一直在合法地进行纳税。区块链网格化的组织将支持各种数字资产、金融工具或实际资产的交易,而这些资产都将与一个基于数字化的区块链代理相连接。通过这样的方式,代表服务信息的数据和代表资产信息的数据会串联起来,并通过一个去中心化的、利益共享的数字机体来提供计算、分发和决策。

这样的机制将大大增加数字嵌入实体经济的广度和深度。我们都知道前些年热炒的物联网概念,但在这种狂热出现没多久,网络安全专家就对其安全问题提出了担忧。我们很容易想象如下的问题:黑客可以控制我们的房子、汽车、电视、智能手表、医疗记录等,黑客甚至可以远程控制飞机、供电网络,也可以通过关闭病人的心脏起搏器从而杀死成千上万的人。保罗·巴兰当初构建分布式网络的核心思想,就是为了抵御弹道导弹对中心化控制系统的毁灭性打击。而在目前,沿用了互联网设计思路的物联网系统,在将连接的领域由虚拟场景跨入物理实体的过程中,亟待加强整个基础设施的健壮性和安全性。

物联网是今后区块链在全球得以发挥更大范围分布价值的基础。在未来全球联网设备所组成的统一网络上,将发生数以百亿计的交易,而在区块链提供的技术框架的支持下,这些设备之间用于共享的数据会被限定在建立信任关系所需要的范围内。

比如在前面的例子中,当我们通过数字钱包付款给房子的电表时,不论是交易双方,还是区块链网络中的其他用户和参与者,都无法获取任何与本次交易无关的个人私密资料。即使出于交易验证目的所共享出来的信息,也会通过零知识证明、同态加密、安全多方计算等密码和隐私技术,来确保交易各方的数据安全。

除了给物联网设施将带来的数据广度提供价值之外,区块链技术带给我们的另一个影响就是数字经济所能触及的深度,围绕这一点我们接下来聚焦的一个核心词汇就是"供应链"。在帕拉格·康纳的《超级版图》一书中，构想了一个通过交通、能源、制造和通信基础设施的组合和升级，将人类所有资源全部连接在一起的"互联互通"的世界。康纳指出，目前全球地缘政治的焦点正在从领土之争转向互联互通之争，其主要表现为全球供应链、能源市场、工业生产以及金融、技术、知识和人才流动的拔河博弈，这意味着国家间的较量正在从意识形态逐渐过渡到供应链体系的较量。中国和美国就是这块新的世界版图的主角，通过搭建基础设施联盟，两国正在跨越国境线和海洋去构筑更加紧密的供应链伙伴关系。未来互联世界的地缘政治，也更多会体现为基于此所建立的数字基础设施的矩阵，而不是关于领土征服的政治风险分析图。

自第一次工业革命以来，一部全球经济的发展史就是人类庞大的能源和制造供应链体系不断深化和提升效率的历史。英国人瓦特在1776年改良的蒸汽机开启了城市化和工业化生产的序幕，在这之后，从美国福特汽车率先采用的流水线生产模式，到工业4.0的提出者德国推行的柔性供应链，每一次技术的进步都最终推动了全球供应链的演化。和先前技术一样的地方是，区块链对于现有行业的改造也会是从企业服务端开始的。里面的原因在于新技术不够成熟、初期使用起来的效率也不高，需要在企业服务体系中经过多轮打磨，并得到完整的验证后，才可以被应用于瞬息万变的个人用户市场。

而这种企业端的介入往往就是从供应链开始的。对于任何一项具备广泛影响力的颠覆性技术来说，都应该拥有提升人类生产和制造环节的能力。事实上，从20世纪90年代互联网商业化伊始，戴尔就开始引入早期的互联网技术，通过将其应用于美国、欧洲、中东和非洲以及亚太地区的总部、装配厂和供应链，来实现个性化笔记本电脑的生产。本田则是利用互联网和数据分析提高产品质量的典范，该企业安装的预警系统能够及时发现车辆故障，从而提前避免在生产中可能遭受的重大损失。通过分析包括保修服务分类记录的汽车故障、技工的记录、客户服务中心的通话记录三种数据源，本田可以及时掌握供应链的规律，并发出风险管理的警告。在这之后，互联网和数字技术逐渐进入家庭和私人领域，并成为我们今天家喻户晓的名词。从 To B 到 To C，技术的进化通常需要一个缓慢的迭代过程，并且中间往往还需要经历一个躺着的"S"形的起伏阶段，著名的 Gartner "技术成熟度曲线"描述的就是这类情形。

但区块链又和先前技术有很大的不同，这也决定着它在日后进入到实体商业的过程中，会出现互联网等技术从未遇到过的一些情况。这种不同之处的核心就在于穿透性，这里怎么理解？首先，区块链对于经济、组织乃至法规、制度都将产生穿透性的影响。而先前的蒸汽机、电力或者计算机、互联网虽然也给人类社会带来了颠覆性的变革，但是作为单纯的技术个体，它们对于社会共识和制度的冲击是比较缓慢的。即使每一轮工业革命所需要经历的时间相比以往都短得多，但即便是最近的互联网技术，从 20 世纪 60 年代末诞生到全面影响到整个经济和社会的形态，也花了三十年以上的时间。而区块链从 2009 年比特币出现至今不过十年，却已经很快就显现出全面改造的势头。

其次就是在具体行业上的穿透。人类利用目前所能掌握的数据，已经在试图整合供应链上的每一个环节。从顾客订单到满足需求，以及库存管理、劳务、仓库、运输交货等，供应链一体化的进程在互联网时代就已经展开。但是时至今日，我们仍然无法全面实现所谓的定制化、高效能的智能生产和服务。我们知道沃尔玛是供应链竞争者中的领军企业，由于在全球拥有每小时超过100万顾客的交易量，使得其能够收集到大量销售及库存的数据。正是基于对这一海量数据库进行的数以万计的营销分析，沃尔玛做到了颇为智能的供应链管控。

沃尔玛的营销人员通过分析数据，了解到在飓风来临之前人们会储存不需要烹饪或可以冷藏储存的食品，比如说凯洛格公司的果塔饼干，尤其是草莓味的果塔饼干，沃尔玛随即就会和凯洛格合作，加紧进货以备飓风之需。正是这种对顾客购物细致入微的观察，使得沃尔玛能够更加深刻地了解客户的偏好及购物行为，从而从销售端直接指导整个供应链的采购、制造和物流过程。这样做也让沃尔玛能够从供应商处获得定价及分销的特许权，并有助于减少商品在流通环节中不必要的损耗。

但这只是最头部企业的现状，行业中大量的中小企业仍处于供应链环节中的弱势一方。因为缺乏信息和协同，它们几乎没有办法根据实际市场需求合理地安排生产，这也就导致了产品的超额供应、仓储物流成本的飙升，并使得这些企业的运营成本提高、资金状况吃紧。这样的状态被称作供应链的牛鞭效应，它是对需求信息扭曲在供应链中传递的一种形象描述。其基本思想是：在供应链上的各节点，当企业只根据来自其相邻的下级企业的需求信息进行生产或者供应决策时，需求信息的不真实性会沿着供应链逆流而上，产生逐级放大的现象。由于这种需求放大效应的影响，供应方往往不得不维持比需求方更高的库存水平或者说是生产准备计划。

另一组数据同样说明了目前全球供应链的现状。根据IBM的统计报告，多达50%的处于全球供应链条上的中小企业无法获得业务发展所需的融资——信贷需求和发放之间的差距约为2万亿美元，可见我们供应链的运行情况并不十分理想。事实上，即便如沃尔玛、亚马逊这样的公司，也并不能说对供应链的管理就已经十分完善。近年来，包括沃尔玛这样的巨头，以及一些大型银行和科技公司，都纷纷通过区块链技术来改善供应链的流程和环节。相比以前的技术，区块链能够更为彻底地贯穿整个供应链，从而减小生产、销售中可能出现的摩擦，实现消费者和厂家之间的信息互通。只不过，这些银行和科技企业更多将区块链视为一种伴生的数据库技术，而其采纳新技术的初衷也并不是将利润更为公平地分给每一个参与主体，而是希冀可以借此机会提高自身的知名度。另外通过区块链技术，它们还可以更方便地访问系统内的历史和实时交易数据，因而有机会进一步增加营业利润，并为自己争取到新的客户。

## 数字镜像世界

让我们回想新芽破土而生的情景，都是在阳光微微洒过的时候，倔强地从地缝中钻出来。和一旁的参天大树相比，它们会显得那么弱不禁风。但是只要能够在生长的过程中，适时地吸收养分，而后抵御过几次严寒霜冻，就总会有新芽能够存活下来，直到有一天，变得根深叶茂。每一次技术和商业的演进，都如阳光照耀到人类此前没有沐浴到温暖的角落。在这些原本的阴暗和泥泞之中，会有新的物种繁衍壮大。它们总是先向这个世界探出一点点头，稍稍试探一下，待大体确认了温度和环境之后，就会义无反顾地走向远方。区块链创新的过程也会如此，它会从一个不为人知的地方出现，先是撕开一个小口，而后会匍匐前进，穿过灌木丛和湍急的水流。在最初的时候，它甚至会做出很多的幼稚之举,步子也常常缺乏节奏感,但是一旦让它找到那个恰当的姿势和方位,就会以自信而强大的姿态飞身而起,直至刺破苍穹。

在威廉·穆贾雅的《商业区块链》一书中,回顾了1994年以来互联网技术带来的关键变革,它们包括个人通信、自出版、电子商务以及社交网站。通过最终的回顾来看,互联网发展的各个阶段都可以一一和被其颠覆的实体对应,它们分别是:邮局、出版媒体、实体店以及真实社会。未来基于区块链的商业设施,将有机会取代目前的大多数网络应用。从资产交易这个现有互联网服务不够完善的地方开始,区块链将"接管"我们所拥有的信息和财产。通过创建更为公平的始于信用的服务,现在大量的互联网应用版本都将面临区块链点对点技术协议带来的挑战。而在这个过程中,更为开放和低成本的金融服务,也会减少收取高昂费用的金融机构的利润空间。

现有世界的巨头们显然意识到了这一点,正如我们在前文中提到的,不等新芽长起,它们就排开了防守架势。早在2015年9月,专注于金融行业研究及开发的公司R3CEV就已经成立,该公司倡导经过认证许可才能够加入的联盟链的运作方式,成立至今已吸引了42家大型银行的参与。另一个著名的组织就是由IBM等公司发起的超级账本联盟(Hyperledger),同时委托备受尊敬的开源软件组织Linux基金会来运营此项目,联盟里的成员包括英特尔、埃森哲、美国证券托管结算公司等著名企业。

然而即便采用了新的区块链技术,上述联盟的商业模式仍然建立在对数据的中心化控制之上,同时也在其客户的交易中扮演可信赖中介的角色。这与以比特币、以太坊为代表的去中心化的理想相悖,在日后的商业扩展中，也会不可避免地出现这二者所代表的联盟链和公链两种技术路线的分歧与斗争。在技术发展的早期阶段，联盟链的优势在于更容易处理大量的交易，以及拥有大型机构的信任背书，这将有助于在短期内推动体系内交易的开展。而就长远而言，最重要的目标还是鼓励一个可开放、可交互的公链网络的发展。不过暂时看来，这种理想化的公链还显得很不成熟：由于普遍存在交易确认速度慢的问题，而且扩展性和安全性也有不少的缺陷，与联盟链里强大的巨头们比起来，公链有时候甚至显得有些不堪一击。但是我们看到，公链技术目前正在快速地迭代。现在所谓的区块链3.0技术的重要组件们，包括跨链（代表项目如Polkadot、Cosmos等）、分片、分区、侧链、子链等，大致都会在2020年左右陆续上线，技术框架也将随之一步步走向成熟。而在这之后，基于公链、协议的大规模产业和应用的时代将会到来。

　　穆贾森有一些关于区块链商业落地的精彩评述。他提到，我们今天很多人在思考区块链的时候，首先提出的问题就会是区块链能够帮助我们解决什么问题？但是实际上这个问题本身就存在很大的主观局限性，因为我们这样问的假设前提就是区块链只能帮我们解决一些已经存在的问题。但是事实上颠覆性技术的作用往往是用来创造新的需求和机会，而非解决已有的问题。比如互联网初期是用来解决全世界都在抱怨的问题，但是却意外地将电子商务提供给我们作为一种新型的处理商品贸易的方式。

　　假如我们去问很多年前的报刊社，他们不会有多少新问题的困扰，但是不久互联网就彻底终结了他们的经营方式。同样，社交媒体也不是一个解决问题的办法，它们只不过是更便捷地处理人际关系的渠道。

## 第七章　数字商业

从这个角度来说，如果我们仅仅将区块链视为现有流程的改良工具，那么它将更像一个无形的内部流程优化的推动者。在一些上述联盟链的解决方案中，区块链可能更类似一个能做得更好的黑盒子，虽然能够在一定程度上提升效能，但它不会改变多少可见的外部业务模式。而当我们将区块链视为一种实现新的服务的机会，那就需要一种极具想象力的方式去思考，什么是可能的且什么在过去从未实施，或者实施得很不顺利。

爱因斯坦曾经说过，想象力比知识更重要，因为知识是有限的，而想象力却可以拥抱整个世界。对于区块链带来的最终图景，我们的建议是一方面思考现行供应链上存在的诸多问题，一方面考虑用户对于能够提供优质产品和服务的企业所拥有的投资和购买热情。基于能够统一分布与共识的原因，区块链将打通二者所代表的供应和需求间的相互传递（也即我们常说的"C2B"）。同时，伴随着区块链不断介入商业实体，新的市场很大可能将来自扩展的网格：在我们的组织内部，两个或多个相互协作的组织中间，或者起初没有和内部流程连接的完全崭新的领域——我们需要将目光从现存的需求中稍稍移开，更多地关注一些外部尚未尝试过的崭新领域。

基于上述的分析我们认为，包括能源、工业制造在内的几个行业以及医疗、零售领域的流通环节，将有机会在本次技术浪潮中迎来一轮快速增长的机会，这些行业的共同特点在于其与供应链和数据的关系颇深。当然，这并不是说区块链只会作用于这几个行业，而是我们认为新的技术将有可能让一些之前做得不好的商业环节拥有显著的进步。

人类目前遭遇的气候变化问题并不仅在于电厂对于煤炭这类高污

染原料的依赖上，它还与完全中心化的电网模式相关。由于电力能源的储藏地往往和工厂、居民区距离较远，想要以低成本、高效率的方式使用可再生资源，就需要让能源生产的源头尽可能地靠近能源消费端。去中心化的能源供应链方案将有可能解决上述问题。如果能源生产设施能够在本地完成，例如由每户房屋上的太阳能电池板组成微电网并分享这些能源生产能力，就能明显降低远距离电力供应网络所带来的能量损耗。此外，这种区块链结构的电网设计也不容易遭受网络攻击的影响。

制造行业复杂的供应链是由各种不同的企业组成的，而这些企业本来就是相互独立的。它们共同的利益点，是围绕在某个终端产品的销量最大化的目标上。由于彼此之间存在对价格比较敏感的采购合约，使得供应链上下游的成员之间难以共享信息。这种缺乏透明度的状况导致我们常常无法判断污染源究竟来自哪一家第三方供应商，也无法跟踪整个零件制作工序的全流程。应用了区块链技术的供应链则能够促进信息的自由流动，提升共享透明度及实时追踪能力。这会让企业更灵活地在供应链的各个环节中发现市场及价格风险，并及时地对客户订单做出响应，而这些客户也可以通过区块链知悉其所购买的产品来自何方。

在桑德斯的《大数据供应链》一书中，阐述了利用数据创建智能供应链的方法。大数据分析能够将流程中的信息转换成空前巨量的商业情报，它不但使企业能够明晰过去——了解过去发生了什么以及发生的原因，而且能够让企业更好地预测未来。

通过数字化的协调整合，能够实现供应链的采购、制造、物流和销售四个部分的一体化管理，进而优化整个供应链。但是，这样的供应链仅仅只能解决现有数据的提效升级问题，却难以创造全新的增量价值。在这种模式下，仍然会有大量中间阶段交易环节的价值会被锁定，从而使得整个供应链的效能无法充分地发挥。在应用了区块链技术之后，此前的诸多封闭信息会被解锁。大家也许会感到疑惑，同样是协调和整合的技术，为什么区块链就能够与众不同呢？一方面，区块链技术具备不可篡改和可追溯性的特征，会使得体系的开放性有一定程度的提高，这也是目前我们将该技术应用于供应链环节所主要采纳的部分。长期来看，要将生产端和消费端完全打通，从而更加细致、无折损的满足原来许多未被满足的需求，就需要将关键的激励机制引入。通过将独特的数字货币（资产）附加进来，交易和服务会变得更加分布，从而最终能够将整个供应链的价值彻底释放。

由于应用了这些包含信任信息的数字货币，我们谈到的去中心化能源设施的投资资金可以不再依赖政府发行的债券支持，而是来自包括本地居民在内的众多出资方。通过这样的安排，区块链技术支持的能源生产模式的财务成本将大大降低，也无须承担应对政治风险的保险费用。在具体的运用中，为了妥善实施这种去中心化的设计方案，我们需要将其中发生的交易以一种在本体系内自由流通的数字货币来结算，并将它们的浮动价格与"千瓦时"挂钩。当然，用户也可以随时将它转换成法定货币用于其他的支付场景。这种情况下，数字货币代表了电力的本地价格，就如所有的市场价格指标一样，它能够为微电网内的用户提供价格信号。由于它是一个数字信号，所以用户可以依此对自己的设备进行更加精细的调节，以最大限度地优化电力使用成本。例如，我们可以选择在电力富余时给自己的电动车充电，也可以为不同的设备创建一个用电优先级列表。这些价格信号也会反映电力供应链中供应与需求之间平衡的关键系数，进而引导电网的控制系统将多余的电力存储到电池里，并在电力紧缺的时候从电池中取电。这意味着系统不依赖于传统的大范围电网负载管理策略也能正常运作，最终实现对能源消费进行微妙、精确的管理。

如果将数字货币应用在制造业及贸易环节，就可以将供应链中流动的商品和服务记录为特殊的数字资产，并直接与需求端连接。例如在跨境贸易当中，区块链技术将为进出口行业的企业带来灵活性，并促进新兴业务流程的创新。通过这类的设计，能够让在途货物的所有者随时将相关的权利转移给任何地方的需求商户，而无须依赖某个港口对此进行记录。此外，目前很多中小企业很难接触到的信用证融资途径也会被打开。在之前，这些企业难以获得资金的原因在于放款人很难充分信任它们用作贷款抵押物证明的各种文档，如港口提货单，因为无法确认持有一份提货单的出口商是否早已把这些货物抵押到另一个贷款机构了。通过将这些文档的证据及其对应的留置权安全地记录在区块链上，可以证明其没有被重复抵押。这种情况下，中小企业能够清晰地证明自己的信誉度，并因此获得所需的发展资金，从而增加其在国际市场的竞争力。

数字货币将能为商品和服务提供更好的定价机制，生产者也可以基于这种机制做出更完善的资源分配决定。在另一端，产品的购买和使用者可以通过可靠的加密算法及监测系统去证明供应商交付成果的质量，并通过这些数字货币背后所包含的所有权、使用权和监管权等要素反向推动整个供应链的良性发展。在这个全新的以区块链为底层的数字供应链当中，原有的银行、承保人和网络信息服务商等角色将发生重大变化。新的组合将会以信任为载体，依照数字资产的风险和价值进行重新排列。原有的边界被打破，未来的数字经济体将呈现出高流动性、可拆分性以及即时性等特点，即本书所提及的数字无界的状态。我们需要从数字世界的角度来检视现有的管理体系。这意味着如果我们只是将注意力放置在流程、溯源和系统追踪的改进上，将很难发掘出事物演进的真相。我们应该先打造一个完全数字化的程序方盒，而后再将它投射到物理世界去确认哪些环节可以与之契合，而不是一开始就将幼小的技术放置到复杂的线下商业场景。有时候，我们可以去畅想一下，在这个全新的数字空间，我们是否可以从几个看似不相关的地方开始，去思考它们之间的共通性？

我们同时要摒弃一些固有的思维，重新去看待这个世界的运转规则。比如区块链经济的交易属性将强过互联网业已习惯的流量逻辑，免费模式将让位于精准的定价机制和频繁的资产交易。在现阶段，寻找到合适角度进行过顶传球的重要程度，将远胜持球单兵突入防守区，以及我们需要时刻保持敏感，去再次唤醒消失已久的长尾效应。从群体角度，区块链将为我们带来商业平台的可信、高效和透明化，最终让商业变得更加开放。对个体来说，用户的个性化需求则将和这些平台的供应环节紧密结合在一起，同时有机会深度参与其中，并不断获得各类激励。在这个过程中，我们不可避免地将经历不少的曲折，但是我们仍然可以通过思考提前规避掉当中一些明显的错误之处。

例如，对于目前比较火热的利用区块链进行文创版权／产权溯源的尝试，可能会面临发展缓慢的状况。这是因为对于全世界的一些瑰宝级作品来说，真伪鉴别、定价及售卖等环节高度集中在少数几个拍卖行、艺术机构和富人手中。如果是采用联盟链的方式，这与中心化的确权审核无甚差别。而如果将这些艺术品登记上公链，则无论是对于产权所有方，还是对未来的购入方来说价值都不大。因为增加再多的验证节点也无益于作品价值的确认——昂贵艺术品的定价往往只是少数鉴赏者的专利，并且这些价值连城的艺术品往往也没有多少被拆分交易的需求。

在一些长尾版权的领域，比如小众音乐或者仿制绘画作品，区块链介入的主要目的在于增加资产的流动性，并希望借此纳入更多的投资者和用户。然而这些长尾版权和我们前面谈到的供应链中资产的状况不同，除非有个别作品能够突然爆发赢得用户，否则即使它们获得再多资金的注入，依然没有办法改变原本的艺术风格和定价，这是由艺术品较为独立的主观创造性等特点决定的。所以即便引入了数字资产的工具，绝大多数作品的核心价值依然不会伴随流动性的增加而发生显著的变化，这会造成新用户涌入的积极性降低。由于缺乏有力的撬动未来的杠杆，平台也容易面临边界扩张缓慢的问题。

所以价值就只剩下处于中间部分的版权作品（类似我们说的优质的网络内容），但是这些版权往往又与现有的流量平台签订有较为长期的合约。或者说，原有平台积累的口碑和用户数量对于这部分版权来说也足够具备吸引力——因而短期内，将这些平台的用户迁移过来的成本将会非常高。由于这部分的版权不够长尾，因而很难作为区块链技术最早的改变对象，事实上，一些现有的利用区块链打造的类似版权平台也正在遭遇增长的瓶颈。我们并不是说运用于知识产权的区块链技术是个伪命题，我们着重强调的是单纯依赖这个领域很难真正进入区块链的数字世界。终有一天在用户熟悉了区块链经济的运转规则之后，版权类的平台也将被卷入其中，但是我们不认为它会是帮助我们通向数字领域的先锋。当然，某些其他技术在短期内的爆发，将有可能打破我们的上述假设，我们也将对此进行说明。

除此之外，在对待社群经济方面，我们也需要慎重地进行判断。现有的社群思维是互联网高度发达，用户群体大量聚集后的产物。在庞大用户基数的基础上，商业的核心任务是通过塑造产品的口碑和调性，以及采用大量的推广营销手段吸引与之匹配的社群用户的参与。而在目前区块链所处的阶段下，技术和商业模式尚未成熟，用户教育也还不够到位。所以商业的目标应该是先在产业端将流程跑通，而不能够将太多精力花费在用户社群（不是指技术社区）的重建和分配上。从这个角度来说，区块链现在并不存在所谓的粉丝经济，但我们需要一开始就考虑清楚产业端和终端用户之间双向连接的问题，这与互联网初期的情况会存在不同。所以现在一些打着去中心化的噱头，实际上仅仅将数字货币作为折扣和营销工具（甚至用来行诈骗之实）的区块链项目注定无功而返。如果是给用户一些优惠，那现在在网站常用的折扣券、红包等就已经绰绰有余了。数字货币的功能在于打通组织与组织、组织与用户的整个信任流程，同时激励做出了贡献的群体，而仅仅将其中的销售环节独立出来是没有办法创造价值的。

区块链技术在商业化落地的过程中，还需要依赖其他软硬件技术的支撑。区块链的主要作用在于保证数字世界的真实性和完整性，而新兴技术的成熟将破坏原有的壁垒和边界，在它们发展和变化的过程中，区块链也将迎来发挥更大价值的机会。比如5G技术，还是以刚刚的文创版权行业为例，在5G时代，随着网速的极大提升（会达到4G的100倍），下游智能硬件将迎来空前的扩张机会，并将引发版权的无限细分；比如说智能厨房音乐播放权、智能汽车音乐播放权、智能厕所音乐播放权等。介于现有的内容提供商（唱片版权公司）和内容分发商（网络平台）之间，以技术和数据为驱动的内容运营商将开始涌现。这个时候，我们在前面谈到的版权市场就有机会基于新的模式重新划分。通过使用全新的5G技术，版权生产者和消费者会拥有更大的空间通过区块链技术完成直接链接，从而消解掉原有平台的势力，更合理地保护用户和创作方的利益，以此重新构筑基于娱乐分享的新型业态。新的5G技术对于版权行业来说，将让原来处于中间部分的版权的成本快速下降，由此刺激长尾效应的崛起。而如果该技术能够在未来几年内快速成熟，将是改变现有生产和消费模型的重要契机。

另一个技术就是边缘计算。简单来说就是让一部分数据无须返回到调度中心，而是在靠近物或数据源头的一侧，采用网络、计算、存储、应用核心能力为一体的方式，就近提供相关的计算端服务。这类技术天生就和区块链联系紧密，它可以帮助区块链分布式的节点更好地在本地实现服务闭环，只是将最后的计算结果放到链上进行验证，这样做可以大大提高整个服务流程的效率。和这些技术一起，区块链也将获得增强自身扩展性和安全性的机会，并和现实的场景实现逐步对接。在这个过程中，信任的边界将伴随着"U"形曲线从技术世界走向实体商业，区块链可信证明方式的层级也会从一个一致性协议的一部分（例如工作量证明或权益证明），过渡到服务性证明（例如鉴定身份或者所有权），最终发展到服务中的证明（例如供应链、资产注册和契约转让）。

除此之外，与现实结合的障碍还将来自现有的法律和监管。对于现行的金融和商业体系来说，由于分属不同国家和地区的管辖，因而存在着复杂的监管条例。若要直接将以前的法律体系及其背后由人类来管理的机构与区块链智能合约的数字化、无形化、自动化、跨国界的特征结合起来，将会是一件较为困难的事情。因而，区块链技术带来的整个过程的演变将会从现有的监管边缘开始。在早期阶段，也会更多专注于一些非稀缺的纯数字化的资产，而后再逐渐扩展到更多高价值实体资产的领域，比如上文提到的拆细后的数字音乐版权，或者现有数字供应链上一些价值不高的零部件产品和服务。

要为未来的商业场景开发区块链的应用方案，还需要一定程度的标准化。在这个基础上，才能够纳入更大范围的用户，通过区块链技术建立联系，从而创造网络效应。只有当足够多的人开始使用标准且易用的核心协议发送数据、共享文件，并能够保证信用安全之后，区块链才能真正和我们的实际生产和生活紧密关联起来，最终形成类似今天互联网行业的网络规模。

我们将在通向未来的路途上，竖起一座又一座伟大的雕像，思考的、奔跑的、跌倒的、遗憾的，也将度过无数个孤寂的夜晚。直到有一天，我们终将抵达生命中的又一个辉煌的驿站，恢宏的交响乐奏响，会有熊熊的篝火，迎接那些远行已久的人们归来。以数字资产与场景构建的标准协议为核心，区块链将逐渐衍生出一个更加丰富多彩的商业世界。它的任务不是保证每个人都能够获得同样的财富和地位，而是在互联网创造的繁荣基础之上，使得资源和权力的分配更为公平，并进一步触发现有社会体系下生产效率的提升。我认为在未来的几年内，区块链给现在商业世界带来的变化将主要包括如下九条。

1. 在线身份与信用体系将呈现去中心化的特征，每个人都会拥有属于自己的专属数据。2. 当与其他人进行数据互动和交易时，用户将获得各类数字资产，但只会获得与本次交易相关的那一部分信息。3. 同层级机构之间的商业行为将自发且无摩擦的发生，一些中介机构将逐渐衰退。4.国家和政府将通过数字技术动态监控交易环节中的不法行为，征收赋税，同时参与协调跨级机构之间的信用换算。5.每个人都可以运行自己的商业模式，并可以通过数字标准协议与他人达成交易，基于现有结构的大型公司将减少。6.数字商品的供应链会更加透明，用户可以看到其生产和传递的过程，各类商品的质量、原产地等信息将更加易得。7.公链、联盟链、互联网将彼此交织在一起，不会只有一条全球通行的公链，通过区块链进行存储的数据将持续增多，商业机构将根据实际需求灵活地与各个网络发生交互。8.用户在使用区块链技术时可能不会意识到这项技术的存在，就像使用后台数据库一样。9.Dapp体量不会太大，最大的机构将来自处理区块链和现实世界之间技术调用和用户交互的商业协议，并推动区块链行业生态重构。

在未来的商业社会，每个人的数字钱包将关联一个无摩擦的"搜索引擎"，通过它可以查询到各类信息和资产征信状况。人工智能的分析软件将帮助我们挑选个性化的资产、服务和商品，而手表、智能头盔甚至洗手间的镜子都可以成为通向区块链数据库的入口。与我们生活的现实对应的数字镜像世界，也将会像城市复杂而交织的电网、供水和燃气、排污管道一般，彼此交错连接。就如我们今天居住在城市中，享受这些现代化的基础设施给我们带来的便捷，却很少能够感知到它们一样。在这些海量的数字资产堆积成的世界，最终也只会将极为简单的场景呈现给我们。思考着的人类此时正站在一面复杂、一面简洁的世界的中间，认真地回顾过去，并在行走中将学到的知识应用于更美好的未来。

数字无界，行走，是因为行走本身。

# 后　记　生命的晨曦

我们曾经提到，对传统产生颠覆式的创新一般都来自一系列技术的组合进化，单一技术往往并不会对商业和社会的现行体制产生彻底的冲击和影响。区块链本身就是这样一组技术的组合，除了信息通信、软件工程技术之外，区块链技术还引入了密码学、博弈论、经济、组织、金融等一系列自然和人文学科的理论工具。在本书的各个章节当中，我们对上面这些学科分别进行了深入的探讨，并提炼出了由开源和开放、不可篡改、加密、激励和协调预期以及 P2P 分布式网络技术共同组成的区块链五角技术模型。

在人类的发展史上，古希腊算不上是原创的文明国家，而是古巴比伦文明和古埃及文明在地中海的相遇和融合。在对人类自诞生以来的宗教和哲学进行了一次系统的梳理之后，古希腊又将文明延续至古罗马乃至整个西方。与希腊人主要专注于人和自然的思考不同，在东半球的中国，同时期的老子、庄子、孟子等先哲们，则更多在帮助我们探究人和人之间的关系。自 2009 年以来，由比特币开启的区块链技术的这次浪潮，可以被视为人类数字世界的开端。诚然，在这之前的计算机、互联网时代，数字已经被广泛地应用于我们的生产和生活。但是如同当时雅典城邦中的哲学家和数学家们一样，以上述各项技术为基础诞生的非原创的区块链技术，有机会让人类完整地通过数字将各个学科的知识，以及商业和社会生态搬到一个全新的计算智能的世界。

这将帮助我们更接近一直以来不断追寻的宇宙的奥秘和真相，思考人类在其中存在的意义。地球之外真的有任何能够与之比肩的文明吗？在拥有3000亿到5000亿颗恒星的银河系中，我们的行星是不是唯一一颗有生命的？……也许当我们仰望夜空时，在那些暗弱的光点附近有一个世界，其上与我们完全不同的文明同时也在盯着被我们称为太阳的恒星？在另一方面，和中国古人思考的人和人之间的关系一脉相承的是，面对无尽的自然，每一个个体的生命都是如此渺小。为了在自然中求得生存和发展，对于人类社会来说，我们面临的第一大问题就是协作。

金属的使用、农业的普及以及工业的机器给了我们改造世界的工具，但是真正让它发挥价值的是来自人们之间消除成见的通力合作。在这一过程中，我们产生了社群、民族乃至国家，它们将分散的个人团结在一起。通过分工机制的建立，以及各项道德和法律规范的确认，这些组织带领人类从饥饿、疾病和蒙昧走到了今天。

早在250万年前，类似现代人类的动物就已经在地球上产生了。经过认知革命、农业革命和科学革命的洗礼，人类一次次地携手，不断地创造出更为丰富多样的社会繁荣，也将更多元的知识、更优越的生活条件带给地球上更大多数的群体。在历史的长河中，人类社会不断地涌现出一个又一个科学和文学的巨匠，从亚里士多德到爱因斯坦，从莎士比亚、列夫·托尔斯泰到泰戈尔。他们用优美的数学公式和文学语句，照亮了人类前行的步伐，使得我们在生命的这场探险中感到不那么孤独。

　　带着对于全新的数字世界的渴望，人类将开始又一次伟大的征程。区块链继承了互联网社区早期开源、分享精神的传统，并进一步叠加了一项关键的技术——密码学。通过它的嵌入，为整个数字社会的个体增加了一层牢靠的权利保障。与1789年法国《人权宣言》中声称的"私人财产神圣不可侵犯"一样，加密算法的出现代表着对于数字化的个体分布利益的强有力的保护。我们的五角技术基本都是建构在密码学的框架之上，在前面的章节中，我们也就此展开了详细的说明和讨论。另外，虽然人类已经通过自己的双手，建立起了前所未有的高耸的物质大厦，但总的来说，我们的资源相对于每个人的需求和欲望仍然是稀缺的。正因为如此，人类一面展开协作，而在过程中却又不得不一面围绕资源的获取展开争夺。为了研究这种多个个体（团队）之间在特定的资源限定条件下进行竞争的策略和对策，人类发明了博弈论。

　　最早的博弈理论源自军事、赌博以及棋牌游戏，中国古代的《孙子兵法》不仅是一部军事著作，也是人类历史上第一部拥有完整博弈思想的作品。近代以来对于博弈的研究则始于策梅洛、波莱尔及冯·诺依曼。1928年，冯·诺依曼证明了博弈论的基本原理，从而宣告了博弈论学科的正式诞生。1944年，冯·诺依曼和摩根斯坦共著的划时代巨著《博弈论与经济行为》将二人博弈推广到n人博弈结构，并将博弈论系统地应用于经济领域，从而确立了这一学科的基础理论体系。1951年，纳什利用不动点定理证明了均衡点的存在，为博弈论的一般化奠定了坚实的基础。他在同时期撰写的开创性论文《n人博弈的均衡点》《非合作博弈》中，给出了纳什均衡的概念和均衡存在定理，对博弈论的发展起到了至关重要的推动作用。到了今天，博弈论已发展成一门较为完善的学科，除了作为经济学的标准分析工具之一，还在金融学、计算机科学、生物学、国际关系、政治学等多个学科的研究中被广泛应用。

由于自冯·诺依曼之后的研究主要基于数学理论和方法，博弈论现在常常被视为现代数学的一个分支。通过分析公式化了的激励结构间的相互作用，博弈论观察个体的预测行为和实际行为，并研究它们的优化策略。从中本聪的比特币实验开始，区块链的早期探索者们将这一理论引入数字货币的加密世界，并有可能以此为出发点，给我们现有的经验和体系带来颠覆式的冲击。正如我们在前文中所说，通过数字化的博弈设计，未来世界的个体（分布）和集体（共识）将有可能达成协同。这并不是说我们会一步迈向共产主义，而是一些集体和个体间长久以来存在的矛盾冲突，会在区块链的技术体系下大幅减缓。区块链将推动人类开启又一轮的社会分布进程，但是与以往不同的是，我们看到的未来不仅仅是通过失控和离心力赋能给个体，而是能够在满足大范围个人需求的同时，也并不损害集体的决策功能和利益。正是因为存在这样的机制安排，区块链将引领人类社会走向前所未有的繁荣。由于能够借助数字完成符合分布利益的共识，同时还具备可验证的属性，我们在网络上传递的信息的真实性会大大增加，从而使得区块链技术可以被用作价值的传递媒介，也就令其具有了代表现实世界高价值资产的功能。

通过密码学和博弈论的引入，区块链给现有的网络世界注入了信任。我们在之前提出了关于信任经济的"U"形曲线，并认为目前区块链经济仍处于其左侧。随着后续技术被应用到越来越多的商业和公共场景中，整个社会的信息交易成本将显著降低。当渡过了"U"形曲线的低点之后，分布与共识将能够统一起来，技术带来的网络效应也将开始成倍的增长。我们也曾谈到，由于分布和共识的打通，现有的组织体系将面临重构和升级，并形成纵横交织的网格。公司的形态会发生重大的变化，现有商业营利机构将兼具非营利机构的某些特征。总体来说，中介的价值会在未来下降，经济体的透明度将进一步增强，利润和激励分配会更公平，平台不合理地侵占用户利益的状况也将得到遏制。

基于经济和组织的改变，我们也需要重新审视金融资产和商业决策的概念。由于高价值数据的集中汇聚，金融和商业信息的透明性、真实性将产生质的飞跃，借助区块链结构产生的超级数据经济体也将与机器算法结合。在未来，这类经济体将产生大量智能化的资产，并将以此为基础催生智能的决策服务体系。与从前的技术爆发过程不同，区块链经济体的引爆将发端于数字化的金融资产，这也从另一个角度印证了区块链的与众不同，因为人类历史上还没有哪项技术能够直接作用于我们根深蒂固的货币金融体系。

但仔细推敲起来，这项技术的出现也属于必然。和日新月异的技术与商业活动比起来，我们的金融制度却显得多少有些陈旧。我们知道，目前国际银行业竞争的基础规则仍然基于1988年就已经签订的巴塞尔协议（虽然此后有过几轮微调），而2008年爆发的全球性金融危机便是现有金融制度不足的某种集中反映。除此之外，全球金融和汇率稳定同样是矛盾的焦点。在保持各国中央银行的独立性和权威性的同时，如何建立合理密切的沟通协调机制，并借助包括外汇市场干预等手段，形成一个国际汇率的合理波动范围，以实现国际货币金融体系的安全，确保国际贸易的顺畅开展，是今天各个主权国家，尤其是以中美为代表的大国需要面临的重大挑战。

区块链技术将给现有的金融体系带来更好的信用、更高的效率以及更安全的结构，提高金融资产的流动性，也让估值回归到合理的水平。通过采纳分布式的信用审核机制，金融行业的融资和投资流程将变得更加高效，以此更好地服务实体经济，成为从个体、企业到行业部门乃至区域经济之间共通的桥梁。除了具备原本的资产属性之外，区块链经济体上的资产也将成为服务搜索的节点。通过开源代码和信用自证，区块链技术将资产和服务连接到一起。伴随着未来应用场景的深化，这一功能将变得愈加具备即时性、个性化和可交易等特点。基于资产的估值定价、交易选择会更加智能，同时促使商业决策的信息搜集、模型设计等流程实现自动化、智能化。

现有金融和商业的边界将在这个过程中被打破，比如我们现在熟悉的中央银行、商业银行、互联网平台、实体企业之间的分工和利益格局将会被重构。央行仍然会存在，但是将面临新的挑战和机遇——挑战在于数字金融体系的资产和权力较之以往将更加分散，这会增加跟踪和监管的难度，机遇则是因为数字化将提高货币流动的可视度，使得央行在制定配套政策的时候有更多工具可供选择，政策推行起来也将更加高效。

区块链将更深入地同时嵌入供应链和用户两端，帮助我们的商业进一步提高细分场景下的运营能力。开放性会是这一经济体的基础，不具备这种意识的企业很容易在未来面临淘汰。此外，我们还需要善用数字资产实现对参与主体、用户的实时激励。通过将利润直接进行分配，以及所有权投票机制的推广，用户和平台之间的利益将被深度地绑定。在未来崛起的新型组织的核心价值，就是在这个闭环中为参与主体提供高价值的、更为公平的决策建议。

自此，我们来总结一下本书提出的相关框架，它们主要包括技术、经济、组织、金融和商业五个部分，分别是：1."不可篡改＋加密"的五角技术，包括开源和开放、不可篡改、加密、激励和协调预期、P2P传输网络五个要点。2.信用、效率、安全与共通的金融体系，以智能资产为核心，包括以上四个要点。3.开放、激励与共通的商业体系，以智能服务为核心，包括以上三个要点。4."自主分布＋协同共识"的网格组织，包括以上两个要点。5."U"形信任经济，包括以上一个要点。

在上述体系的共同作用下，未来的数字世界将呈现出崭新的样子。里面的各个构架会彼此相连，数据会被个体拥有，需要进行信用确认的数据会被记录在链上，并像传送带上的货物一样通过四通八达的区块链网络被运送到世界的各个角落。用户会用自己的数字钱包与之相连，通过调用一些口碑良好的基础协议，用户会挑选自己所需的资产和服务。写到这里，我们终于可以完整地将数字世界的逻辑结构呈现在您面前了。在我们以兴奋和欣喜之情奔向未来的同时，我们又将遇到什么样的挑战呢？除了面临那些既得利益的威胁，以及需要和人类固有的思维不断做斗争之外，还有什么会是我们的障碍？数字世界将带来个体和群体之间更为和谐的生态，那谁又会是我们追求这种和谐的敌人？

在卡尔·萨根的《宇宙》一书中曾经讨论了这样的情景：也许像地球这样能够演化出相对先进生命的概率是很低的，或者即使复杂生命形式已经演化出来，但智慧和技术社会的发展仍然需要一系列低概率的巧合。在他看来，也许文明曾在银河系的无数行星上反复地出现过，但都是不稳定的，因此很少有能从自身技术造成的灾难中存活下来的，都会屈服于贪婪和无知，污染和核战争。在当今数字技术越来越先进的人类社会中，萨根看到了这样一种冲突，一边是我们的愤怒，源头在于深埋在我们大脑底层的来自古老爬行动物的R复合体部分，它控制着杀人的暴怒，我们的奴役倾向、种族主义、歧视女性以及暴力行为也多与此有关；另一边则是近期才演化的哺乳动物和人类的大脑部分——边缘体和大脑皮层。

当人类还生活在小型群居时代时，那时我们的武器相对落后，即使是全副武装的武士也只能造成极少量的死亡。随着我们的技术的进步，战争的手段也进步了，同时我们自己也进步了。我们在不断训练自己的理智，用来控制自己的愤怒、沮丧和绝望，我们也在尽力改善世界范围内的不公。但我们的武器现在能够杀死数十亿计的生命，我们进步的速度足够快吗？我们是否尽自己所能地进行理智教育？我们是否有勇气去研究导致战争的原因？

《世界秩序》的作者基辛格也曾发出过类似的疑问。科学和技术是我们这个时代的主导观念，科技发展突破了传统的文化限制，但也催生了足以毁灭人类的武器。未来的数字技术应该用于什么目的呢？如果技术成为日常生活中不可或缺的一部分，甚至类似我们说的以区块链为代表的数字经济这样会自成一体，又将会对国际秩序产生什么影响？面对现在破坏性巨大的现代武器，共同恐惧能促使人类团结起来消除战争灾难吗？还是拥有这些武器会让人永不安宁？通信甚至是未来资产交互的方便快捷和无处不及，能够突破社会和个人之间的壁垒吗？在区块链搭建的信任世界里，能让中国领导人重新倡导的，古老的人类共同体的梦想变成现实吗？还是正好相反，由于大规模杀伤性武器、网络透明、缺乏隐私，人类被迫进入一个没有任何界限或秩序的世界，在无法理解的危机中挣扎？在迈向未来的道路上，人类应该追寻的真谛又是什么？

在赫拉利的大作《今日简史》书中，他对人类命运大议题发表了自己的见解。在他看来，人类历史虽然是由一个又一个并不完全真实的故事组成的——比如法西斯宣传的民族主义反抗外敌压迫的故事、印度史诗《薄伽梵歌》中王子阿朱那成为战士的故事等，但是我们的终极目标并不是要编制更多的故事，并一直生活在这些虚构的故事中。这里我们将提及一个核心的词汇，也就是"心智"。虽然阅读对于发展我们头脑的智慧大有助益，但是即使在饱读诗书的有识之士当中，真正了解自己心智的人也没有多少。包括科学家在内，许多人都把心智与大脑混为一谈，但两者其实根本就不是一码事。大脑是由神经元、突触和生化物质组成的实体网络组织，心智则是痛苦、愉快、爱和愤怒等主观体验的流动。显微镜失焦的时候，只要具备一定的生物学常识，轻微转动调节手柄，就能调整焦距，但如果是心智失焦，就没有这么简单的解决办法了。他人无法直接了解我们的心智，人类只能依靠大量的训练和自我观察，才能冷静下来，让心智集中，并做出合理的决策和判断。

历史上，人类为自己创造了种种复杂的故事，这些故事的本意，是让更多人团结起来，结合力量去维持社会和谐。这些故事满足了几十亿人的温饱，使他们不至于互相残杀。我们通过这些故事去认识世界，却不知不觉身陷其中，变得越来不了解自己。随着技术的进步，越来越多的数据和算法在为我们创造无数便利的同时，也让我们更加难以观察到真实的世界和内心。在未来的很多时候，我们会交由数字机器去决定我们是谁，该知道自己的哪些事。在技术的驱动下，我们的物质将愈加丰盛，但心智却不见得会有多少的提高。在这样的世界，我们最需要记住的会是什么？我们又需要将最宝贵的时间用在哪里？是智能手机里一闪而过的朋友的照片，是娱乐网站的八卦头条，还是财经终端跳动的价格曲线？除了这些之外，有哪些是我们短暂的一生中需要努力让它停驻的？

每个人对此都会有不同的答案，有的人会希望自己能够在这个世上留下些什么，比如基因或者诗歌，有的人追寻的是爱。坚守、放弃、喜悦、绝望，人类在自己人生的修行之路上走着，每个人都会或多或少经历这当中的种种。未来的数字世界将更加难以捉摸，我们看到的往往不一定就是事实的真相。能够最终带领人类穿越这条荆棘之路的，是极度的清醒和自律，以及顽强的意志。在这个过程中，我们需要直面痛苦。因为如果想知道宇宙的真相、人生的意义、自己的身份，最好的出发点就是开始观察痛苦、探索痛苦的本质。一个敢于面对自己痛苦的人，才有可能不断攀登到更高的山峰。为了探究这些，我们需要吸引志同道合的同行人，从不为人知的角落边缘出发，除此之外，我们需要保持善良以及相信未来。

中国的哲学家王阳明曾说，"汝未看此花时，此花与汝同归于寂。汝来看此花时，此花颜色一时明白过来。便知此花不在汝之心外"。这句话的字面意思是说，你没有看到这朵花，它的存在就被淡化甚至忽视，而当你看到它时，它的存在就会凸显，就会明朗化。这也就是佛学所说的"万法唯心造"。心灵的一切问题，追到根子上，其实都只是心自己的问题。世间种种无论怎样险恶，只要我心不动，便奈何不得

后　记　生命的晨曦

我分毫。在未知的数字世界中，无论技术变得多么复杂，我们需要做的都是目标坚定地前行，并时刻提醒自己不要被路边纷杂的风景迷惑住心灵，延缓我们的步伐。

在数字世界的某个清晨，会有阳光唤醒我们，打开窗户，仿佛回到了自己出生的地方。那里有清新的空气，有沾满了露珠的新芽，还有一丝泥土潮湿的气味。我们此时会微笑，闭上眼睛，伸开双臂，去拥抱属于最伟大的生命的那一缕晨曦。

# 参考文献

[1]维特鲁威.建筑十书[M].陈平,译.北京:北京大学出版社,2017.

[2]牛顿.自然哲学的数学原理[M].王克迪,译.北京:北京大学出版社,2018.

[3]刘慈欣.三体[M].重庆:重庆出版社,2008.

[4]欧几里得.几何原本[M].邹忌,译.重庆:重庆出版社,2005.

[5]维克托·迈尔·舍恩伯格,肯尼斯·库克耶.大数据时代:生活、工作与思维的大变革[M].盛杨燕,等译.杭州:浙江人民出版社,2013.

[6]尼古拉·哥白尼.天体运行论[M].叶式辉,译.北京:北京大学出版社,2006.

[7]霍布斯.利维坦[M].黎思复,黎廷弼,译.北京:商务印书馆,2017.

[8]伯纳德·林斯基.从数学原则到数学原理的命题逻辑[J].陈磊,王秀娟,译.学术论坛,2017(3).

[9]许慎.说文解字[M].段玉裁,注.上海:上海古籍出版社,

1988．

[10]郦道元．水经注[M]．北京：线装书局，2016．

[11]吴军．数学之美[M]．北京：人民邮电出版社，2014．

[12]侯世达．哥德尔，艾舍尔，巴赫：集异璧之大成[M]．严勇，等译．北京：商务印书馆，1997．

[13]凯文·凯利．失控[M]．张行舟，等译．北京：电子工业出版社，2016．

[14]弗雷德·S.克莱纳，克里斯廷·J..加德纳艺术通史[M]．李建群，等译．长沙：湖南美术出版社，2017．

[15]张维迎．博弈与社会[M]．北京：北京大学出版社，2013．

[16]柏拉图．理想国[M]．张竹明，译．北京：译林出版社，2015．

[17]阿尔曼·艾尔钦，哈罗德·德姆塞茨．生产、信息成本和经济组织[A]．北京：北京大学出版社，2000．

[18]唐塔普斯科特，亚力克斯·塔普斯科特．区块链革命[M]．凯尔，等译．北京：中信出版社，2016．

[19]雷·库兹韦尔．奇点临近[M]．李庆诚，董振华，等译．北京：机械工业出版社，2012．

[20]亚当·斯密．国富论[M]．唐日松，译．北京：华夏出版社，2012．

[21]约翰·梅纳德·凯恩斯．就业、利息与货币通论[M]．陆梦龙，译．北京：中国社会科学出版社，2009．

[22]悉达多·穆克吉．基因传[M]．马向涛，译．北京：中信出版社，2017．

[23]亚当·斯密．道德情操论[M]．谢宗林，译．北京：中央编译

出版社，2008．

[24]Hal R. Varian, Joseph Farrel, Carl Shapiro. The Economics of Information Technology：An Introduction[M]. Cambridge University Press：Cambridge, 2005．

[25]古斯塔夫·勒庞．乌合之众：大众心理研究[M]．冯克利，译．桂林：广西师范大学出版社，2015．

[26]弗兰西斯·培根．培根随笔[M]．蒲隆，译．上海：上海译文出版社，2010．

[27]老子．道德经[M]．富强，译注．北京：作家出版社，2016．

[28]Coase, R.H, 1937, The nature of the Firm, Economics, Vol.4．

[29]克莱·舍基．未来是湿的：无组织的组织力量[M]．胡泳，沈满琳，译．北京：中国人民大学出版社，2009．

[30]奥利弗·哈特．企业、合同与财务结构[M]．费方域，译．北京：格致出版社，2016．

[31]弗里德里希·冯·哈耶克．货币的非国家化：对多元货币理论与实践的分析[M]．姚中秋，译．海口：海南出版社，2019．

[32]迈克尔·加扎尼加．人类的荣耀：是什么让我们独一无二[M]．彭雅伦，译．北京：北京联合出版公司，2016．

[33]史蒂芬·霍金．时间简史[M]．许明贤，吴忠超，译．长沙：湖南科学技术出版社，2010．

[34]乔尼·赖安．离心力：互联网历史与数字化未来[M]．段铁铮，译．北京：电子工业出版社，2018．

[35]中涛．保罗·巴兰对于互联网产业的贡献[EB/OL]．腾讯网，

2012-09-04.

[36]罗贯中.三国演义[M].北京：人民文学出版社，2010.

[37]吴修铭.总开关：信息帝国的兴衰变迁[M].顾佳，译.北京：中信出版社，2011.

[38]布鲁斯·施奈尔.网络信息安全的真相[M].吴世忠，等译.北京：机械工业出版社，2001.

[39]马克斯·韦伯.经济与社会[M].阎克文，译.上海：上海人民出版社，2010.

[40]布莱恩·阿瑟.技术的本质[M].曹东溟，王健，译.杭州：浙江人民出版社，2018.

[41]维克托·迈尔·舍恩伯格，托马斯·拉姆什.数据资本时代[M].李晓霞，等译.北京：中信出版社，2018.

[42]尼尔·弗格森.货币崛起[M].高诚，译.北京：中信出版社，2012.

[43]拉斯·特维德.逃不开的经济周期：历史，理论与投资现实[M].董裕平，译.北京：中信出版社，2012.

[44]张维迎.理解公司：产权、激励与治理[M].上海：上海人民出版社，2014.

[45]Ray Dalio. Principles for Navigating Big Debt Crises[M]. Bridgewater: New York, 2018.

[46]乔治·索罗斯.金融炼金术[M].孙忠，侯纯，译.海口：海南出版社，2016.

[47]克莱顿·克里斯坦森.创新者的窘境[M].胡建桥，译.北京：中信出版社，2014.

[48]吉尔德.后谷歌时代：大数据的没落与区块链经济的崛起[M].邹笃双,译.北京：现代出版社,2018.

[49]西蒙·迪克森.没有银行的世界[M].零壹财经,译.北京：电子工业出版社,2015.

[50]帕拉格·康纳.超级版图：全球供应链、超级城市与新商业文明的崛起[M].崔传刚,周大昕,译.北京：中信出版社,2016.

[51]威廉·穆贾雅.商业区块链：开启加密经济新时代[M].林华,等译.北京：中信出版社,2016.

[52]娜达·R.桑德斯.大数据供应链：构建工业4.0时代智能物流新模式[M].丁晓松,译.北京：中国人民大学出版社,2015.

[53]孙武.孙子兵法[M].郭化若,注.上海：上海古籍出版社,2009.

[54]冯·诺伊曼,摩根斯坦.博弈论与经济行为[M].王建华,等译.北京：北京大学出版社,2018.

[55]王则柯.人人博弈论[M].北京：中信出版社,2007.

[56]Carl Sagan.Cosmos[M].Random House：New York,1980.

[57]亨利·基辛格.世界秩序[M].胡利平,等译.北京：中信出版社,2015.

[58]尤瓦尔·赫拉利.今日简史[M].林俊宏,等译.北京：中信出版社,2018.

[59]罗摩南达·普拉萨德.薄伽梵歌[M].王志成,灵海,译.成都：四川人民出版社,2015.

[60]路易斯·普特曼,兰德尔·克罗茨纳.企业的经济性质[C].孙经纬,译.上海：上海财经大学出版社,2000.

# 致谢

我要在此感谢所有帮助我写作，或是对我在数字世界的探索中提供鼓励的人。

感谢新星出版社的姜淮老师，很早和我确认了本书的选稿和主要方向。感谢黄艳老师在出版过程中付出的心血，感谢杨猛老师以及承担审校、设计等任务的其他工作人员，没有他们的努力，本书就不会如期和大家见面。

感谢罗晓娟女士为本书提供的素材和研究支持，阅读我的手稿，并对其中多处想法提供了有益的建议，她是一位非常专业的数字经济从业人士。

感谢杜大海博士、董帅博士、刘刚博士后、Doctor Li 和任洁、雷鸣、陈隽颐为本书材料收集做出的贡献，他们来自清华大学、北京大学、普林斯顿大学、加州大学伯克利分校、香港中文大学、中国科学院大学等海内外院校。

感谢我的大学同学李富臻、曾一名、万晓杰、王亮，高中同学王捷、卢博文，他们在我走向未来的道路上为我提供了各类支持。

在构思本书的过程中，我在中国、美国、德国、法国、新加坡等地认识了一批活跃在数字经济思想和实践领域的朋友们，这其中既有政府官员、高校学者、独立的研究人员，也有金融和科技行业、初创型企业的从业者，此外还有一些朋友来自非营利社群和极客社区。这里没有办法一一列出他们的姓名，感谢他们为我提供了新颖而深刻的观点，同时也指出了我思想中的一些不足。

感谢历史上的大师们，从爱因斯坦到罗素，从韦伯到弗里德曼，当我在撰写本书时，他们的智慧照亮了一个又一个孤独而艰难的时刻。

感谢我的家人在写作过程中给予我的耐心和关爱，让我拥有了在未知中前行的温暖和勇气。

最后，感谢我所有的读者，感谢你们愿意花时间，对我的书感兴趣，或给出批评。你们是本书生命力的来源！

图书在版编目（CIP）数据

无界：数字镜像世界的到来 / 李凯龙著 . —北京： 新星出版社，2019.11
ISBN 978-7-5133-3708-3

Ⅰ . ①无… Ⅱ . ①李… Ⅲ . ①信息经济－研究 Ⅳ . ① F49

中国版本图书馆 CIP 数据核字（2019）第 204184 号

## 无界：数字镜像世界的到来

李凯龙 著

| 出版策划： | 姜　淮　黄　艳 |
| --- | --- |
| 责任编辑： | 杨　猛 |
| 责任校对： | 刘　义 |
| 责任印制： | 李珊珊 |
| 封面设计： | 宋　涛 |

| 出版发行： | 新星出版社 |
| --- | --- |
| 出 版 人： | 马汝军 |
| 社　　址： | 北京市西城区车公庄大街丙3号楼　　100044 |
| 网　　址： | www.newstarpress.com |
| 电　　话： | 010-88310888 |
| 传　　真： | 010-65270449 |
| 法律顾问： | 北京市岳成律师事务所 |

| 读者服务： | 010-88310811　　service@newstarpress.com |
| --- | --- |
| 邮购地址： | 北京市西城区车公庄大街丙3号楼　　100044 |

| 印　　刷 | 北京美图印务有限公司 |
| --- | --- |
| 开　　本 | 660mm×970mm　　1/16 |
| 印　　张 | 17 |
| 字　　数 | 204千字 |
| 版　　次 | 2019年11月第一版　　2019年11月第一次印刷 |
| 书　　号 | ISBN 978-7-5133-3708-3 |
| 定　　价 | 66.00元 |

版权专有，侵权必究；如有质量问题，请与印刷厂联系调换。